# Le Rythme, La Musique Et L'éducation

# LE RYTHME, LA MUSIQUE ET L'ÉDUCATION

NEUCHATEL (SUISSE) — 1920

1802

E. JAQUES-DALCROZE

# LE RYTHME, LA MUSIQUE ET L'ÉDUCATION

PARIS

LIBRAIRIE FISCHBACHER | ROUART, LEROLLE & Cie
Rue de Seine, 33 | Rue d'Astorg, 29

LAUSANNE
JOBIN & Cie, Editions musicales

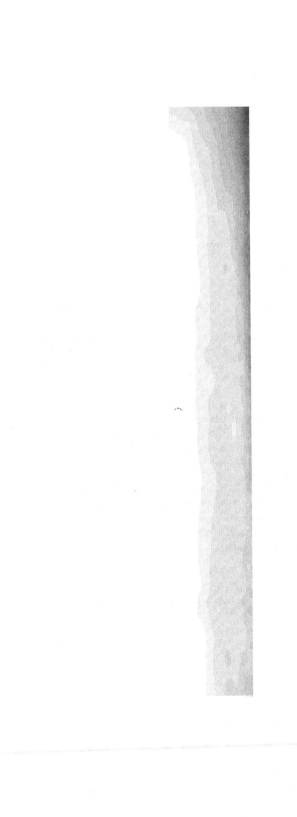

# AVANT-PROPOS

❦

Il y a vingt-cinq ans que j'ai fait mes débuts dans la pédagogie, au Conservatoire de Genève, en qualité de professeur d'harmonie. Dès les premières leçons, en constatant que l'oreille des futurs harmonistes n'était pas préparée à entendre les accords qu'ils avaient la tâche d'écrire, je compris que l'erreur de l'enseignement usuel est de ne faire faire d'expériences aux élèves qu'au moment même où on leur demande d'en noter les conséquences, — au lieu de les imposer tout au commencement des études, au moment où corps et cerveau se développent parallèlement, se communiquant incessamment impressions et sensations. En effet, m'étant décidé en conséquence à faire précéder les leçons de notation harmonique, d'expériences particulières d'ordre physiologique tendant à développer les fonctions auditives, je m'aperçus bien vite que chez les plus âgés de mes étudiants, les sensations acoustiques étaient retardées par des raisonnements anticipés et inutiles, tandis que chez les enfants elles se révélaient d'une façon toute spontanée, et engendraient tout naturellement l'analyse. Je me mis dès lors à éduquer l'oreille de mes élèves dès l'âge le plus tendre et constatai ainsi que non seulement les facultés d'audition se développent très vite à une époque où toute sensation neuve captive l'enfant et l'anime d'une curiosité joyeuse, — mais encore qu'une fois son oreille entraînée aux enchaînements naturels de sons et d'accords, son esprit n'a plus aucune peine à s'habituer aux divers procédés de lecture et d'écriture.

Cependant, chez un certain nombre d'élèves dont les aptitudes auditives se développaient d'une façon normale, la culture musicale me parut retardée par l'incapacité où ils se trouvaient de mesurer également les sons et de rythmer leurs successions d'inégale durée. L'intelligence percevait les variations sonores dans le temps, mais l'appareil vocal ne les pouvait pas réaliser. J'en conclus que tout ce qui, en musique, est de nature motrice et dynamique, dépend non seulement de l'ouïe, mais encore

d'un autre sens, que je pensai d'abord être le sens tactile, puisque les exercices métriques effectués par les doigts favorisent les progrès de l'élève. Cependant les réactions que je remarquai dans les autres parties du corps que les mains, pendant le jeu
au piano : appels du pied, oscillations du tronc et de la tête, tressaillement de tout
l'être, etc., m'incitèrent bientôt à penser que les sensations musicales, de nature rythmique, relèvent du jeu musculaire et nerveux de l'organisme tout entier. Je fis faire
aux élèves des exercices de marche et d'arrêt, et les habituai à réagir corporellement
à l'audition des rythmes musicaux. Ce fut là le début de la « Rythmique », et je pensai
un moment en avoir terminé avec les expériences et pouvoir construire, sans autres,
un système rationnel et définitif d'éducation musicale ! Mon erreur ne dura pas longtemps. En effet je constatai bientôt que sur dix enfants, deux au plus réagissaient d'une
façon normale, que la conscience motile-tactile, le sens spatial et gyratif, existent
aussi rarement à l'état de pureté complète que le sens auditif intégral, que les musiciens nomment « audition absolue ». L'arythmie musicale se révéla à moi comme la
conséquence d'une arythmie générale et sa guérison me parut dépendante d'une éducation spéciale à créer de toutes pièces, et visant à ordrer les réactions nerveuses, à
accorder muscles et nerfs, à harmoniser l'esprit et le corps. J'en arrivai ainsi à considérer la musicalité uniquement auditive comme une musicalité incomplète, à rechercher les rapports entre la motilité et l'instinct auditif, entre l'harmonie des sons et
celle des durées, entre le temps et l'énergie, entre le dynamisme et l'espace, entre la
musique et le caractère, entre la musique et le tempérament, entre l'art musical et
celui de la danse. C'est l'histoire de mes recherches, de mes tâtonnements et de mes
erreurs, comme de mes découvertes définitives, qui se trouve résumée dans les divers
chapitres du présent volume. Selon une ordonnance chronologique, ces chapitres
exposent mes idées telles qu'elles furent consignées à partir de 1897 jusqu'à nos jours
dans des rapports ou dans des articles de revue [1]. Le lecteur trouvera dans la première
partie du livre un certain nombre de contradictions et dans la seconde des répétitions
de jugements énoncés auparavant sous des formes différentes, mais il me semble que
cette série de transformations et de développements d'un principe général sont de
nature à intéresser les pédagogues et les psychologues; c'est pourquoi j'ai renoncé à
refondre, comme j'en avais primitivement l'intention, tous ces articles selon un plan
défini et dans un principe d'unité. Il peut être utile que les spécialistes de l'enseignement soient mis à même de refaire eux-mêmes toutes les étapes que j'ai parcourues
et dont les quelques établissements d'instruction secondaire et supérieure qui se sont

(1) Un certain nombre des derniers chapitres sont inédits. Les autres ont été publiés (quelques-uns partielle-
ment), dans la Tribune de Genève, dans la Semaine littéraire, le Mercure de France, le Monde musical, le Courrier
musical, le Ménestrel, et la Grande Revue. Certains d'entre eux, enfin, ont paru en partie dans des rapports pédagogiques, tel celui édité par l'Association des musiciens suisses, sur la Réforme de l'enseignement scolaire.

engagés sur la voie que je leur traçais, n'ont encore parcouru que les premières. Ils se rendront compte que l'idée générale qui a présidé à la conception et à la construction de mon système est que l'éducation de demain doit avant tout apprendre aux enfants à voir clair en eux-mêmes, puis à mesurer leurs capacités intellectuelles et physiques d'après une comparaison judicieuse avec les efforts de leurs prédécesseurs, — et les soumettre à des expériences leur permettant d'apprécier leurs propres forces, de les équilibrer et de les adapter aux nécessités de l'existence individuelle et collective.

Il est insuffisant de communiquer aux enfants et aux jeunes gens une instruction générale fondée uniquement sur la connaissance de ce qu'ont fait nos aïeux. Les éducateurs doivent s'appliquer à leur fournir les moyens à la fois de vivre leur propre vie, et d'harmoniser celle-ci avec celle des autres. L'éducation de demain est toute de reconstruction, de préparation et de réadaptation; il s'agit pour s'y préparer de ré-éduquer les facultés nerveuses, de faire connaissance avec le calme, la réflexion et la concentration d'esprit, et d'autre part, d'être prêt à obéir aux commandements inopinés dictés par la nécessité, à réagir sans trouble, à donner le maximum de ses forces sans résistance ni contradictions.

Plus que jamais l'humanité aura besoin, en ces temps de reconstruction sociale, de la rééducation de l'individu. L'on a beaucoup discuté et écrit sur les modifications qu'apporteront fatalement à l'esprit social et artistique de demain, les troubles graves qui nous empêchent actuellement d'avoir une vision nette et claire des gestes à accomplir demain, pour le maintien de nos idées de culture. Il me semble qu'avant tout, il s'agit d'apprendre à nos enfants à prendre conscience de leur personnalité, de développer leur tempérament, de libérer de toute résistance leur rythme de vie individuel. Plus que jamais il convient de leur enseigner les rapports entre l'âme et l'esprit, entre le subconscient et le conscient, entre les qualités d'imagination et de réalisation. Concepts et actes ne doivent pas être localisés. Une éducation s'impose, qui règle les rapports entre nos forces nerveuses et nos forces intellectuelles. A peine sortis des tranchées, les soldats doivent être à même de continuer la lutte sous d'autres formes; et dans nos écoles, il faut que nos éducateurs se préparent dès aujourd'hui à lutter contre certain fléchissement de la volonté et de la confiance, et incitent par tous les moyens possibles les générations nouvelles à combattre, en la mesure de leurs pouvoirs personnels, pour prendre possession d'eux-mêmes et se trouver prêts à mettre toutes leurs forces réalisées au service de la société future.

Au point de vue artistique, je prévois que les efforts individuels continueront à intéresser l'opinion publique, mais il me semble qu'un besoin d'union et de collectivisme forcera beaucoup de personnalités apparemment éloignées de l'art, à se grouper pour l'expression de leurs sentiments communs. Et dès lors, un nouvel art naîtra, fait du concours de multiples aspirations à l'idéal, de vouloirs différents, mais prêts à s'unir pour l'extériorisation commune des sentiments. Et dès lors, le rôle d'une éducation psycho-physique, basée sur la culture des rythmes naturels, sera, de par la volonté peut-être irraisonnée de tous, appelée à jouer un rôle important dans notre vie civique. Nous aurons au théâtre des pièces où le peuple jouera un rôle souverain et interviendra comme entité, au lieu de collaborer comme comparse. Nous nous apercevrons alors que toutes nos idées courantes touchant la mise en scène théâtrale, ont été forgées par le souci de l'individu et non par la connaissance des ressources d'une foule agissante. Nous nous rendrons compte qu'une technique nouvelle du groupement des masses s'impose, que les efforts géniaux d'un Gémier ou d'un Grandville Baker n'ont pu encore complètement réaliser dans le domaine lyrique. Et c'est précisément la connaissance approfondie de nos synergies et antagonismes corporels qui nous donnera la formule de l'art futur de l'expression des sentiments par la foule. C'est la musique qui fera le miracle de grouper cette foule, de la dissocier, de l'animer comme de l'apaiser, de l'« instrumenter », et de l'« orchestrer », selon les principes d'une rythmique naturelle. Une éducation des sentiments intérieurs lui permettra de les extérioriser en commun au prix de nombreux sacrifices individuels. Et de nouvelles musiques naîtront qui auront le pouvoir d'animer les masses, de leur enseigner les multiples façons de contrepointer, de phraser, de nuancer les périodes d'ordre sonore, créées en vue d'une extériorisation plastique. Tous les essais de rénovation de la danse sont actuellement insuffisants. Une nouvelle danse et une nouvelle musique vont certainement surgir, inspirée l'une et l'autre par la connaissance des innombrables ressources du corps humain, en connexion intime avec tous les besoins d'idéal, d'émotivité et d'expression stylisées que, seule, peut concrétiser une musique dictée par les impérieuses nécessités de dynamisme et d'agogisme qu'imposent les fluctuations du tempérament humain.

Je consigne en certains chapitres mes observations sur les façons multiples d'interpréter corporellement les lignes musicales sonores. Mais je tiens, en cet avant-propos, à faire connaître dores et déjà ma conviction intime, qu'après la guerre, les générations nouvelles éprouveront la nécessité de se grouper pour l'extériorisation de leurs sentiments, et qu'un art nouveau est appelé à naître, créé spontanément par tous ceux qui considèrent la musique magnifique et puissante comme l'animatrice, la stylisatrice du geste humain, — et celui-ci comme une émanation éminemment « musicale » de nos aspirations et de nos volontés.

E. JAQUES-DALCROZE.
Août 1919.

I

# LES ÉTUDES MUSICALES ET L'ÉDUCATION
# DE L'OREILLE

## (1898)

*Inanité des études d'harmonie sans l'acquisition ou l'utilisation préalable de l'audition « inté-*
*rieure ». — Nécessité de cultiver les facultés auditives des harmonistes. — Nature des exer-*
*cices dits de « développement de l'oreille. » — Dangers des études spécialisées, et particuliè-*
*rement de celles du piano, non accompagnées d'études générales. — Le rôle des facultés tactilo-*
*motrices dans l'éducation musicale. — Pressentiments d'exercices particuliers propres à*
*régler et développer le tempérament.*

Un des préceptes favoris des maîtres d'harmonie est qu'« il ne faut jamais s'aider
du piano pour construire et noter les successions d'accords »…. Fidèle à la tradition,
je m'appliquai à répéter cet axiome en mes classes, jusqu'au jour où un élève me dit
tout naïvement : « Mais, monsieur, pourquoi me passerais-je du piano, puisque sans
lui je ne puis rien entendre ?... » Subitement se mit à trembler en moi un rayon de
vérité. Je compris que toute règle non forgée par la nécessité et par l'observation
directe de la nature, est arbitraire et fausse et que l'interdiction d'utiliser le piano
n'aurait de raison d'être que si elle était adressée à des jeunes gens possédant *l'audi-*
*tion intérieure.* Les sensations tactiles peuvent, en une certaine mesure et dans certains
cas, suppléer à celles de l'ouïe, et l'on connaît des compositeurs possédant d'incom-
plètes facultés auditives qui parviennent à écrire d'intéressantes œuvres qu'ils com-
posent, comme l'on dit, *au piano.* Ils n'ont certainement pu étudier l'harmonie qu'en
négligeant d'observer la loi suprême, car il est impossible de noter de justes successions d'accords si une oreille intérieure ne nous apporte pas l'écho anticipé de leur
résonnance. De deux choses l'une, ou bien il faut composer au piano si l'on n'a pas
d'oreille, ou il faut se passer du piano si l'on en possède une. Les professeurs ont donc
pour devoir, dès qu'ils imposent à leurs élèves l'obligation de noter les harmonies

sans le secours d'un instrument, de faire naître en eux le sens auditif musical, et de développer leur sentiment mélodique, tonal et harmonique à l'aide d'exercices spéciaux. Existe-t-il des exercices de ce genre ? Ces exercices sont-ils enseignés dans les écoles de musique ? Telle est la question que je me posai de prime-abord et que je m'efforçai de résoudre en fouillant les bibliothèques et en compulsant les programmes d'enseignement des Conservatoires. La réponse fut : « *non, il n'existe pas de procédés pédagogiques pour renforcer les facultés auditives des musiciens, et aucune école de musique ne s'inquiète du rôle que jouent ces facultés dans les études musicales.* »

Entendons-nous bien : il existe certes des livres nombreux en lesquels sont consignés de nombreux exercices de lecture à vue, de transposition, de notation et même d'improvisation vocale. Mais tous peuvent être effectués sans le secours de l'oreille; ceux de lecture et d'improvisation à l'aide du sens musculaire, ceux de transposition et de notation à l'aide du sens visuel. Aucun ne s'adresse directement à l'oreille, et cependant c'est par le canal de celle-ci que s'enregistrent en notre cerveau les vibrations sonores. N'est-ce pas un non-sens que d'enseigner la musique sans s'occuper aucunement de diversifier, graduer et combiner en toutes leurs nuances, les gammes de sensations qui éveillent en notre âme l'harmonie des sentiments musicaux ? Comment est-il donc possible que dans l'enseignement actuel de la musique il ne soit fait aucun cas de la qualité principale qui caractérise le musicien ?

Je m'appliquai donc à inventer des exercices destinés à reconnaître la hauteur des sons, à mesurer les intervalles, à scruter les sons harmoniques, à individualiser les notes diverses des accords, à suivre les dessins contrapuntiques des polyphonies, à différencier les tonalités, à analyser les rapports entre les sensations auditives et les sensations vocales, à développer les qualités réceptives de l'oreille, et — grâce à une gymnastique d'un nouveau genre s'adressant au système nerveux — à créer entre le cerveau, l'oreille et le larynx les courants nécessaires pour faire de l'organisme tout entier ce que l'on pourrait appeler une *oreille intérieure*.... Et je me figurai naïvement qu'une fois ces exercices inventés il ne me resterait plus qu'à les appliquer dans des classes spéciales !...

Hélas, les difficultés que j'avais rencontrées, en construisant mon système pour le développement de l'oreille, n'étaient rien à côté de celles que je rencontre en cherchant à introduire ce système dans l'enseignement. Les grands arguments contre cette introduction sont que le vrai musicien doit posséder tout naturellement les qualités nécessaires à l'exercice de son art, et que l'étude ne peut pas suppléer aux dons naturels. — D'autre part le temps des études étant déjà très limité, il ne peut être question — paraît-il — d'embarrasser les élèves d'études nouvelles les empêchant de se livrer aux exercices de technique digitale. Du reste « les études instrumentales suffisent pour former un bon musicien » etc., etc. Certains de ces arguments sont justes en l'espèce, et il est évident que ne devraient se consacrer à l'art musical que les sujets particulièrement doués, c'est-à-dire possédant les nécessaires qualités de reconnaissance des sons, ainsi, naturellement, que celles de sensibilité des nerfs et d'élévation des sentiments sans lesquelles n'existe pas de musicien parfait. Mais enfin, le fait que les classes d'instruments sont remplies d'individus ne sachant ni entendre ni écouter la musique, nous permet bien de constater que les conservatoires admettent que l'on puisse chanter ou jouer du piano, sans être musicien-né ! Pourquoi dès lors ne s'occuper que de l'instruction digitale de ces élèves et non de leur éducation auditive ?

Quant aux sujets bons musiciens qui se vouent aux études de composition ou de direction orchestrale, n'est-il pas permis de supposer que des exercices quotidiens de discernement des degrés d'intensité et de hauteur des sons, des analyses d'ordre sensoriel des timbres et de leurs combinaisons, des polyphonies et des harmonies à tous les degrés de l'échelle sonore, — seraient susceptibles de rendre leur oreille *encore* plus fine et leur intelligence musicale *encore* plus souple ? Il me semble d'ailleurs que dans les études d'harmonie proprement dites (et même dans des classes telles que celles du Conservatoire de Paris, où l'on n'admet que des étudiants possédant l'audition absolue) — il me semble que l'on ne cherche pas suffisamment à déterminer et analyser les rapports qui existent certainement entre la sonorité et le dynamisme, entre la hauteur des sons et leur accentuation, entre la plus ou moins grande vitesse des mouvements sonores et le choix des harmonies. Les études musicales sont trop fragmentées et spécialisées. Celles de piano ne sont pas reliées à celles de l'harmonie, celles d'harmonie ne le sont pas à celles des styles à travers les âges, celles d'histoire de la musique ne s'appuient pas sur la connaissance de l'histoire générale des peuples et des individus. Les programmes sont riches en matières diverses mais il n'existe point d'unité d'enseignement. Chaque professeur se meut dans son étroit domaine sans entrer en contact avec ceux de ses collègues qui enseignent des branches musicales différentes. Et cependant à la base de l'art musical il y a l'émotion humaine d'une part, la recherche esthétique des combinaisons sonores de l'autre. Vibrations des sons, vibrations des mouvements émotifs devraient se combiner et s'harmoniser et aucune des branches de la musique ne devrait être séparable des autres.

Le style musical varie selon les climats et les latitudes et, par conséquent, selon les tempéraments tels que les trempent et modifient les milieux et les conditions de vie. Les divergences d'harmonie et de mouvement qui caractérisent les musiques des différents peuples proviennent donc de l'état nerveux et musculaire des organismes, indépendamment même des facultés auditives diverses. Ne conviendrait-il pas de consacrer dans les études musicales davantage d'attention aux facultés motrices des élèves, à cet ensemble de réactions, d'élans, de stations et de reculs, de mouvements spontanés et de mouvements réfléchis, qui constitue le tempérament ? J'ai été souvent frappé de voir la peine qu'ont les petits enfants à suivre en marchant une musique très lente, à s'arrêter ou repartir brusquement au commandement, à décontracter leurs membres quand ils ont eu peur, à orienter ou à combiner leurs mouvements de bras quand on leur enseigne les gestes d'une chanson. Quoi d'étonnant — alors que s'écoule tant de temps perdu entre leurs vouloirs de mouvement et leurs possibilités de réalisation, — à ce que tant de petits larynx soient inhabiles, tant de cordes vocales peu souples et précises, tant de souffles mal réglés dans l'exercice du chant, et aussi dans la façon de scander et partager le temps, d'émettre la note au moment qu'il faut. Ce n'est donc pas seulement l'oreille et la voix de l'enfant qu'il conviendrait d'exercer, c'est encore tout ce qui, dans son corps, coopère aux mouvements rythmés, tout ce qui, muscles et nerfs, vibre, se tend et se détend, sous l'action des impulsions naturelles. Ne serait-il pas possible de créer des réflexes nouveaux, d'entreprendre une éducation des centres nerveux, de calmer les tempéraments trop vifs, de régler les antagonismes et d'harmoniser les synergies musculaires, d'établir des communications plus directes entre les sens et l'esprit, entre les sensations qui avertissent l'intelligence et les sentiments qui recréent des moyens sensoriels d'expression ? Toute pensée est l'interprétation d'un acte. Puisqu'il a suffi jusqu'aujourd'hui de donner à l'esprit la conscience du rythme grâce aux seules expériences musculaires de la main et des doigts, ne lui communiquerions-nous pas des impressions beaucoup plus intenses si nous faisions collaborer l'organisme tout entier à des expériences susceptibles d'éveiller la conscience tactile-motrice ? Et je me prends à rêver d'une éducation musicale dans laquelle le corps jouerait lui-même le rôle d'intermédiaire entre les sons et notre pensée, et deviendrait l'instrument direct de nos sentiments, — les sensations de l'oreille se fortifiant de toutes celles provoquées par les matières multiples susceptibles de vibrer et de résonner en nous, la respiration scandant les rythmes des phrases, les dynamismes musculaires traduisant ceux qui dictent les émotions musicales. A l'école l'enfant apprendrait donc non seulement à chanter et à écouter juste et en mesure, mais à se *mouvoir* et à penser juste et rythmiquement. L'on commencerait par régler le mécanisme de la marche et l'on allierait les mouvements vocaux aux gestes du corps tout entier. Et ce serait là à la fois une instruction *pour* le rythme et une éducation *par* le rythme....

Hélas, quand je pense à la peine que j'ai actuellement à faire accepter par les éducateurs musicaux la possibilité d'exercices ayant pour but d'apprendre à l'enfant à *écouter* les sonorités avant de les exécuter et de les noter graphiquement, à éveiller la pensée avant d'en entreprendre la traduction, je me demande si l'éducation des centres moteurs entrera jamais dans le domaine de la possibilité ? Les hommes se refusent à tout essai nouveau dès que certains essais antérieurs leur donnent une quelconque satisfaction et que leur esprit s'est habitué à n'en plus contester l'utilité. Tout acte libérateur auquel ils ont daigné consentir leur semble définitif et immuable, et toute vérité de demain leur apparaît aujourd'hui comme un mensonge. Et cependant la pensée humaine se développe peu à peu en dépit des résistances, les idées s'éclaircissent, les vouloirs s'affermissent, les actes se multiplient. Qui sait, le jour viendra peut-être où, les pédagogues reconnaissant universellement la possibilité de renforcer les divers modes de sensibilité grâce à des procédés d'adaptation, de variation et de suppléance, — l'éducation musicale s'appuiera moins exclusivement sur l'analyse et davantage sur l'éveil des sensations vitales et la conscience des états affectifs. Ce jour-là naîtront de toutes parts des méthodes basées sur la culture des sensations auditives et tactiles combinées et il me sera donné d'éprouver la joie silencieuse de ceux qui ont pu proférer, à un moment douloureux de leur vie, l'éternel «*E pur si muove!* »

# II

# UN ESSAI

# DE RÉFORME DE L'ENSEIGNEMENT MUSICAL

## DANS LES ÉCOLES

### (1905)

*La musique ne joue à l'école qu'un rôle effacé et secondaire. — Rôle des études de chant dans les collèges musicaux des XVIᵐᵉ et XVIIᵐᵉ siècles. — Les arguments des rétrogrades. — La musique devrait être enseignée par des musiciens. — Ce qu'il faut demander aux écoliers. — Inutilité d'une éducation musicale n'inculquant pas aux enfants l'amour de la musique. — Nécessité d'une élimination progressive des sujets non doués pour la musique et création de classes spéciales pour enfants ayant l'oreille et la voix fausses, ou ne possédant pas de suffisantes facultés rythmiques. — Programme d'études et classification des facultés de l'enfant. — Comment développer l'audition « relative » ? — Les tonalités et les gammes. — Exercices propres à renforcer le sens du rythme. — La marche et la mesure. — Les nuances musicales et l'improvisation.*

Il ne suffit pas que l'élite des artistes et des amateurs soit plus instruite que par le passé pour que le niveau musical s'élève et se maintienne dans un pays. Si le peuple n'est pas mis à même de suivre — même à distance — le mouvement de l'élite, un fossé infranchissable ne tardera pas à se creuser entre deux éléments qui de nos jours doivent s'unir pour coexister. Si l'aristocratie intellectuelle est seule équipée pour marcher à la conquête du progrès, la masse mal entraînée se lassera de la suivre. Les chefs du mouvement — non rejoints, et ne pouvant se passer du concours des grosses troupes — seront forcés de retourner en arrière pour les retrouver, ou, continuant seuls leur route, aboutiront au bizantinisme. Et que l'on ne nous objecte pas que c'est le propre des progressistes de marcher seuls en éclaireurs et que la masse finit toujours par les rejoindre !... La masse ne les rejoindra que si on lui en fournit la possibilité, que si elle est assez entraînée et assez courageuse pour parcourir sans se lasser toutes les étapes de la route. Ce ne sont évidemment pas les méthodes d'éducation des siècles derniers qui permettront à nos enfants de se préparer à comprendre et à s'assimiler les procédés artistiques modernes. Nos artistes se sont forgé de nouveaux instruments de création; il faut mettre ces mêmes instruments entre les mains des amateurs. De plus, il faut leur en enseigner le maniement et les leur confier à l'époque où l'apprentissage leur sera le plus facile, où leurs mains assouplies s'adapteront le mieux aux outils, où l'envie de les essayer et de s'en servir n'aura pas été éteinte par la fatigue, où l'accoutumance aux procédés anciens ne les empêchera pas d'en employer avec succès de nouveaux.... Or, aucune évolution, aucun progrès ne peut s'accomplir sans le secours de la jeunesse. C'est dans les esprits vierges que les idées nouvelles poussent leurs plus profondes racines. « Tords comme tu voudras la baguette encore verte, — dit un proverbe persan, — elle ne pourra être redressée que par le feu. Mais tu n'arriveras pas sans la hache à façonner un pieu !... » Plus tôt nous provoquerons chez l'homme l'éclosion des convictions et des jugements, mieux nous assurerons leur durée et leur solidité. Il faut voir dans les enfants les hommes de demain !

Le progrès d'un peuple dépend de l'éducation donnée à ses enfants.

Si l'on veut que le goût musical, au lieu d'être l'apanage des classes élevées, pénètre dans les couches les plus profondes de la société, j'ajouterai que l'éducation musicale doit — comme l'instruction scientifique et morale — être donnée à l'école.

Evidemment la foi religieuse n'est plus là pour inspirer, comme autrefois, les éducateurs et conserver à l'étude de la musique la place qu'elle occupait jadis dans l'éducation générale. Il est beaucoup d'honnêtes gens qui se demandent pourquoi l'école maintient sur ses programmes des leçons de chant alors qu'elle ne fournit à nos enfants aucune occasion de chanter ni à l'église, ni dans les fêtes profanes enfantines, ni dans les récréations, ni dans les cours de gymnastique comme adjuvant et complément rythmique.

Ces honnêtes gens qui constatent ainsi que la musique n'est pas enseignée dans un but pratique ou moral — mais simplement pour charmer une fois par an les oreilles des inspecteurs scolaires — n'ont pas tort de se désintéresser des études musicales scolaires et de les considérer comme sans importance. Mais s'ils veulent se donner la peine de réfléchir, ils comprendront que ces études peuvent et doivent avoir un but précis, et dès lors ils s'appliqueront à les encourager et à favoriser leur développement.

L'enseignement musical privé n'est guère accordé qu'aux enfants de familles relativement aisées et les parents, le plus souvent, n'y soumettent leur progéniture que par snobisme ou par respect pour la tradition. Aucun maître particulier, dont l'enseignement constitue l'unique gagne-pain, ne se décidera à cesser d'instruire un élève parce qu'il est mal doué. De même, aucun de nos conservatoires d'amateurs ne fermera ses portes à un enfant, fût-il sourd ou idiot. De ce fait découle la déplorable conséquence que l'enseignement donne des brevets de capacité à une quantité de nullités musicales aggravées de snobisme, les hommes étant malheureusement presque tous persuadés que s'ils ont étudié, ils doivent savoir quelque chose et que, parce qu'ils se sont occupés d'une question, ils doivent la comprendre. Ajoutez à cela que si l'état de prospérité de certains parents leur permet de favoriser d'un enseignement musical des enfants mal doués pour la musique, au détriment de l'art même, la pauvreté empêche d'autres parents, toujours au détriment de l'art, de faire instruire leurs enfants musicalement talentés. Sans compter ceux qui, faute d'un contrôle étranger, ne découvrent le talent d'un enfant que lorsqu'il est trop tard pour le développer. L'enseignement obligatoire de la musique à l'école est l'unique moyen de classer les forces vives d'un pays. S'il est bien compris, bien organisé, bien réparti entre des maîtres intelligents et capables, les enfants seront au bout de deux à trois ans, au plus, orientés dans un sens ou dans un autre; les uns mieux doués, préparés à continuer leurs études musicales qu'ils pousseront jusqu'au point que leur permettront d'atteindre leurs facultés naturelles; les autres, les incapables, dispensés de leçons qui leur sont inutiles et, grâce à cette dispense, destinés à rendre eux aussi de grands services à l'art, en consentant à ne pas s'en occuper et en n'entravant pas son essor par des prétentions ridicules. Le coche chanté par La Fontaine ne serait peut-être pas arrivé au but si la mouche prétentieuse s'était multipliée. L'essaim volant, zigzagant et bourdonnant eût agacé le cocher et affolé les chevaux.... Que le ciel nous préserve des mouches musicales !

Le talent — dit Montesquieu — est un don que Dieu nous a fait en secret et que nous révélons sans le savoir !

Si tout enfant était obligé par la loi de passer un examen devant un jury d'artistes et de voir contrôler ses progrès pendant quelques années, aucune intelligence artistique ne passerait inaperçue, aucune incapacité ne serait pas signalée.

Le classement de ces intelligences et de ces incapacités étant opéré, les aptitudes encouragées et les nullités rendues peu dangereuses, l'enseignement s'exercerait évidemment d'une façon plus efficace. Les résultats à obtenir ne dépendraient plus que de deux facteurs importants, dont nous parlerons plus loin en détail : les moyens d'éducation et le choix des éducateurs. Si les autorités scolaires comprennent leur mission et arrivent par tous les moyens en leur pouvoir à donner aux élèves convenablement doués une bonne instruction musicale primaire, à ceux qui sont doués exceptionnellement, une éducation artistique plus complète, — non seulement elles introduiront dans la vie scolaire un élément nouveau de vie, de récréation, de joie et de santé, non seulement elles assureront à l'art un certain nombre d'adeptes dont le concours lui sera plus tard infiniment utile, assureront et fortifieront l'existence des sociétés de chant, provoqueront la formation aussi de sociétés instrumentales complètement autochtones, — mais encore elles se prépareront pour l'avenir des recrues précieuses en formant par sélection des instituteurs musicaux d'un savoir éprouvé, d'un talent reconnu et qui seront au courant des méthodes d'enseignement.

Tous ces avantages sont de nature à justifier de nos jours la nécessité de réformer l'enseignement musical scolaire, alors même que les préoccupations de notre époque n'ont plus le caractère religieux et traditionnel de celles qui, aux XVIme et XVIIme siècles, incitèrent nos pères à favoriser les études musicales. L'on étudiait alors la musique pour être à même de participer dignement, au point de vue musical, aux cérémonies du culte. La formation du goût musical n'était donc qu'une conséquence de ces études conçues dans un but pratique. Aujourd'hui que le zèle religieux n'est manifestement plus l'incitateur de l'enseignement vocal, c'est un devoir pour nous de nous demander si nos écoles ne font que continuer une tradition par respect de la routine ou si le principe générateur des progrès de jadis est (aujourd'hui qu'il a perdu sa vitalité) remplacé par un principe nouveau ? Que celui-ci soit le désir d'affirmer davantage le goût musical et de préparer les enfants à l'étude en commun des œuvres classiques ou modernes, ou encore un souci d'hygiène et une réaction contre le surmenage, peu importe ! L'essentiel est que nous sachions réellement pourquoi nous conservons l'enseignement musical au programme de nos écoles. Puis, — au cas où cet enseignement serait reconnu d'utilité publique, — que nous nous demandions si nos générations actuelles sont en progrès sur les précédentes ? Au cas où il serait prouvé qu'aucun progrès ne s'est accompli, il nous restera à rechercher les causes du *statu quo*, puis les moyens de faire progresser les générations nouvelles. Les progrès de l'homme sont une des conséquences des préoccupations de l'enfant. Les bonnes idées semées à l'école se transformeront plus tard en actes, pourvu qu'à la connaissance de leurs moyens de réalisation ait été joints la suggestion de l'effort à tenter et l'amour du résultat artistique à obtenir. Alors seulement nous serons certains de voir notre pays continuer à évoluer normalement, nos sociétés de chant se tourner vers l'avenir au lieu de se spécialiser dans les traditions, et la virtuosité devenir un moyen d'expression au lieu d'être le but même des études musicales. Alors seulement le culte de la beauté s'installera à notre foyer et comblera les vides qu'y a provoqués l'affaiblissement de la foi religieuse. Nos artistes, mieux soutenus et mieux compris par les amateurs, renonceront à vouloir conquérir les pays étrangers et se fixeront au pays dont, comprenant mieux les instincts, ils sauront mieux chanter les beautés.

Le temps refleurira où le peuple exprimait en chantant ses joies et ses douleurs.

2

Les enfants ayant réappris à entonner en chœur les chansons qui charmèrent nos pères, sentiront germer en eux l'envie d'en créer de nouvelles, et nous verrons disparaître des programmes de nos concours musicaux cette fâcheuse division actuelle du chant en deux catégories : le chant populaire et le chant artistique.

*  *  *

Il est bien entendu que si, après discussion, le principe même de l'enseignement de la musique dans les écoles est jugé inutile, la lecture des suggestions suivantes ne peut être aux éducateurs d'aucune utilité ! Si, au contraire, la nécessité d'études musicales est reconnue.... Mais voyez !... En ce moment où je me prépare à rassembler mes notes et à en tirer des conséquences, voici que l'inquiétude envahit mon esprit et gagne mon cœur, que je me demande s'il vaut bien la peine de constater et de faire constater *ce qui est*, puisque notre devoir à tous, musiciens et patriotes, sera ensuite et sans tarder, de renoncer à notre quiétude, de réclamer *ce qui doit être*, de demander à qui de droit une réforme radicale de l'enseignement, puis de consacrer à l'obtenir le temps qu'il faudra !... A ces mots, voyez-vous dans des milliers de tombes grimacer le rictus de milliers de réformateurs ? «Le temps qu'il faudra ! ! » répètent des voix ricanantes au fond des sépulcres où sont enterrés avec tant de vieux corps, tant de jeunes pensées — « mais connaissez-vous bien, pauvres vivants, le nombre incalculable d'heures, de jours et d'années que représente ce « temps qu'il faudra » ? C'est celui que mettront tant d'autorités diverses à examiner vos desiderata, tant de commissions à les discuter, tant d'ignorants à ne pas les comprendre, tant d'entêtés à les combattre, tant d'arrivistes à les promettre, tant d'arrivés à les oublier ! Ce «temps qu'il faudra » dépassera peut-être le temps que vous avez encore à vivre et du reste, quand vous serez morts, n'enterrera-t-on pas avec vous vos projets de réforme comme l'on a enterré les nôtres ? Croyez-nous-en, l'on n'obtient jamais de réforme radicale.... demandez peu ; peut-être ce «peu » vous l'accordera-t-on après vous l'avoir fait longtemps attendre, — mais n'effrayez personne en demandant beaucoup, vous n'obtiendrez rien du tout !... Les chagrins et les découragements guettent ceux qui désirent le « mieux » pour les autres, et qui dérangent ces autres en leur quiétude en leur faisant constater qu'ils ont quelque chose à désirer de plus, un quelque chose qu'ils ignoraient ne pas posséder. Vivez égoïstes et heureux en sachant vous contenter de ce qui est, puisque le *statu quo* contente le reste de l'humanité ? »....

Mais voici qu'au lieu de l'abattre, ces paroles d'outre-tombe relèvent notre courage ! Est-il bien certain que toute idée de réforme se heurte constamment à l'indifférence ? Cette idée n'aura-t-elle pas des chances de réalisation, même immédiate, si elle arrive à son heure ? Et cette heure n'est-elle pas en train de sonner chez nous, alors que tant d'artistes isolés sentent le besoin de se grouper pour se connaître, pour s'aimer et pour combattre, serrés les uns contre les autres, pour l'avènement du progrès et le triomphe du beau ?... Oui, l'heure est venue où, de par l'effort des volontés réunies, vont s'imposer les idées communes. Et le temps qu'il faudra pour les imposer, nous le passerons confiants et joyeux, car nous marcherons en phalange serrée, les yeux fixés sur le même but et les cœurs battant du même espoir [1].

* * *

L'enseignement musical dans nos écoles ne produit pas les résultats que l'on aurait le droit d'en attendre, parce que les autorités scolaires s'en remettent à la routine et aux inspecteurs du contrôle des études. Or, comme de la routine relève également la nomination des inspecteurs et qu'aucune attention, qu'aucun encouragement ne sont accordés à l'initiative particulière de ceux de ces fonctionnaires qui désirent sortir des chemins battus, il en résulte qu'aucune innovation de principes n'est à relever dans l'enseignement depuis un grand nombre d'années. Les théories pestalozienne et frœbelienne touchant l'éducation musicale du premier âge ne furent mises en pratique que dans les écoles privées. Les très originaux essais éducatifs de Kaubert, vers 1850, ne reçurent aucun appui en haut lieu. L'utilité de la gymnastique suédoise n'a été reconnue qu'après 15 ans de lutte opiniâtre. Les principes géniaux d'analyse et d'instruction du rythme et de l'expression de Mathis Lussy, notre compatriote, un des plus grands théoriciens modernes, n'ont pas attiré l'attention de nos autorités scolaires. Cela n'est pas étonnant en somme, car je ne sache pas (si je me trompais, ce serait terrible !) que l'élément musical soit représenté dans nos conseils d'instruction publique, ni que ceux-ci aient jamais eu l'idée de demander conseil aux musiciens de profession [2]. Je dis qu'il serait terrible que par hasard dans tel ou tel autre canton, des musiciens eussent été appelés à faire partie officiellement des conseils scolaires ou consultés officieusement par eux, car l'état actuel de l'enseignement nous permettrait de conclure que leur influence aurait été absolument nulle !! Il est donc préférable de croire que c'est sans le vouloir que nos départements d'instruction publique n'ont pas assuré par tous les moyens en leur pouvoir le développement des études musicales ! « Sans le vouloir » c'est-à-dire parce qu'ils ne s'intéressaient pas à la question et n'en soupçonnaient pas l'importance.

[1] Le Département de l'Instruction publique du canton de Genève vient d'introduire la « Rythmique » à titre d'essai dans trois classes des écoles primaires, et — comme branche facultative, — dans deux classes de l'Ecole supérieure des jeunes filles (1919).

[2] Les conseillers d'Etat chargés du département de l'instruction dans les cantons de Genève et de Vaud viennent de nommer une commission de musiciens chargée de réformer l'enseignement musical scolaire. C'est de leur décision que dépend la réforme radicale rêvée (1919).

La musique est, en dehors des grands centres artistiques, tenue en très piètre estime par nos éducateurs, voire même par nos artistes peintres ou sculpteurs et nos littérateurs, — et il n'est pas rare de voir nos journalistes les plus intéressés au développement artistique du pays, considérer la musique comme quantité négligeable et signaler les essais musicaux avec la souriante indulgence de l'homme qui daigne protéger, ou avec une blessante affectation de supériorité dont leur ignorance en la matière donne la seule explication plausible. L'on pourrait croire que la même inconscience ou le même dédain n'existent pas en France, pays où la compréhension de la musique fait partie du bagage obligatoire du littérateur, mais ce n'est là qu'une apparence. Et, si l'on peut signaler avec joie l'introduction dans les écoles françaises du très intéressant recueil des chansons de Maurice Bouchor, l'on est obligé de constater d'autre part que le système d'enseignement musical scolaire est chez nos voisins encore plus rudimentaire que chez nous, d'où — entre autres — la lamentable décadence du chant choral en France, le manque fâcheux de sociétés mixtes, la popularité des chansons de café-concert et la crise de l'oratorio. Dans les écoles allemandes le système de l'enseignement vocal par le rebâchage est partout en vigueur et les suggestifs conseils d'un Karl Storck et autres spécialistes n'ont pas encore attiré l'attention des autorités scolaires. Bien plus : les écoles frœbeliennes sont en décadence. Seules, la Belgique et la Hollande comprennent toute l'importance d'un système pédagogique bien ordonné.

Notre pays est pourtant de ceux dont les institutions scolaires sont le plus universellement admirées, grâce à la bonne organisation qui les caractérise, grâce à l'esprit d'initiative et d'intelligence de la plupart de nos départements d'instruction publique. Comment se fait-il dès lors que seul l'enseignement musical — et en général l'enseignement artistique — y soit traité en paria et abandonné à la routine ? C'est que nos autorités scolaires n'ont aucune connaissance en matière musicale et ne tiennent pas à en acquérir. L'on m'objectera qu'il n'est pas nécessaire qu'il y ait un géographe dans un comité scolaire pour que l'enseignement de la géographie soit forcément bien donné ! Sans nul doute.... mais il n'est pas non plus un membre d'un comité d'études qui ne soit capable de comprendre la valeur des études de géographie et celle des maîtres chargés d'enseigner cette branche. Il lui suffit pour juger, d'avoir reçu une éducation générale de l'esprit, d'avoir le jugement sain et l'entendement ouvert et.... de savoir lire ! Il en est de même en ce qui concerne certaines branches d'enseignement spécial telles que la gymnastique. Il n'est pas besoin d'être un professionnel en la matière pour juger de son utilité et pour se sentir disposé à favoriser son extension. Les raisons mêmes qui font juger utiles l'assouplissement et l'hygiène bien comprise du corps sont fournies par le corps lui-même. Et quant aux moyens pratiques de développer la souplesse et d'assurer l'équilibre des membres, il est facile de les connaître; pour cela encore il faut savoir lire intelligemment. En matière musicale il n'en est pas de même. Celui qui a eu toujours l'oreille fausse ne sent pas la nécessité de fournir à autrui une oreille rendue juste grâce à la pratique d'exercices spéciaux. Celui qui n'entend ni les mélodies ni les harmonies n'éprouve pas le désir de mettre les autres à même de les apprécier. Et à supposer même que par respect pour la tradition il y consente, il ne saura pas choisir les bons moyens d'éduquer l'oreille et de lui faire analyser les rapports et les combinaisons des sons, ni reconnaître les mérites des hommes experts auxquels il remet le soin de choisir ces moyens, à sa place. L'esprit de la musique s'exprime en une langue spéciale que nos autorités scolaires ne savent pas lire. Et malheureusement elles ne songent même pas à se faire faire la lecture ! Et cependant ce sont elles qui nomment les instituteurs et décident du choix des méthodes !... Voilà pourquoi la musique n'est pas en progrès chez nous comme les autres branches d'enseignement. Voilà pourquoi l'on ne sait ni déchiffrer, ni phraser, ni noter, ni émettre le son dans nos écoles. Voilà pourquoi nos filles sont muettes.... et nos fils aussi !

— Mais voyons ! — nous dit Monsieur Quelconque que l'on rencontre partout — il n'est pas besoin qu'il y ait une direction générale pour que les résultats de l'enseignement soient bons. A ce compte-là, ne faudrait-il pas que les leçons de chant fussent données dans nos écoles par des spécialistes ? Elles le sont cependant par des maîtres ordinaires qui se tirent à merveille de leur tâche.

— Je ne nie pas, Monsieur Quelconque, qu'il y ait dans nos écoles des maîtres excellents.... mais il en est de mauvais aussi, et cela n'arriverait pas — ou en tout cas moins souvent — s'il y avait une direction compétente ou bien informée, et des études pédagogiques plus complètes au point de vue musical. Or, il suffit qu'il existe de mauvais instituteurs dans un établissement pour que les élèves confiés à leurs soins ne fassent point de progrès. Lorsqu'aux examens vous devrez établir la moyenne des succès obtenus, celle-ci sera inférieure à ce qu'elle eût été si tous les maîtres avaient été bien choisis. Et c'est là surtout, ne l'oublions pas, ce qui nous préoccupe. Il importe qu'en sortant de l'école, le plus grand nombre possible d'élèves aient reçu une éducation musicale suffisante pour les besoins artistiques de la vie et pour l'utilisation de leurs facultés naturelles normalement et logiquement développées. Or, ces maîtres capables dont vous me parlez, vous doutez-vous des résultats qu'ils pourraient obtenir s'ils avaient étudié la musique d'une façon plus rationnelle ? Je ne veux pas analyser ici en détail les méthodes employées; elles varient, en effet, selon les pays; mais je crois pouvoir affirmer sans crainte d'être démenti qu'elles sont presque toutes basées sur l'analyse théorique et non sur l'expérimentation sensorielle. Aucun art n'est plus près de la vie que la musique. On peut dire qu'elle est la vie elle-même. Aucun art ne s'est développé et ne se développe encore plus rapidement qu'elle; aucun autre n'a inspiré plus de théoriciens ingénieux, fait naître plus de systèmes d'éducation se simplifiant d'année en année, ce qui est une preuve de leur valeur pédagogique. Choisir entre eux est difficile, sans doute, et nous ne ferons aucun reproche aux autorités scolaires de n'avoir pas su bien choisir. Mais ce qui est à réprouver, c'est qu'elles *n'aient pas choisi*, c'est que l'on ait préféré partout — sauf exception, je le répète — s'en tenir aux méthodes du passé. Quel est le critérium infaillible qui nous certifiera l'excellence d'un système d'enseignement ? C'est le résultat pratique de ce système, les connaissances techniques des élèves ayant suivi l'enseignement. Ces résultats, voulez-vous que nous les examinions ensemble ?

Après les quatre à cinq ans d'études musicales faites dans les établissements primaires, les élèves sont-ils capables dans la proportion de 50 % :

1° de battre en mesure une mélodie jouée *rubato* par le maître ?

2° de déchiffrer avec justesse et mesure, soit la première, soit la seconde partie d'un chant populaire *avec paroles* ?

3° de deviner si une mélodie qu'on leur chante est en do, en fa, en sol ou en si bémol ? Si elle est à 2, 3 ou 4 temps. Si elle est en majeur ou en mineur ?

Ce n'est pas là, me semble-t-il, exiger beaucoup ! L'on exige bien davantage d'élèves auxquels on enseigne une langue étrangère qu'ils doivent, aux examens, savoir lire et même écrire sans trop de fautes. Notez, de plus, que je ne parle que du 50 % des élèves....

Après cinq à six ans d'études dans les établissements secondaires et supérieurs, les élèves sont-ils capables :

1° de faire ce que nous avons demandé aux élèves des écoles primaires ?

2° de noter, dans la proportion du 50 %, une mélodie facile qu'on leur chante pour la première fois et une autre mélodie plus difficile qu'ils connaissent par cœur, mais qu'ils n'ont encore jamais vue notée ?

3° de reconnaître si un petit morceau qu'on leur joue est une gavotte, un menuet, une marche ou une mazurka ?

4° d'improviser quatre mesures dans une tonalité quelconque ?

5° d'apprécier une modulation ?

6° d'apprécier et de noter à l'audition un changement de mesure ?

7° d'exposer clairement et de mettre en pratique une seule règle de prosodie musicale et de mettre deux vers en musique ?

8° de citer et de mettre en pratique une seule règle de phrasé ou de nuancé ?

9° de citer trois noms de compositeurs célèbres et leurs œuvres les plus importantes ?

10° de donner un renseignement sommaire sur la différence qui existe entre un lied, une sonate et une symphonie ?

Les questions 2, 3 et 4 équivalent à la demande que l'on ferait à un élève de sixième année d'un cours d'anglais ou d'allemand, d'écrire sous dictée une phrase anglaise ou allemande et de répondre par quelques *mots allemands ou anglais à une question posée dans la même langue*.

— Ah, mais ! ah mais ! s'écrie Monsieur Quelconque, nous ne nous entendons plus : vous demandez aux élèves des écoles des choses qu'ils ne peuvent pas savoir !

— Comment cela, Monsieur Quelconque ?

— Mais sans doute ! L'on ne demande pas aux enfants sortant de l'école primaire de battre un *rubato* en mesure, ni de savoir en quelles tonalités sont écrits les chants nationaux.... L'on n'apprend pas aux élèves des écoles supérieures à improviser, ni à moduler, ni à connaître la prosodie musicale et autres facéties. On ne parle heureusement pas non plus à ces pauvres enfants, qui ont déjà tant à faire, des musiciens classiques ni de leurs compositions....

— Que leur apprend-on alors ?

— Mais les notes, les silences....

— Les silences surtout !

— .... Les valeurs, les dièzes, les bémols, les chiffres.... que sais-je ? la musique enfin !

— Les questions que je pose à vos élèves ne se rattachent-elles donc pas à la musique ?

— Si.... mais....

— Mais quoi ?

— Mais elles sont trop difficiles !

— Non pas, Monsieur Quelconque, oh, que non pas ! Elles sont des plus élémentaires. Toutes, elles relèvent du solfège, non de l'harmonie, et les deux dernières n'exigent même aucune connaissance théorique. Un bon Suisse n'a pas besoin d'avoir étudié six ans l'histoire pour parler de Guillaume Tell, de Winkelried, ou du général Dufour !

— Enfin on n'enseigne pas tout cela à nos élèves, na !

— Dans ce cas l'enseignement est incomplet.

— On ne peut demander à tous les élèves d'une classe d'avoir la voix et l'oreille justes.

— Il faut alors éliminer ceux qui ne les ont pas, comme on dispense les aveugles des exercices de tir et les culs-de-jatte des leçons de gymnastique.

— Ce n'est pas la même chose.

— Si, Monsieur Quelconque, c'est la même chose.

— Enfin comment voulez-vous que nos enfants apprennent tout ce que vous citez, avec une heure de leçon par semaine ?

— Si une heure ne suffisait pas, il faudrait donc leur donner deux heures et même davantage.... le nombre suffisant enfin pour que l'enseignement leur soit profitable.... Mais rassurez-vous, Monsieur Quelconque, une heure suffira pourvu que les élèves soient *mis à même de chanter en dehors des leçons et pourvu que la musique fasse partie de leur vie de tous les jours*. De deux choses l'une : ou bien l'enseignement musical doit être organisé de façon à *musicaliser* les élèves, c'est-à-dire à éveiller leur tempérament et leurs facultés auditives, ou bien il faut le supprimer complètement dans les écoles et abandonner aux établissements privés le soin d'instruire musicalement notre jeunesse.... Mais comment ?... plaît-il ?... qu'entends-je ?... Vous grommelez, Monsieur Quelconque, que le tiers des élèves diplômés de nos Conservatoires ne savent ni improviser ni moduler ? Qu'ils ne seraient capables de répondre à aucune des questions ci-dessus posées ? Mais c'est très grave, ce que vous affirmez là, Monsieur Quelconque ! Oseriez-vous l'écrire dans le *Journal de Genève* ou dans les *Basler Nachrichten* ?

— Je l'écrirais avec douleur, mais je l'écrirais !

— Diable ! c'est qu'il faudrait alors modifier aussi le système d'enseignement dans nos conservatoires !

* * *

Hélas, nous l'avons dit, le chant et la musique sont considérés à l'école comme des objets d'enseignement non nécessaires à l'éducation. Comme cependant un grand nombre de parents tiennent à ce que leurs enfants sachent chanter, on fait le nécessaire à l'école pour que les élèves puissent en en sortant *faire semblant* d'avoir étudié la musique. On ne fait pas éclore en leurs sens et en leur cœur un véritable amour pour elle, on ne la leur fait pas *vivre* ! C'est son côté extérieur qu'on leur enseigne et non ses qualités émotives et vraiment éducatrices. On ne leur apprend même pas à l'écouter. La seule musique qu'entendent les écoliers c'est celle qu'on leur fait exécuter. Et comment parviennent-ils à chanter quelques lieds ? Uniquement par imitation. Quand donc nos autorités proscriront-elles des études le système dit « à la perroquet » ? Quand reconnaîtront-elles l'utilité d'une participation plus intime des exercices de chant à la vie même de l'école, — la musique s'y trouvant étroitement liée, la poétisant de son charme mélodique, l'animant, l'égayant et la fortifiant de son rythme ? Quand obligeront-elles les élèves, filles et garçons, à de fréquentes répétitions de chœurs à plusieurs parties, et leur donneront-elles dès l'école — où ils se seront habitués à chanter ensemble et à se connaître — l'envie d'entrer en commun dans les sociétés mixtes ? Elles constateront alors qu'il y a un point de contact à créer entre l'enseignement musical scolaire et les études « conservatoriennes » alors que l'un va à hue, les autres à dia, sans vouloir se connaître ni chercher à réaliser l'alliance utilitaire de l'aveugle et du paralytique !... Et elles feront accompagner, en des exercices publics, les chœurs scolaires par des instrumentistes des conservatoires, groupés en orchestre, inculquant ainsi aux premiers le goût de la musique symphonique, aux seconds celui de la musique chorale.

\* \* \*

Ce qui sera vétilleux, c'est le choix des maîtres ! De nombreuses éliminations devront être faites dans le corps enseignant et il est à craindre que quelques susceptibilités ne s'éveillent, que plus d'une protestation ne s'élève ! En effet, le nombre est très grand des instituteurs primaires non doués pour la musique, mais qui sont obligés de la professer quand même. Ils ont tous fait certaines études musicales à l'Ecole normale, mais combien d'entre eux en ont véritablement profité ? A combien le *satisfecit* final n'a-t-il été accordé à l'examen pour le diplôme d'instituteur que parce qu'ils avaient prouvé leur savoir en d'autres branches que la musique et qu'on ne voulait pas les faire échouer à l'épreuve finale à cause d'une incapacité artistique de peu d'importance ? Ils deviendront d'excellents instituteurs en tous les domaines, sauf en celui des sons, feront faire des progrès à leurs élèves en géographie, en arithmétique, en littérature, leur apprendront à devenir de bons citoyens au jugement droit et aux idées saines, mais, — parce qu'ils ne sont pas musiciens eux-mêmes, — ils ne développeront pas les instincts musicaux de leurs élèves ! Ils tiendront trois à quatre générations d'enfants à l'écart des joies artistiques, abaisseront le niveau musical de toute une localité pendant de longues années et nuiront ainsi au développement général du pays ! L'influence de tels instituteurs est si néfaste au point de vue spécial qui nous sollicite, qu'il ne peut être question pour des raisons sentimentales de la laisser subsister, si l'on a vraiment à cœur de relever musicalement le pays. Le fait de maintenir aux postes de maîtres de musique des instituteurs à l'oreille et à la voix fausses est même d'une telle anormalité qu'il est impossible que les hommes intelligents et instruits que sont la plupart de nos régents ne comprennent pas la nécessité absolue de créer un nouveau mode de faire ! Il est à noter que ceux d'entre eux qui sont bons musiciens, qui aiment l'art musical et s'entendent à en professer les lois (j'en connais un grand nombre) n'auront pas à souffrir d'un nouvel état de choses, car il sera d'utilité publique de les maintenir à leur poste. S'intéressant à la musique, ils

ne demanderont pas mieux que de s'assimiler les méthodes nouvelles et d'être mis à
même de compléter leur éducation pédagogique. Quant aux instituteurs auxquels
leur incapacité musicale retirera le droit d'enseigner la musique, il nous semble qu'ils
ne penseront pas non plus à se plaindre. Donner des leçons sur un sujet que l'on n'aime
ni ne comprend doit être pour tout homme intelligent une très grosse corvée et il est
toujours désagréable de se sentir manifestement incapable d'accomplir soi-même ce
que l'on est chargé d'apprendre à autrui. Or, pour cette raison-là comme pour plusieurs autres, il est indispensable que l'enseignement musical primaire soit — aussi
bien que le supérieur — confié à des professionnels. Car de la musicalité du maître
dépendent les progrès plus ou moins rapides des élèves, de même que leur ardeur
au travail ne peut être éveillée que par l'ardeur déployée par le maître dans son enseignement.

Quoi qu'en puissent penser certains théoriciens auxquels les vibrations produites
par le frottement de la plume sur le papier paraissent aussi agréables à l'oreille que
celles qui engendrent le son musical, — l'audition joue cependant un certain rôle
dans le plaisir occasionné par la musique, dans l'analyse et la création des sons, dans
l'appréciation de leurs combinaisons harmoniques et de leurs successions mélodiques ! Nous dirons même — au risque de froisser certain critique sourd de notre connaissance — qu'il est difficile d'apprécier, de juger et même d'entendre la musique
si l'on n'a pas d'oreille ! La meilleure méthode d'enseignement nous semble donc être
celle qui — tout en mettant le plus rapidement possible les élèves à même de noter
les mélodies, les rythmes et les harmonies — est le mieux susceptible aussi de développer les facultés auditives d'où dépendent le goût et le jugement musicaux. A cet
égard, l'enseignement collectif dans les écoles présente un avantage que n'offre pas
celui des conservatoires. Des motifs d'ordre pratique forçant les élèves à se priver du
secours d'un instrument, ils doivent eux-mêmes émettre en chantant les sons qu'ils
apprennent à noter, et les rapports de l'appareil vocal et de l'appareil auditif sont si
intimes que les progrès d'audition sont liés étroitement aux progrès d'émission, et
vice-versa. La production mécanique des sons sur un instrument ne nécessite aucun
effort de l'oreille; celle-ci ne sert que de moyen de contrôle, et même, à son défaut, le
contrôle de la vue et du toucher est suffisant pour obtenir une justesse convenablement approximative. Tout au contraire, les efforts tentés par l'élève pour assurer la
justesse des sons vocaux amènent un développement progressif des facultés de l'oreille.
En d'autres termes, l'enseignement à l'aide d'un instrument peut amener à mieux
entendre, celui qui est basé sur le chant amène à mieux écouter.

Le choix de l'éducateur joue donc un grand rôle dans les études du développement
de l'oreille. Il doit nécessairement posséder des qualités normales d'audition, être

rompu à la pratique de la musique et connaître les lois de l'émission vocale. Il doit avoir étudié le chant, connaître les principes qui régissent la respiration et l'articulation, et avoir une connaissance spéciale des registres des voix enfantines. Actuellement on ne développe pas les voix des élèves dans nos écoles. On ne leur enseigne pas l'exercice si précieux de la gymnastique pulmonaire, ce qui les prive d'un apport hygiénique indispensable. On ne leur apprend pas à chanter en voix de tête, ce qui restreint à tout jamais leurs moyens vocaux. Il faut que le maître sache développer les moyens physiques d'expression de ses élèves.

Il doit être ensuite et non moins évidemment un artiste de goût et de talent, un homme de tact et d'autorité, aimant les enfants et sachant s'en faire comprendre. *Non est loquendum, sed gubernandum !* Si, en effet, il ne suffit pas que l'enseignement de sujets pratiques tels que la géographie et l'histoire soit donné par des maîtres très au courant de la question à traiter pour obtenir des résultats satisfaisants et durables, et si ceux-ci dépendent de l'intérêt général que les maîtres savent dégager de leur sujet, comme de la mise en valeur de ses conséquences morales et sociales, à plus forte raison devons-nous demander à ceux qui assument la tâche d'enseigner une question d'art autant que de technique, un sentiment artistique profond et la faculté de le communiquer aux autres. Le maître de musique doit chercher à éveiller dans l'âme de ses élèves le sentiment du beau. L'on parle trop souvent aux enfants de la beauté sans leur expliquer ce que c'est. Il est pourtant aussi dangereux de se « tromper en enseignant le beau qu'en enseignant le vrai » ! Le maître doit aussi révéler à ses élèves l'existence d'un art conventionnel et faux pour le mettre à même d'en mépriser les produits. Il doit appuyer chacune de ses démonstrations sur des exemples pris chez les maîtres, et leur apprendre comment et grâce à qui l'art s'est développé jusqu'à nos jours, dans quel sens il est susceptible de se développer encore. Il leur suggérera l'enthousiasme pour les belles œuvres et l'envie de les interpréter dans le respect des intentions de l'auteur. La grande qualité du pédagogue est de savoir suggérer, et, comme le dit si bien J. F. Amiel en une comparaison qui touche de près à notre sujet : « il doit lire dans l'âme enfantine comme dans un cahier de musique. Alors, rien qu'en changeant de clef, l'on maintient l'attrait et l'on change la chanson. »

Et que l'on ne nous objecte pas que c'est trop demander à un maître d'aborder à l'école des questions de goût, de nuance et d'esthétique, que c'est là l'affaire des maîtres spéciaux en des établissements supérieurs, et que l'enseignement obligatoire doit s'en tenir aux études de technique. C'est au contraire — affirmons-nous en toute connaissance de cause — au *début* des études que l'apprentissage de la beauté doit être entrepris conjointement à celui de ses moyens d'expression. L'on ne se perfectionnera bien dans une technique que si l'on aime l'objet auquel elle s'applique. Le sentiment esthétique doit être développé parallèlement à la connaissance des lois élémentaires de l'art et — dès sa première leçon — l'élève doit être informé que les études qu'il va entreprendre s'adressent autant à son âme qu'à son cerveau et qu'il doit apprendre à aimer, non pas seulement à comprendre.

La seule grande difficulté pratique que suscitera notre projet est ce choix des éducateurs pendant les cinq à six premières années de son adoption. Plus tard, ce choix s'opérera tout naturellement — comme nous le verrons tout à l'heure — parmi les élèves les mieux doués des classes de perfectionnement, mais, en attendant que la sélection soit faite, que les nouvelles méthodes d'enseignement aient produit leur résultat, il faudra recourir aux obligeants offices et au développement de professionnels enseignant par intérim. Ce sera pour eux une grande responsabilité que cette initiation des élèves à des devoirs futurs d'une si grande importance. L'avenir artistique du pays sera entre leurs mains et dépendra de leur zèle, de leur conscience et de leurs aptitudes. Placés au poste d'honneur, ils rempliront avec entrain la noble mission d'ouvrir à la beauté les esprits de leurs petits compatriotes et de former pour l'avenir des éducateurs compétents connaissant la pratique de l'art musical et animés du désir fervent de le propager et de le faire aimer.

*<br>* *

Si, au point de vue du développement artistique du pays, l'enseignement obligatoire de la musique dans les écoles présente cet immense avantage de ne laisser aucun talent inaperçu et d'assurer dès l'enfance aux tempéraments musicaux la culture nécessaire, il serait fort dangereux que les conditions de cet enseignement fussent les mêmes pour les enfants talentés que pour ceux qui le sont moins ou pas du tout. Il ne faut pas perdre de vue qu'il s'agit de l'enseignement non d'une science, mais d'un art ! « Un enfant peut aimer les sciences — dit La Rochefoucauld — mais toutes les sciences ne lui conviennent pas. » Tous les enfants ne naissent pas artistes et, s'il existe des cas où un instinct musical endormi ou lent à naître peut être réveillé ou excité par des soins vigilants, le plus souvent l'enseignement ne sera utile qu'aux enfants plus ou moins prédestinés à en subir l'influence. Comme le proclame Sancho Panza : « Rien n'a qui assez n'a »; la plus belle fille du monde ne peut donner que ce qu'elle a ; là où il n'y a rien, le diable perd ses droits ; arbre mort n'aura point de feuilles ; l'on ne fait pas d'omelette sans œufs ; la sauce ne fait pas le poisson ; il n'est pas donné à tous d'aller à Corinthe ; pour faire un civet il faut un lièvre !... Ce qui nous prouve qu'il serait inutile d'insister outre mesure pour rendre un enfant musicien si cet enfant n'a aucun germe de musicalité. La sagesse consiste dès lors à ne favoriser d'un enseignement musical que les enfants les mieux doués. Mais le bon Sancho ajoute : « Une seule pomme pourrie contamine tout le panier !... » et ce proverbe, basé sur l'observation d'un phénomène naturel universellement constaté, nous met sur la voie d'une importante réforme. L'inaptitude complète de certains élèves d'une classe compromet l'avancement de la classe toute entière ! Il faut donc au bout de quelque temps d'observation ne pas autoriser à continuer les études musicales tout élève privé d'une voix et d'une oreille justes, ainsi que du sens de la mesure et du rythme !

Que l'on ne s'effraie pas de la complication apportée par les soins de cette élimination à l'organisation des études ! Cette complication n'est qu'apparente. Il n'existe heureusement que fort peu de cas — au maximum le 5 % — de complète incapacité musicale, auditive et rythmique [1]. En raison même de leur rareté, ces cas d'infirmité sont aussi faciles à reconnaître et à classer que ceux d'idiotie dans les études générales, de criminalité dans la vie de tous les jours. Au bout d'une année d'enseignement musical (les résultats d'un examen d'admission ne seraient pas convaincants, car certaines voix fausses se rectifient par la pratique, et des exercices raisonnés ont souvent raison de la paresse d'oreille ou de l'inaptitude à la mesure), au bout d'une année d'expériences — disons-nous — le professeur aura reconnu quels sont les élèves totalement incapables de suivre la classe et les fera entrer dans des classes spéciales. Il leur restera la ressource, au cas où ils tiendraient à pratiquer la musique quand même, de faire des études de piano dans un conservatoire ! Le premier classement par élimination permettra de continuer les études à partir de la deuxième année dans des conditions beaucoup plus favorables et sera suivi d'une série de classements successifs que nous allons indiquer sommairement. Grâce à eux, l'organisation des études se fera d'une façon très méthodique et très claire.

Supposons un enseignement prévu de six ans.

Au bout d'une année, quelques élèves se trouvent, à la suite de l'examen, exclus de l'enseignement. Le même examen fait constater que les élèves restants sont doués inégalement quant à l'esprit rythmique, la justesse des voix et les facultés auditives. Les uns possèdent ces trois qualités, d'autres n'ont que les deux premières, d'autres les deux dernières, d'autres que la première et la troisième. A ceux qui ont l'oreille et la voix justes, mais qui sont dénués de l'instinct du rythme, l'on fera doubler un certain cours de Rythmique dont nous parlerons plus loin et qui est inscrit au programme de première année. Tout en doublant ce cours spécial, ils continueront les études communes de la deuxième année. A la fin de celle-ci, l'examen permettra de faire un nouveau classement, qui, après élimination définitive des oreilles fausses, groupera les élèves restants dans les catégories suivantes :

[1] Voir chapitre XIV, pages 199, 200 et 201.

A) Les élèves reconnus dès la première année comme possédant les trois qualités, plus les élèves n'ayant fait preuve au premier examen que de deux qualités, mais ayant acquis la troisième après la seconde année d'études.

B) Les élèves ayant la voix fausse, mais possédant les deux autres qualités.

C) Les élèves ayant l'oreille peu développée, mais possédant le sens rythmique et étant capables, grâce à la souplesse de leur appareil vocal de chanter juste quand ils sont soutenus par une masse chorale. (Ce cas est assez fréquent.)

D) Les élèves ayant la voix et l'oreille justes, mais étant dénués du sens rythmique.

Ce classement mettra le maître à même de diviser les élèves de troisième année en deux sections parallèles :

De la première (section I) feront partie les élèves du classement A et ceux du classement B. Ces derniers (voix fausse mais oreille juste et rythmique innée ou acquise) seront dispensés des exercices de chant et se borneront à écouter les chants et à battre la mesure.

De la section II feront partie les élèves de la catégorie C, qui au cours de la troisième année d'études chercheront à perfectionner leurs facultés auditives, et les élèves du classement D qui continueront à suivre la classe de gymnastique rythmique.

A la suite de l'examen final de la troisième année, il y aura un avant-dernier classement : ceux des élèves de la catégorie B qui auront acquis pendant l'année les qualités musicales qui leur faisaient défaut, seront introduits dans la section I. Et tous les élèves ayant conservé leur inaptitude rythmique seront définitivement éliminés.

La section I comprendra donc toujours les élèves doués des trois qualités qui font le musicien complet, ainsi que ceux qui ont l'instinct du rythme, l'oreille juste et la voix fausse.

La section II sera composée des élèves ayant l'instinct du rythme mais dont l'oreille, incapable d'analyser les accords et d'apprécier les finesses musicales, sera néanmoins assez juste pour contrôler la justesse naturelle de la voix.

Ces deux sections continueront leurs études parallèles pendant les deux années suivantes d'enseignement, à raison toujours d'une heure par semaine. Un dernier classement aura lieu à la fin de la cinquième année et aura le résultat suivant :

La section I sera partagée en deux.

Dans la section I a, seront admis les élèves de la section I qui manifesteront des capacités musicales particulières. Ils seront favorisés pendant la sixième année d'études d'un enseignement plus complet.

Quant aux sections I b (comprenant les élèves non admis dans la section I a) et II, elles continueront leur marche régulière.

Enfin, à la fin de la sixième année d'études, les meilleurs élèves de la section I a seront admis après examen à suivre les cours de l'Ecole normale destinée à former les futurs maîtres de musique.

— Tout cela est fort ingénieux sans doute....

— Tiens, Monsiéur Quelconque, vous revoilà ? Je vous salue !

— Tout cela, — dis-je, cher maître, — a l'air fort ingénieux sur le papier, mais me paraît d'une réalisation impraticable. (Je ne vous cacherai point que ces classements m'ont fait mal à la tête !) D'abord il y aura pour certaines classes deux heures de leçons par semaine, suscitées par cette fameuse classe de Rythmique dont vous nous parlerez — disiez-vous — tout à l'heure. Et....

— Pardon, Monsieur Quelconque, il ne s'agit pas d'un cours supplémentaire créé pour les élèves en question ! Ceux-ci seront simplement invités à suivre pour la deuxième fois le cours que les élèves de première année suivront pour la première.

— Oui, oui, j'entends bien ! Cependant, une fois votre classe organisée en deux sections, il faudra bien une heure de leçon pour chaque section, ce qui fait deux heures par semaine pour la classe si je ne me trompe. Or les autres branches....

— Votre calcul est juste, Monsieur Quelconque. Je prévois deux heures par semaine pour la classe pendant trois ans, et même trois pendant la troisième année, où la section I est divisée en I a et I b. Mais il n'en résultera pas une diminution de leçons pour les autres branches, les heures étant partagées entre trois sections de la même classe.

— Soit, mais le budget ?...

— L'augmentation du budget ne sera pas grande et sera largement compensée par les avantages indéniables du classement. D'ailleurs n'y a-t-il pas en plusieurs villes suisses des écoles où les cours de musique comprennent deux heures de leçons par semaine ? Ces écoles sont privilégiées par mon système, qui pendant deux ans ne prévoit qu'une leçon hebdomadaire [1].

— Admettons ! j'ai une plus grave objection à vous présenter : votre classement est excessivement délicat à opérer ! A quoi votre jury saura-t-il reconnaître que tels élèves sont dénués de justesse d'oreille ?

— A ce qu'ils ne sauront pas reconnaître ni noter les intervalles qu'on leur chantera.

— Et de justesse de voix ?

— A ce qu'ils chanteront faux.

— Et de.... machine rythmique ?

---

[1] L'expérience de ces dernières années m'a prouvé que deux heures par semaine de leçons de musique sont indispensables. (E. J. D.) (1919.)

— A ce qu'ils ne sauront pas partager le temps en parties égales, ni accentuer les temps forts.

— Mais vous parliez de justesse relative de l'oreille ?

— La possèdent ceux qui ne peuvent apprécier les notes d'une mélodie que par comparaison à un son donné. Tandis que ceux qui les perçoivent sans qu'il y ait un point donné de comparaison possèdent « l'audition absolue » et que ceux qui savent analyser les superpositions du son ont l'oreille musicale. Prenez un exemple fourni par vous-même. Voyons, quelle est cette note ?

— Oui, oui, une autre fois !... Alors vous croyez que les jurés sauront apprécier ces nuances ?

— Oui, si cè sont des professionnels.

— Qu'ils ne se tromperont jamais dans leurs diagnostics ?

— L'on est toujours exposé à se tromper. Mais rassurez-vous, l'erreur qui pourra être commise n'aura jamais la gravité de celle qui, actuellement, compromet les résultats de l'enseignement musical scolaire, cette erreur fondamentale qui consiste à laisser des incapables participer aux études collectives. D'ailleurs, nos jurés ne commettront jamais que des erreurs de nuances et celles-ci seront facilement rectifiées par le professeur habituel. S'il y a par hasard de grosses erreurs partagées par le professeur, les élèves auront toujours la ressource d'en appeler à l'enseignement privé.

— Entre nous, bien franchement (je ne le dirai à personne), la classification des élèves en sujets possédant les trois qualités et sujets n'en possédant que deux n'est-elle pas une chinoiserie d'artiste ? Elle a, selon vous, un but véritablement pratique ? un but bourgeois ? j'entends un but utile et sérieux ?

— Oui, Monsieur Quelconque, ce but existe, pratique, sérieux et utile ! Et ce but est de ne pas demander à certains élèves plus qu'ils ne peuvent fournir; de conduire les autres aussi loin qu'ils peuvent aller; de ne pas décourager les moins capables en les mettant en contact avec des élèves naturellement doués qui accomplissent en se jouant ce qu'eux-mêmes n'obtiennent qu'avec peine; de ne pas exposer non plus les élèves naturellement musiciens à se laisser gagner par la paresse, en les mettant à même de se découvrir par comparaison une supériorité naturelle dont ils seraient tentés d'abuser. Je vous le répète : la musique est un art bien plus qu'une science. Il ne suffit pas d'être intelligent pour en suivre les études, il faut encore être un peu artiste. Se borner à en enseigner à l'école les principes rudimentaires, c'est la rabaisser au niveau des moins doués, c'est nuire à ceux qui sont capables d'en approfondir tous les secrets. Si vous n'accordez pas à ceux-ci des études plus complètes, il vaut mieux alors supprimer complètement l'enseignement, car l'école laisse peu de temps aux enfants — aux garçons surtout — pour faire des études artistiques privées. Introduisez l'art à l'école, mais n'en faites pas un art de contrefaçon. Dévoilez-en toutes les beautés à ceux qu'un examen judicieux vous aura désignés comme capables de s'en pénétrer. Quant aux autres, mettez-les dans des classes spéciales. Tous ces élèves de capacité moyenne, groupés ensemble, ne verront pas leurs instincts naturels d'émulation comprimés par le sentiment que, quoi qu'ils fassent, ils ne seront jamais les premiers. Ils progresseront dans la mesure de leurs moyens, sortiront de l'école sachant apprécier la musique et préparés à rendre en tant qu'amateurs intelligents des services sérieux à l'art, en apportant aux sociétés musicales l'appoint de leurs connaissances. Quant aux prédestinés ils s'élanceront en avant, libres de toute entrave, et donneront l'essor à leurs instincts naturels. Leur but, situé plus loin et plus haut, sera plus difficile à atteindre; qu'importe ! puisque vous leur aurez permis de déployer leurs ailes ! Ce but, leur maître le leur montrera de la main et ils l'atteindront, guidés par leur instinct, aidés par leur travail, soutenus par leur courage.... Ce seront nos artistes de demain !

*  *  *

Si vous demandez à un pédagogue quelle est la meilleure méthode d'enseignement, il ne vous répondra pas à brûle-pourpoint : «c'est la mienne ! » Car la modestie est une vertu.... pédagogique ! » Mais il y a bien des chances pour que la méthode dont il vous prônera les avantages soit effectivement la sienne. Vous la reconnaîtrez du reste aux analogies qu'elle présentera avec le caractère de son créateur. Selon que celui-ci sera pédant, expéditif, naturel ou « tâtillon », la méthode sera tâtillonne, naturelle, expéditive ou pédante. Je vais plus loin. Les enfants soumis à cette méthode deviendront, eux aussi (à moins d'être de tempérament très personnel) des pédants, des expéditifs, des naturels ou des tâtillons ! Tant il est vrai que l'homme descend du singe et que l'enfant, s'il suit des méthodes surannées d'éducation, a une tendance à y remonter. Mais le rôle de l'éducateur est de diriger la volonté des enfants et de faire naître leur personnalité. Mieux vaut leur donner la faculté de choisir entre le bien et le mal, le beau et le laid, que de leur enseigner tout ce qui est mal ou tout ce qui est bien. Il faut allumer en leur esprit une douce lumière dont leur réflexion augmentera le rayonnement. Et, comme dit Montaigne : « il convient qu'on mette en fantaisie à l'enfant une honneste curiosité de qu'on veut lui faire sçavoir et qu'on le gouverne en aiguisant sa faim de science ! » La meilleure méthode d'enseignement est celle qui, dès la première leçon raisonnée, offre à l'élève un problème à résoudre, sans que l'y puissent aider sa mémoire ni son instinct d'imitation. Après une première année de préparation à la musique, d'exercices rythmiques qui satisfont le besoin de mouvement et d'amusement de l'enfant et développent celui-ci au point de vue physique et men-

3

tal, après une série d'exercices gymnastiques des lèvres et de la langue suscités par l'étude des vocales et des consonnances, je suppose que commence l'étude du chant proprement dit. A ce moment, je dirai, abordant résolument la question technique, que le premier soin du maître de musique doit être de faire apprécier à l'enfant la différence qui existe entre le ton et le demi-ton. Tant qu'il ne saisira, soit en chantant soit en écoutant, cette différence qu'avec hésitation, il ne peut être question d'aborder un autre sujet d'études, sinon l'on commettrait une erreur analogue à celle d'enseigner les mots d'une langue avant d'en avoir fait connaître les lettres. Or, nous n'hésiterons pas à dire que les neuf dixièmes des maîtres de chant ou d'instruments font entreprendre l'étude des gammes avant d'avoir exigé des élèves une connaissance parfaite et absolue de ces deux éléments naturels. Dans ces conditions, jamais les élèves ne reconnaîtront les tonalités, jamais ils ne comprendront la musique !

Toute bonne méthode de musique doit être basée sur « l'audition » des sons autant que sur l'émission.

Et si les facultés d'audition sont rudimentaires chez un élève, il faut s'appliquer à les développer avant d'entamer l'étude de la théorie. Le bruit du tambour est subi sans analyse ni réflexion; (c'est même pour cela que le tambour est un instrument essentiellement militaire.) A beaucoup d'enfants, le son ne paraît qu'un bruit, et il serait absurde de leur faire commencer l'étude comparative des bruits. C'est par l'effort de la pensée qu'ils apprendront à distinguer où commence le son; il faut donc aiguillonner et orienter la pensée; les exercices de mémoire ne seront utiles qu'ensuite. » « La mémoire — a écrit Diderot — ne conserve les traces des sensations et des jugements qui en sont la suite, qu'autant que celles-ci ont le degré de force qui produit la sensation vive. »

Ici nous touchons à un point très important qui a soulevé bien des discussions, celui de l'audition absolue, c'est-à-dire de la perception innée et naturelle de la place de chaque son dans l'échelle des sonorités, et de la correspondance entre le son et le mot conventionnel (ou la lettre) qui le désigne. Il est des enfants qui, dès qu'ils connaissent les noms des notes, s'écrient à l'audition de tel son : « C'est un la, un mi ou un fa dièse » sans qu'ils aient besoin de réfléchir davantage que pour constater : « Voici du vert » en voyant un arbre au printemps. Or, beaucoup de pédagogues prétendent que l'audition absolue est innée et ne s'acquiert pas par l'étude. Sans doute, mais des études pratiques peuvent créer l'audition *relative*. Dès qu'un enfant est assez bien doué pour pouvoir apprécier sans jamais se tromper (les spécialistes comprendront l'importance de ce mot jamais) la différence du ton et du demi-ton, il est possible de provoquer en son esprit par la comparaison et par la suggestion, la correspondance immédiate entre le nom et la note elle-même. Il faut qu'il se produise au cours de la perception auditive une perpétuelle circulation d'insensibles raisonnements. Les moyens de provoquer et d'enchaîner ces raisonnements forment la base naturelle d'une bonne méthode d'enseignement musical. La place nous étant mesurée, nous sommes forcés de renvoyer à des ouvrages spéciaux ceux de nos lecteurs qui désirent approfondir ce sujet. Mais nous tenons, avant de poursuivre, à proclamer notre conviction très nette et basée sur des expériences nombreuses, que l'audition relative peut chez tous les sujets ayant l'oreille juste, être provoquée par l'éducation, à condition que cette éducation soit commencée de bonne heure et qu'elle précède l'étude d'un instrument.

L'audition absolue n'est du reste absolument indispensable à un musicien que s'il est appelé à enseigner la musique, et si j'insiste pour qu'on cherche à la provoquer chez l'enfant, c'est que — ne l'oublions pas — notre enseignement scolaire doit, selon nos plans, préparer les élèves les mieux doués à exercer plus tard la profession d'instituteurs.

Sitôt la différence des tons et demi-tons perçue par les élèves, commencera l'étude comparative des gammes, c'est-à-dire des suites de tons et demi-tons qui caractérisent les tonalités. Et à ce propos, nous nous permettons, sans vouloir le moins du monde imposer nos idées, de vous communiquer un petit moyen personnel, fruit de notre expérience professionnelle. Chaque gamme étant formée par la même succession de tons et de demi-tons dans un ordre toujours le même, l'élève ne saura reconnaître à l'audition une gamme d'une autre que d'après la hauteur de sa tonique. Les rapports d'une gamme à une autre lui échapperont car, pour lui, la mélodie de la gamme de *la bémol*, par exemple, n'est que la mélodie de la gamme *d'ut*, transposée une sixte mineure plus haut, ou une tierce majeure plus bas. Mais si vous lui faites chercher la succession des notes de la gamme de la bémol en commençant par l'ut, tonique de la gamme d'ut (soit : ut, ré b, mi b, fa, sol, la b, si b, ut), l'élève reconnaîtra immédiatement que cette mélodie diffère de celle qui caractérise la gamme d'ut. Il se rendra compte que les tons et demi-tons ne sont pas à la même place et (comme il connaît l'ordre établi des tons et demi-tons dans une gamme allant de la tonique à la tonique), il lui sera facile en constatant quelle place ils occupent dans la gamme à reconnaître, de retrouver la tonique de cette gamme et de dire le nom de la tonalité. En un an les élèves arrivent facilement ainsi à reconnaître toutes les tonalités. Le fait de choisir la note ut comme ton initial permet à toutes les voix de chanter toutes les gammes, les changements apportés à l'ordre de succession des tons et demi-tons suffisant à donner l'impression des gammes diverses. Dans les autres méthodes, la chose est impossible à l'enfant dont la voix a peu d'étendue, ainsi qu'à l'apprenti chanteur qu'on n'autorise à user que d'un registre limité. Quelle que soit d'ailleurs l'étendue des voix, on n'initie jamais à la diversité des gammes qu'à l'aide de moyens fâcheux de transposition ; et si même on fait chanter certaines gammes à leur hauteur vraie, on néglige de faire saisir leurs rapports, ainsi que nous le faisons au moyen de l'altération successive des diverses notes de la gamme d'ut.

Un autre avantage de ce système est qu'en peu de temps, il grave dans la mémoire l'ut fondamental et qu'il apprend ainsi à chanter juste sans recourir au diapason, sans se donner le la ni se le faire donner. L'avantage est précieux surtout au point de vue de l'audition musicale. L'élève formé selon notre méthode n'aura pas de peine à discerner la tonalité d'un morceau quelconque, grâce à la perception des altérations qu'y subit la gamme tonique d'ut, et, — rompu au chant des intervalles divers dans les milieux divers, je veux dire dans les diverses tonalités, — il reconnaîtra aisément toutes les notes, quel que soit l'instrument qui les produise.

Il est donc de toute importance, dans notre système, que le professeur s'attache à graver dans la mémoire, et pour ainsi dire dans le gosier de ses élèves, l'ut fondamental [1]. Il faut aussi que, pour préparer à l'audition musicale intelligente, il donne en contre-partie aux exercices d'intonation ce qu'on pourrait appeler des exercices de reconnaissance ou d'appellation, de même qu'à l'École primaire on exerce de front la lecture et l'écriture. En d'autres termes, il faut qu'à l'issue du cours de solfège, l'étudiant soit capable aussi bien de nommer les notes d'un exercice chanté par autrui que de le chanter lui-même. Pour le conduire à ce résultat, le maître l'habituera dès le début à discerner dans quel ton un autre élève chante un exercice dont l'étude est achevée, puis à nommer ou à écrire sous dictée les notes d'un exercice pris au hasard, enfin à distinguer des notes quelconques dans une tonalité quelconque. Je ne saurais trop insister sur ce point; on peut ainsi, sans perte de temps, donner aux facultés musicales un développement double.

Que l'on recourt du reste à ce système ou à un autre, peu importe ! L'essentiel est que l'étude des tonalités soit faite de la façon la plus consciencieuse et la plus méticuleuse. Elle doit durer deux à trois ans, davantage peut-être, en tous cas le temps qu'il faudra pour que la connaissance des rapports tonals entre eux soit — selon l'expression de Montaigne déjà cité — « non incorporée à l'esprit mais attachée; car il ne faut arrouser l'âme mais la teindre, et si elle n'est pas changée par le sçavoir et n'a pas mélioré son estat imparfait, certainement il vauet mieulx la laisser là ! »

Une fois les gammes sues, tout le reste des études musicales, — sauf, bien entendu, ce qui touche au rythme — ne sera plus qu'un jeu, l'élève en trouvant l'explication dans les gammes mêmes. Les intervalles ? fragments de gammes, avec interruption

---

(1) Ou le *la*, ou n'importe quelle autre note, mais le do présente l'avantage d'être la tonique de la gamme-type. C'est grâce à la culture du sentiment musculaire que les élèves éprouveront la sensation qu'ils émettent ou entendent la note-type.

des sons intermédiaires. Les accords ? superposition des notes d'une gamme. Les résolutions ? satisfaction accordée aux notes suspendues d'une gamme de continuer leur
marche. La modulation ? enchaînement d'une gamme à une autre gamme.... Tout
ce qui concerne la mélodie et l'harmonie est implicitement contenue dans l'étude comparative des tonalités et n'est plus qu'une question de terminologie et de classification.

*  *  *

Reste l'élément rythmique, qui est lui aussi de la plus grande importance. De
même qu'il existe une « audition absolue, de même aussi y a-t-il un sens rythmique
naturel que l'étude peut éveiller et développer ».

Le don du rythme musical ne relève pas uniquement du raisonnement; il est
d'essence physique.... Diderot en fait «l'image même de l'âme, rendue par les inflexions
de la voix, les nuances successives, les passages, les tons d'un discours accéléré, ralenti,
éclatant, étouffé, scandé de cent manières diverses ». Nous le considérons en outre
comme le reflet des mouvements corporels instinctifs et comme dépendant du bon
équilibre et de l'harmonie générale de ces mouvements. Si un enfant bien portant et
sans aucune tare physique a de l'irrégularité dans la démarche, cette irrégularité cor-
respondra musicalement à une manière irrégulière de mesurer le temps. Si, par manque d'équilibre dans les mouvements, il a de la peine, selon qu'il part du pied gauche
ou du pied droit, à accentuer d'un coup de pied plus fort chaque premier pas d'une
série alternante de 2, de 3 ou de 4 temps, il aura de la peine aussi à accentuer musicalement les premiers temps des mesures $^2/_4$, $^3/_4$, $^4/_4$. Si, sur quatre pas qu'il fait, il a
une tendance à faire le quatrième plus court que le premier, il pressera en musique....
il ralentira s'il le fait plus long.... La marche régulière est le décompositeur naturel
du temps en parties égales, et le modèle de ce qu'on appelle la mesure. L'accentuation
d'un pas sur deux, d'un pas sur trois ou sur quatre crée l'accentuation métrique. Et
si, au cours d'une série de pas égaux, un mouvement de la main marque d'un accent
tantôt un pas, tantôt un autre, voici que le geste crée l'accentuation rythmique pathétique. Faites marcher un enfant en chantant; si ses pas ne coïncident pas exactement
avec les temps de la mélodie mesurée qu'il chante ou encore que chantent les autres,
il n'a pas le sentiment naturel de la mesure. S'il ne peut à volonté accentuer un pas
ou tel autre, il n'a pas le sentiment naturel du rythme. Or, de même que l'on apprend
à parler à un sourd-muet en lui enseignant le mouvement des lèvres, qui pourtant pour
lui ne correspond pas à l'idée d'audition, de même est-il possible de donner le sens du
rythme musical à un arythmique, en habituant son corps à des mouvements réguliers et scandés que son œil et son sens musculaire peuvent contrôler. Car — dit La

Rochefoucauld — « nous avons plus de paresse dans l'esprit que dans le corps, et de bonnes habitudes corporelles peuvent créer les bonnes habitudes de l'esprit ».

Des exercices répétés de marche finissent très souvent par assurer la régularité des pas chez nos soldats. Qu'on leur fasse établir un rapport entre cette régularité et celle exigée dans la mesure musicale, et ils arriveront à chanter en mesure. En ce qui concerne l'accentuation, l'enseignement militaire rend, par contre, au corps comme à l'esprit, de mauvais services. Il détruit en effet l'équilibre naturel du corps en avantageant constamment le pied gauche et le bras droit. Par son invariable « une, deux » il supprime en l'esprit le sens des combinaisons rythmiques. Essayez, donc, Messieurs les instructeurs, de faire marcher vos soldats en partant alternativement du pied droit et du pied gauche, le fusil changeant d'épaule; faites-leur aussi accentuer leur marche de trois en trois pas, de quatre en quatre, de cinq en cinq, de six en six, dans plusieurs *tempi*, puis alternez ces accentuations et vous nous direz ensuite si vous n'obtenez pas ainsi une marche moins mécanique et par conséquent moins fatigante, et si ces exercices ne rendent pas vos hommes plus souples et plus délurés. Nous vous prouverons alors que leurs aptitudes rythmiques musicales se sont développées en même temps que les rythmiques corporelles, et vous nous aiderez — votre concours nous serait très précieux! — à introduire ces exercices préliminaires dans nos écoles.

Vous nous y aiderez aussi, mesdames les mères, qui verrez vos filles perdre, grâce à ces exercices, leur gaucherie et leur raideur natives, et acquérir cette grâce non maniérée qui provient de l'harmonie des mouvements et qui est l'émission simple de l'être comme de la pensée.

Une fois la régularité des pas et la bonne accentuation devenues naturelles, il ne restera plus qu'à faire entrevoir à nos élèves les rapports intimes qui existent entre elles et la décomposition musicale de la mesure en parties égales accentuées selon certaines règles. La concordance s'établira d'elle-même. Nous recommandons avec insistance toute méthode ayant pour but l'étude du rythme, qui aura pour base des exercices de marche cadencée. Ils pourraient être enseignés déjà dans les écoles enfantines, indépendamment même de la musique, dans les leçons de gymnastique. L'enfant y apprendrait toute une série de combinaisons de pas, sans savoir qu'elles sont calquées sur des combinaisons de durées musicales. Le jour où on lui enseignerait la valeur des notes et lui en ferait réaliser les groupements, il n'y aurait plus qu'à lui rappeler ses anciens exercices de marche pour lui offrir ainsi un modèle métrique naturel qu'il lui serait facile de suivre. C'est ainsi qu'il est des danseuses auxquelles les phrases musicales d'un ballet ne reviennent en mémoire que si elles pensent auparavant aux pas dont elles sont habituées à les scander.... Se rend-on bien compte que l'enfant qui sait

polker a approfondi les mystères d'un 2/4 composé de deux croches puis d'une noire ?
Et le bon rameur, ceux d'un 3/4 composé d'une blanche et d'une noire ? Servons-nous
de procédés empiriques, si ces procédés sont bons. L'enfant s'intéresse avec joie à tous
les exercices auxquels peut participer son corps. Excitons cet intérêt et faisons-le servir
à nos projets d'éducation future. Le procédé est humain, ne rougissons pas de l'employer. Montrons-nous enfant avec les enfants; il sera toujours temps, quand nous
parlerons musique avec des amateurs adultes, de remettre nos lunettes.

* * *

Puis enfin il y aura à enseigner l'art de phraser et de nuancer. Et c'est cette partie
de l'enseignement qui sera la joie des leçons et qui recouvrira l'aridité de certains exercices d'un manteau resplendissant de poésie et de beauté. Oh ! les nuances sur com-
mande des interprétations musicales scolaires ! Les *crescendo*, les *ff* et les *pp*, faits à la
baguette, sans que les élèves sachent pourquoi, sans qu'on ait créé en eux le besoin
de les faire ! alors que tout dans le phrasé et dans le nuancé est si facile à expliquer,
si naturel, si attirant, si susceptible d'être immédiatement accueilli et compris par
l'enfant le moins au courant des questions de technique ! Alors surtout que nous possédons en Suisse ce merveilleux théoricien, notre compatriote Mathis Lussy [1] qui
condensa les règles de l'expression en un livre unique, véritable monument de sagacité et de pénétration artistique ! Sans doute ce livre ne pourra-t-il être mis dans les
mains des enfants mêmes, qui ne sauraient en saisir les infinies nuances, mais, pour
Dieu, qu'on en introduise l'usage à l'Ecole normale et que les instituteurs musicaux
l'étudient et se l'assimilent en ses moindres détails. Ils y liront comment tout en musique peut être ramené à l'observance de quelques lois physiologiques fondamentales.
Comment chaque nuance, chaque accentuation a sa raison d'être. Comment, enfin,
la phrase mélodique forme, avec son interprétation expressive et rythmique, un tout
organique; comme elle est étroitement liée aussi à son harmonisation. Ils y apprendront que la mélodie est construite sur le modèle du discours parlé, que comme lui elle
doit être scandée par des virgules, des points et des alinéas. Et, familiarisés aussi avec
les lois qui régissent la prosodie musicale, merveilleusement expliquée par Mathys
Lussy, ils aideront ce réformateur à expurger nos collections de chants nationaux des
fautes nombreuses qui les déparent et apprendront à composer eux-mêmes des chœurs
et des lieds dans lesquels la poésie et la musique chemineront étroitement enlacées, se
complétant et se vivifiant l'une l'autre.

[1] Nous avons malheureusement perdu cet homme de génie en 1909. L'*Association des Musiciens suisses* a
chargé M. Monod d'écrire un livre sur ses théories et l'a publié en 1912.

Lorsqu'ils enseigneront à leurs élèves les principales règles du nuancer et du phraser, ils seront étonnés et ravis de constater l'intérêt qu'elles éveilleront, la joie avec laquelle elles seront appliquées ! L'on est trop habitué à faire appel à l'instinct d'imitation de l'enfant, au détriment de son esprit d'analyse et de ses facultés inventives. Comme le dit Pascal, « il est dangereux de faire voir à l'enfant combien il est égal aux bêtes, sans lui montrer ce qu'il a en lui de grandeur et de noblesse ! » L'enfant n'aime rien tant que de fabriquer lui-même et d'orner à sa fantaisie les objets qui servent à son amusement. De même s'intéresse-t-il davantage aux études en lesquelles il peut mettre un peu de lui-même. Une fois qu'il a appris les règles primordiales du nuancer, il n'éprouve plus de plaisir à chanter une mélodie si on ne lui permet pas de l'orner de ses compléments naturels, l'expression sentimentale, l'accentuation rythmique et pathétique. Il la déchiffre sans intérêt. L'on sent qu'il accomplit une corvée. Mais sitôt qu'on lui a dit : « Maintenant mettez les nuances ! » voyez ses yeux briller de joie, son visage s'illuminer ! La mélodie lui devient chère parce qu'il va lui apporter une part de lui-même. Il la chante avec ardeur et la pare de son mieux, heureux de la rendre ainsi plus belle et plus vivante. Et quand il a terminé et qu'on lui demande : « Quelle faute avez-vous commise ? » comme il se rend bien compte des nuances fausses ou omises ! Avec quelle conviction il s'écrie : « J'ai mal rythmé, j'ai chanté trop fort, j'ai oublié de ralentir ! » Et comme ce lui est agréable de reprendre son œuvre, de la ciseler, de lui communiquer de sa vie, de l'animer de son enthousiasme ! Le besoin de créer est commun à tous les enfants, et le maître ne doit perdre aucune occasion de tirer parti de ce goût et de ces dispositions. Qu'il essaie dès le début des études de faire improviser de courtes phrases de deux mesures, puis de quatre, puis de huit, ou de faire remplacer dans une mélodie une mesure qu'il aura effacée par une mesure nouvelle que les élèves composeront eux-mêmes. Il constatera le plaisir qu'ils prendront à ces exercices et les progrès rapides qu'ils feront en improvisation ! Bien mieux, s'il fait juger les essais de différents élèves par leurs camarades, il remarquera que l'esprit de critique et d'analyse est aussi inné chez l'enfant que celui de création, et que la pratique lui fait acquérir très facilement l'intelligence et la finesse du jugement, à condition, bien entendu, que des exemples bien choisis éveillent en lui le sens de la claire ordination et le discernement des belles proportions.

Ajoutons encore que le choix des morceaux de chant à faire étudier à l'école est de la plus haute importance. Qu'outre les chants populaires dont l'interprétation exclusive sera réservée à la section II (voir plus haut), il faudra inscrire au répertoire de la section I des morceaux classiques plus difficiles, mais de style approprié aux besoins de l'enfance. Et nous recommanderons enfin aux autorités scolaires de ne pas craindre de multiplier les occasions d'auditions publiques (loin de nuire à l'étude régulière des autres branches, elles créent dans la vie scolaire une diversion salutaire), de fêtes en plein air, de promenades faites au rythme des chansons — de façon à donner un but pratique à l'enseignement et d'introduire la musique dans la vie même de l'école....

L'instruction musicale ne sera vraiment bien donnée dans les écoles que lorsqu'elle aura pour résultat naturel et fatal de créer chez l'enfant le besoin instinctif du chant individuel et choral, — et le désir fréquent d'écouter la musique, art réconfortant et consolateur par excellence, le seul qui nous permette de nous réaliser et de nous exprimer en toute sincérité et de ressentir en commun les émotions de l'existence.

# III

# LE PIANO

# ET LA DEMOISELLE DE CONSERVATOIRE

## (1905)

*Les écoles de musique de jadis et celles d'aujourd'hui. — Le piano, l'oreille et la musique. — Qu'apprend l'élève pianiste outre la technique de l'instrument et le respect des nuances marquées ? — La musique* at home *et dans les auditions publiques. — Avantages pour les maîtres de piano d'une préalable musicalisation générale des élèves. — Une pétition aux professionnels.*

— Quelle figure rayonnante vous avez, Monsieur Quelconque ! Vous êtes certainement en train de faire de brillantes affaires ?

— Non pas, mais ma fille Eléonore vient de réussir brillamment son examen de piano à l'Ecole de musique. Et dame, cette flatteuse réussite n'est pas sans me donner de la satisfaction. Je suis heureux que ma fille soit devenue bonne musicienne.

— Vous estimez alors que ses progrès de pianiste sont une preuve de son développement musical ?

— Mais sans doute.

— Vous avez tort, Monsieur Quelconque. L'enseignement du piano n'a pas toujours pour but ni pour conséquence le perfectionnement des qualités musicales. Trop souvent au contraire il ne parvient qu'à assurer à des sujets non musiciens une technique musicale sans objet.

Jadis, tous les artistes musiciens, sans exception, connaissaient tous les secrets techniques de la musique; aujourd'hui ces secrets ne sont plus révélés qu'aux futurs compositeurs. Les conservatoires sont remplis de jeunes gens et de jeunes filles ayant de bons doigts, de bons poumons, de bonnes cordes vocales et de bons poignets, mais ne possédant ni une bonne oreille, ni une bonne intelligence, ni une belle « âme ». Ces jeunes gens s'imaginent qu'en apprenant à jouer d'un instrument, ils deviennent des maîtres musiciens et le public, lui, n'est plus capable de faire une différence entre un artiste et un virtuose. Jadis, ce dernier était forcément un artiste; aujourd'hui il n'est souvent qu'un ouvrier. C'est ainsi que dans le bon vieux temps les ébénistes et les verriers étaient à la fois créateurs et artisans, imaginant d'eux-mêmes les modèles qu'ils exécutaient, alors que de nos jours, ils se contentent d'imiter les modèles anciens ou de réaliser les conceptions artistiques qu'ils demandent aux dessinateurs. Il y a là une déchéance artistique dont nous ne nous préoccupons pas assez.

Les trois quarts des enfants qui entrent dans les conservatoires ne sont pas des artistes-nés. Avant l'entreprise d'études dont la pratique suppose des élèves doués préalablement d'une oreille fine, d'une intelligence exceptionnelle et d'un goût délicat, — il conviendrait de combiner pour les moins bien doués une série d'exercices préparatoires développant l'oreille, le goût et l'intelligence. Sans cela ils ne profiteront que de l'étude des instruments, deviendront des perroquets ou des singes, au lieu de devenir des musiciens et des hommes.

— Vous croyez vraiment qu'un enseignement bien compris peut d'une oreille fausse faire une oreille juste ?

— Il peut perfectionner l'oreille.

— Qu'il donnera de l'intelligence musicale à celui qui n'en avait pas ?

— Il la développera certainement si elle est susceptible d'être développée.

— Qu'il créera de toutes pièces le goût musical ?

— Il l'éveillera et le formera, s'il existe en germe.

— Ah ! Ah ! Ah ! Votre réponse me prouve bien que votre fameux enseignement spécial ne peut pas produire des résultats sur des sujets totalement incapables....

— L'enseignement actuel ne peut pas non plus faire d'un sourd un musicien. Le malheur est qu'il en fait un pianiste ! Et c'est là que gît l'épouvantable erreur moderne. Chez les amateurs qui ont un peu de goût, un peu d'oreille, on ne développe ni l'oreille ni le goût, mais les doigts. Et à ceux qui n'ont rien, rien, rien.... l'on apprend à mettre la pédale ! Et tous ces quadrumanes jugent de la musique, jugent les musiciens et jugent l'art, sous prétexte que sur un clavier, ils savent passer correctement le pouce ! Ah, Monsieur Quelconque, le piano c'est le veau d'or moderne !

— Ne vous emportez pas, cher maître ! Les artistes musiciens n'ont jamais su garder la mesure !

— Les amateurs non plus, je vous l'affirme.

— Allons, voyons ! Raisonnons calmement et.... raisonnablement ! Le piano, dites-vous, ne doit pas être enseigné aux enfants ?

— Je n'ai pas dit cela, Monsieur Quelconque ! Je prétends qu'à un amateur il faut d'abord enseigner la musique, puis ensuite seulement le piano.

— Mais le piano, c'est de la musique !

— L'orgue de barbarie aussi c'est de la musique, et l'on n'enseigne pas à jouer de l'orgue de barbarie ! Allons, voyons ! Raisonnons calmement et raisonnablement, comme vous le disiez tout-à-l'heure. Savez-vous ce que c'est qu'un amateur, Maître Quelconque ?

— Un amateur de musique — du latin *amator*, formé par le verbe *amare* — est, mon cher enfant, un être qui aime la musique.

— Très bien !... et maintenant, dites-moi Monsieur Quelconque : Aimez-vous votre femme ?

— Si je ?... quelle question !

— Oui, vous l'aimez, je le sais; elle me l'a dit, vous l'aimez !... Et vous la connaissez, je suppose ?

— Si je la....? quelle question !

— J'entends : vous savez quelle est la couleur de ses yeux, de ses cheveux, de son teint ? Vous connaissez ses préférences, ses goûts, ses aptitudes ? Vous savez à quoi vous en tenir sur son intelligence et sur son cœur ?

— Si je ?... quelle question !

— Je le reconnais, ma question est stupide ! vous aimez donc votre femme et vous la connaissez. Vous l'aimez parce que vous la connaissez et si vous ne la connaissiez pas, vous ne l'aimeriez pas. Or, Monsieur Quelconque, sachez qu'il y a des amateurs de piano qui aiment le piano sans connaître la musique et pour la seule raison qu'ils désirent imiter certaines gens qui aiment la musique parce qu'ils la connaissent. Or, je prétends que l'on ne peut véritablement aimer et continuer à aimer quelqu'un ou quelque chose, musique ou femme (les deux objets sont de même essence), que si l'on connaît ce quelque chose ou ce quelqu'un. Et par conséquent qu'il faut avant tout mettre les futurs amateurs de musique à même de connaître cette musique qu'ils aiment peut-être instinctivement mais qu'ils ne persisteront à aimer que lorsqu'ils la connaîtront parfaitement.

— Et bien justement, le piano....

— Le piano est à la musique ce que la photographie de Madame Quelconque est à votre femme. Cette photographie vous rappelle l'enveloppe d'une épouse dont vous connaissez les qualités morales. Le piano présente et rappelle à votre oreille des pensées dont vous avez été à même de comprendre toute la poésie, tout le charme et toute la profondeur. La base de l'enseignement à donner aux amateurs doit être l'étude non du moyen mécanique d'expression, mais de la pensée à exprimer. Une fois qu'un enfant sait chanter juste et noter une mélodie, réduire les accords et successions mélodiques, différencier les rythmes, phraser sans erreur, analyser les formes, nuancer et accentuer vocalement avec goût, — alors seulement, laissez-le s'asseoir devant un piano ! Au bout de quatre ans d'apprentissage de cet instrument, il en saura davantage qu'il n'en aura appris en six ans sans avoir étudié à fond le solfège. Et, ce qui est plus important, ce qu'il saura il le saura mieux !

— Bon, bon, bon, puisque vous le dites, allons-y pour le solfège; mais les doigts jouent cependant un certain rôle dans l'étude du piano et ce n'est pas le solfège seul qui assouplira les doigts de l'élève !

— Votre argument n'est point négligeable, Monsieur Quelconque ! Les doigts du futur pianiste seront soumis comme de juste à une gymnastique spéciale qui en favorisera l'assouplissement. Mais cette gymnastique sera indépendante du clavier du piano et n'aura rien de spécialement musical.

— Dans ce cas les doigts joueront faux à la première leçon de piano, malgré tout votre solfège....

— Oui, mais l'oreille, à la suite de l'éducation complète qu'elle aura reçue, saura tout de suite corriger les fautes commises par les doigts et gardera sur eux la suprématie. C'est ainsi que dès cette première leçon les doigts devront obéir au goût musical, alors que dans l'enseignement actuel, c'est la pratique des doigts qui amène la formation du goût.

— La charrue avant les bœufs ?...

— Tout juste ! Ah ! Monsieur Quelconque, que vous me causez de joie ! voici que, non content de vous être rangé à mon avis, vous voulez aussi me fournir des images !

— Vous supposiez l'étude du piano commencée après les trois ou quatre ans de solfège. Dans quel sens allez-vous diriger ces études instrumentales ?

— Mais dans le sens du but à atteindre ! Voyons, Monsieur Quelconque, que joue en ce moment votre fille Eléonore, qui étudie à l'Ecole de musique depuis douze ans, je crois ?

— Onze ans et demi seulement, cher Monsieur ! Eh bien, ma fille Eléonore joue en ce moment la deuxième Rhapsodie de Liszt, un morceau, ma foi, très difficile.

— Superbe ! Et votre fille Eléonore étudie cette Rhapsodie depuis longtemps ?

— Depuis deux mois seulement. Mais elle l'a maintenant tout à fait dans les doigts.

— Superbe ! L'ayant dans les doigts, elle l'a aussi dans la tête, je suppose ? Elle en connaît le plan et la structure ?

— Puisqu'elle le joue par cœur !

— Elle en discerne les modulations ?

— Parbleu !

— Elle vous l'a dit elle-même ?

— Je ne le lui ai pas demandé.

— Mais son maître le lui a demandé ?

— C'est fort probable.

— Superbe ! Et avant cette Rhapsodie, que jouait M<sup>lle</sup> Eléonore ?

— La sonate des Adieux de Luigi van Beethoven.

— Elle la joue encore ?

— Pas précisément ! Vous savez, ces morceaux très difficiles, il faudrait avoir le temps de les entretenir....

— Mais.... elle connaît Beethoven ?

— Cette question, un maître si connu !

— Je veux dire qu'elle connaît d'autres œuvres que cette sonate qu'elle a étudiée ?

— Elle a joué aussi le concerto en mi b et la marche des *Ruines d'Athènes*.

— Oui, mais d'autres œuvres qu'elle n'a pas jouées !

— Si vous croyez qu'elle a le temps de connaître des œuvres qu'elle ne joue pas !

— Elle pourrait cependant connaître les thèmes d'autres sonates célèbres, ceux des quatuors, ceux des neuf symphonies....

— Ma foi, j'avoue....

— Et du concerto en mi b, sait-elle qu'il est écrit avec accompagnement d'orchestre ?

— Si elle le sait ? C'est écrit sur la partition !

— Elle sait donc ce que c'est qu'un orchestre ?

— Qui ne le saurait pas !

— Elle sait reconnaître un basson d'une clarinette ?

— Peuh !

— Un hautbois d'une flûte ?

— Peuh ! le hautbois se joue droit, la flûte en travers.

— J'entends, mais je parle du timbre ?

— Ah, çà !

— Elle sait ce que c'est qu'un cor anglais ?

— Qui n'a lu son Alfred de Vigny : « J'aime le son du cor, le soir au fond des bois ! »

— Evidemment, car le cor anglais est un cor....

— Anglais....

— Parbleu !... Dites-moi, Monsieur Quelconque, — pardonnez-moi mon indiscrétion, — M<sup>lle</sup> Eléonore vous déchiffre sans doute, le soir en famille, les plus jolies pages des auteurs classiques et modernes ?

— Pas très souvent. D'abord je vous dirai.... elle manque un peu de mesure. Et puis, elle a si peu de temps pour faire de la musique; il faut qu'elle étudie son grand morceau!

— Je comprends. Ce grand morceau, elle l'étudie dans quel but ?

— Pour se faire les doigts.

— Et pourquoi se fait-elle les doigts ?

— Pour savoir son grand morceau.

— Mais encore, où le joue-t-elle, ce morceau ?

— A l'examen de l'Ecole de musique.

— C'est tout ?

— Elle le jouera peut-être à une « audition d'élèves ».

— Pourquoi ?

— Pour faire preuve de ses progrès et s'habituer à jouer en public.

— Elle a l'intention de devenir virtuose ?

— Non, mais....

— Devant qui jouera-t-elle dans cette audition ?

— Devant un public d'invités.

— Pas devant la presse ?

— Oh ! si, si, évidemment.

— Et les journaux parleront de votre fille ?

— S'ils en parleront ? Ils en ont déjà parlé avec grands éloges !

— Ils citaient son nom, le vôtre ?

— Ils citaient son nom, le mien. Et je n'en suis pas peu fier, je vous l'avoue. Si vous saviez quel accueil tous mes amis m'ont fait au café ! Sauf le docteur Chose dont la fille n'a jamais été admise à jouer à une audition. Il me fait une tête !...

— Ah ! Monsieur Quelconque je vous félicite. Mais permettez-moi d'abuser encore de votre patience....

— Faites seulement !

— M<sup>lle</sup> Eléonore fait-elle de la musique d'ensemble ?

— Une fois par semaine au cours.

— Elle n'en fait pas à la maison ?

— Mon Dieu, je vous dirai que ni sa mère, ni moi ne jouons d'un instrument.

— Mais au conservatoire elle a des camarades, des amies pianistes, des amies violonistes ? Elle y a peut-être fait la connaissance d'un jeune homme violoncelliste ?

— Oh ! quel horreur !

— Dame, je pensais : une école, des relations musicales, un sincère désir de faire de la musique, de déchiffrer des œuvres intéressantes.... le quatre-mains est si amusant !... Mais n'en parlons plus ! Je crois savoir, Monsieur Quelconque, que M<sup>lle</sup> Eléonore cultive aussi le chant ?

— Sans doute.

— Oh ! c'est charmant pour vous ! Ce Schubert, ce Schumann, ce Fauré, ce Wolff, ce Cornélius, ce Robert Franz, ce Max Reger, ce Grieg, ce Sibelius, ce Chausson, ce Ropartz, ce d'Indy, ce Debussy, ce de Bréville.... quels exquis spécialistes du lied ! C'est pour vous, d'entendre tant d'œuvres adorables, une véritable jouissance....

— Oh ! Eléonore ne chante que peu de lieds. Elle cultive surtout les morceaux d'opéra.

— Elle se destine donc au théâtre ?

— Fi ! non, elle chante des morceaux d'opéra, parce qu'on les lui fait chanter.

— Ah ! Cependant elle connaît — elle, chanteuse — les maîtres du lied, anciens et contemporains ?

— Je ne crois pas tous. Quelques-uns de Schubert et Schumann sans doute.... les plus connus.

— Mais les autres, les nombreux et intéressants autres ?

— Elle n'a pas le temps.

— C'est vrai, j'oubliais !... Une autre question d'un ordre différent, Monsieur Quelconque ! Quand Mlle Eléonore fait une visite à une de ses amies et qu'elle est invitée à essayer son piano, sait-elle improviser quelques accords ?

— Non, mais elle a toujours pour un essayage de ce genre un morceau dans les doigts.

— Cependant elle sait improviser ? C'est si commode, quand on a terminé un morceau, de pouvoir le relier par quelques mesures modulantes au morceau suivant !

— Ce n'est pas si nécessaire ! On ne lui demande jamais qu'un seul morceau.

— Mais pour elle ?

— Oh ! elle n'a pas absolument besoin, quand elle est seule, de relier entre eux les morceaux qu'elle joue.

— Elle accompagne des lieds au piano, je pense ?

— Elle a essayé, mais, vous savez, les chanteurs sont si difficiles à suivre !

— Elle peut transposer ces lieds plus haut ou plus bas à volonté, selon le désir de la personne qu'elle accompagne ?

— Non, non, pas ça !... elle les fait transposer par un copiste.

— Si vous vous souvenez d'une mélodie de votre enfance, sait-elle vous l'accompagner d'oreille ?

— Vous plaisantez ? Elle n'est qu'un amateur, non un compositeur de musique.

— Cependant elle sait noter au besoin pour ses petits frères et sœurs les mélodies populaires qu'elle aime et qui ne se trouvent pas dans sa bibliothèque ?

— Oh ! nous avons les moyens d'acheter les cahiers !

— Dans vos petites réunions familières, elle s'assied complaisamment au piano pour faire danser la compagnie ?

— Quelquefois, mais.... figurez-vous que l'on aime pas beaucoup quand elle joue pour faire danser !... Il faut vraiment avoir une grande pratique de ce genre d'exercice pour garder rigoureusement la mesure.

— Oui, j'entends, il faut avoir l'habitude. Et, en douze ans — pardon onze ans et demi — il est évident que.... Mais, avouez-le moi franchement, Monsieur Quelconque, vous regrettez parfois que M$^{lle}$ Eléonore n'ai pas pris l'habitude de faire danser avec rythme et entrain ?

— Je ne veux rien vous cacher. Oui, je le regrette.

— Et le reste ne le regrettez-vous pas aussi ?

— Le reste ?

— Oui, le reste : le fait de ne pas penser à déchiffrer le soir de belles mélodies, à la clarté de la lampe, pour charmer la maman qui tricote et le papa qui fume sa pipe ? De ne pas accompagner à celui-ci, d'oreille, des refrains d'antan ? De ne pas sentir le besoin, quand elle est toute seule, de se rafraîchir le cœur et l'oreille aux sons d'une musique non étudiée, et de laisser errer ses doigts sur le clavier, pour donner une forme à ses pensées, à ses rêves, à ses petites joies, à ses petites douleurs ?... Le reste ?... Tout ce reste, enfin, que je vous énumérais, et qui a l'air si facile, et que M$^{lle}$ Eléonore ne sait pas ? Tandis qu'elle sait si bien cette difficile Rhapsodie de Liszt que vous aimez tant à entendre et que vous entendez si souvent, je gage ?

— Le piano est au salon à côté de mon cabinet de travail !

— Et cela vous amuse, hein ? d'entendre....

— Eh ! bigre non, cela ne m'amuse pas, vous vous en doutez bien ! Et s'il n'y avait pas les auditions, et la presse, et le docteur Machin !... Mais vous m'amenez à vous dire des choses.... des choses.... homme cruel !

— Dites homme compatissant, cher Monsieur Quelconque ! L'histoire de M$^{lle}$ Eléonore est celle de toutes les jeunes personnes qui consacrent douze ans de leur vie....

— Onze ans et demi !

— .... Qui consacrent onze ans et demi de leur vie à faire des gammes pour jouer la Rhapsodie N° 2 de Liszt que le pianola joue, sans avoir étudié, beaucoup plus proprement qu'elles, et que quinze jours après l'examen ou l'audition, elles ne seront plus capables d'exécuter sans s'arrêter toutes les huit mesures. Elles consacrent onze années et demie de leur existence à étudier le piano sans penser un instant à la musique, sans connaître les compositeurs ni les styles, ni leurs œuvres — sans savoir traduire leurs

4

pensées par quelques accords naïfs, sans savoir ni accompagner, ni transposer, ni faire
de la musique d'ensemble, sans même arriver à faire tant bien que mal danser leurs
amis et amies ! Sans arriver à procurer à leur papa, à leur maman une sensation de
satisfaction qui ne soit d'orgueil, une seule petite joie artistique complète ! Car, lorsque vous avez des invités, Monsieur Quelconque, je gage que M$^{lle}$ Eléonore ne veut
même pas consentir à jouer sa grande Rhapsodie ?

— Elle s'y refuse péremptoirement.

— Elle s'y refuse parce qu'elle est toujours entre deux morceaux difficiles, l'un
à oublier, l'autre à étudier, ce qui fait qu'elle ne sait exécuter l'un ou l'autre qu'à une
certaine heure, qu'à une certaine minute ! — Elle et ses nombreuses compagnes, ne
savent pas ce que c'est que la musique, et elles n'aiment pas la musique ! La preuve
en est qu'une fois mariées, elles abandonnent presque toutes leur instrument. Vos
regrets, Monsieur Quelconque — qui sont ceux de tous nos pères de famille, de tous les
vrais musiciens — me prouvent que j'ai raison en proposant une réforme de l'enseignement musical. Cette réforme est simple et facile à pratiquer. Elle s'applique non
seulement au piano, mais à tous les instruments, la voix y comprise. Elle consiste à
inscrire au programme d'études tous les exercices pratiques qui peuvent former
l'oreille et le goût et éveiller en l'esprit des élèves le sentiment de la personnalité. Elle
consiste à familiariser les amateurs avec le beau, à leur faire connaître les styles des
grands maîtres, à les mettre à même de comparer et de les analyser. Elle consiste à
leur fournir un mécanisme instrumental suffisant pour déchiffrer sans faute des morceaux de moyenne difficulté, — ainsi que des connaissances techniques et esthétiques
qui les mettent à même d'interpréter les œuvres avec sentiment et sans sentimentalité,
avec émotion et sans nervosité, avec rythme et sans tapage ! Et que si les élèves sont
doués d'aptitudes physiques naturelles telles qu'ils puissent, sans pour cela devoir
sacrifier les études de style, arriver à interpréter des morceaux de haute virtuosité,
— qu'on les pousse aux études de mécanisme ! Mais, pour Dieu, pas avant d'avoir
formé leur esprit et leur cœur à la compréhension et à l'amour de l'art ! Nous aurons
alors des amateurs qui iront au concert, non plus guidés par le snobisme, mais poussés
par le désir de s'approcher du beau ! Des amateurs qui goûteront mieux les œuvres,
parce qu'ils seront familiarisés avec leur structure et en auront analysé les procédés
expressifs, parce qu'aussi ils auront eu préalablement l'envie de les étudier. Quant
aux élèves se destinant à la carrière artistique, ils ne seront plus entravés dans leurs
études par la participation à leurs leçons de camarades amateurs. Ils travailleront
d'arrache-pied à surmonter les difficultés techniques qui deviennent de jour en jour
plus grandes, et aborderont aussi l'étude des questions philosophiques, de morale et
d'esthétique générale dont la connaissance est nécessaire à l'artiste de nos jours.

Quant à ceux de nos professeurs de piano — et ils sont nombreux — qui souffrent de devoir enseigner la technique de piano à des jeunes gens ignorants des lois fondamentales de la musique, quant à ces professeurs consciencieux et artistes, ils pousseront un joyeux et bruyant soupir de satisfaction en se sentant déchargés de leur rôle ingrat de maîtres ès gammes et arpèges, et ils seront heureux et fiers de redevenir ce qu'étaient jadis les maîtres de musique, des initiateurs au culte de l'éternelle beauté !

— Je saisis, cher Monsieur, toute l'importance de cette réforme, j'apprécie tous les avantages qu'elle présente.... Mais la mise en action de vos idées, le programme d'études à rédiger, les moyens techniques d'obtenir les résultats artistiques que vous cherchez, que tout cela est compliqué et difficile — sinon impossible, — de réalisation !

— Tout cela est, au contraire, très simple. Il faut d'abord présenter notre projet aux musiciens professionnels de notre pays. Puis leur demander ceci :

Peut-on enseigner à des enfants musicalement bien doués :

1º à écouter la musique et à l'entendre ?

2º à la déchiffrer ?

3º à la phraser et la nuancer, sans imiter servilement des modèles ?

4º à la transposer ?

5º à improviser ?

6º à noter mélodie et harmonie ?

7º à avoir une idée générale du mouvement musical à travers les âges, à connaître les maîtres et leurs œuvres les plus célèbres, avec exemples à l'appui, citation de thèmes, etc.

8º à *comprendre* et à *sentir* — c'est-à-dire à *aimer* — la musique ?

Il n'est pas d'autre question à poser, Monsieur Quelconque ! Si les professionnels de notre pays répondent oui à notre questionnaire, la réforme est accomplie, car les moyens sont des plus faciles. Il ne s'agit que de se mettre à enseigner ce que l'on n'enseignait pas.

— Et que répondront, à votre avis, les professionnels de notre pays ?

— Ils répondront : oui.

— Mais qu'adviendra-t-il des enfants absolument réfractaires à la musique ?

— Oh ! ceux-là, on les élimine !

— Vous êtes radical, cher Monsieur ! Mais une fois ce oui obtenu, que ferez-vous ?

— Nous irons visiter tous les partisans des études surannées et nous leur dirons : « Vous vous dévouez, Messieurs, depuis longtemps au progrès de la musique de notre pays. Pour tous vos efforts persévérants, pour votre zèle et vos nobles et artistiques intentions, tous les musiciens vous seront reconnaissants ! Mais nous avons la certitude que vous n'êtes pas dans la bonne voie. Nous venons vous demander de faire de nos enfants des musiciens et non des virtuoses. La réforme de l'enseignement est facile à opérer. Nous nous en chargeons si vous y consentez. Dites oui et vous rendrez service à l'art et au pays !... Que pensez-vous que répondront à cela les plus intelligents et les plus musiciens de nos conducteurs spirituels, monsieur Quelconque ?

— Ils répondront oui !

— Et les autres, ceux qui....

— Oh, ceux-là, on les élimine !

— Vous êtes radical, Monsieur Quelconque !

## I V

# L'INITIATION AU RYTHME

## (1907)

*L'oreille, la voix et la conscience du son. — Le corps et la conscience du rythme. — Analyse des rapports des mouvements de la voix et de ceux de l'appareil musculaire tout entier. — Rapports des mouvements dans le temps et dans l'espace. — Nécessité de développer la vie des mouvements musculaires pour rendre la musique vivante. — Le geste et les réactions rythmiques. — Naissance de la pensée rythmique (rythme intérieur). — La polyrythmie et la polydynamique. — Les aptitudes corporelles chez les différentes races. — Nécessité d'une collaboration des parents pour l'établissement d'une culture rythmique bien comprise.*

Pour être musicien complet, un enfant doit posséder un ensemble d'agents et de qualités d'essence physique et spirituelle qui sont, d'une part : *l'oreille, la voix* et *la conscience du son,* et de l'autre : le corps tout entier (ossature résonante, muscles, nerfs) et la *conscience du rythme corporel.*

C'est par l'oreille que nous pouvons percevoir le son et le rythme et en contrôler la perception.

La *voix* est le moyen de reproduire le son; elle nous permet de nous rendre compte de l'idée que l'oreille s'est faite du son.

*La conscience du son* est la faculté de notre esprit et de notre être entier de se représenter, même sans le secours de la voix ni celui d'un instrument, toute succession et toute superposition de sons, et de reconnaître n'importe quelle mélodie et n'importe quel accord grâce à la comparaison des sons entre eux. Cette conscience se forme à l'aide d'expériences répétées de l'oreille et de la voix.

C'est grâce aux mouvements du *corps* tout entier que nous pouvons réaliser et percevoir les *rythmes.*

*La conscience du rythme* est la faculté de nous représenter toute succession et toute réunion de fractions de temps dans toutes leurs nuances de rapidité et d'énergie. Cette conscience se forme à l'aide d'expériences répétées de contraction et de décontraction musculaire, à tous les degrés d'énergie et de rapidité.

Le maître d'école ne songe pas à demander à un enfant de dessiner un objet, s'il ne connaît pas cet objet et si sa main ne sait pas encore manier le crayon. Il ne lui enseigne la géographie que lorsque l'enfant, sachant marcher et gesticuler consciemment, aura acquis une notion élémentaire de l'espace. Il ne lui fera dessiner une carte de géographie que lorsque l'enfant saura manier le crayon et tracer des lignes, puisqu'il aura acquis le sens de l'espace et la notion des terrains. L'on ne peut en effet exercer plusieurs facultés à la fois, que lorsqu'on en possède au moins une, si imparfaitement que cela soit.

Or la conscience du son ne peut se former que grâce aux expériences réitérées de l'oreille et de la voix, et la conscience du rythme ne peut se développer que grâce aux expériences réitérées des mouvements du corps tout entier. Comme l'exercice de la musique demande le concours simultané de l'oreille, de la voix et de l'appareil musculaire, et qu'il ne saurait être question, au début des études musicales d'exercer à la fois tous ces agents musicaux, il convient de se demander lequel de ces agents doit être exercé en premier.

Les mouvements qui produisent la voix en toutes ses nuances d'élévation et d'acuité du son sont d'ordre secondaire, car ils dépendent d'un rythme élémentaire qui est la respiration. Il ne nous reste donc qu'à choisir entre *l'appareil musculaire* et *l'oreille*, tout en nous bornant à demander à chacun d'eux non de former le son, puisque celui-ci dépend d'un acte musculaire spécial : le respiration, — mais d'exécuter et de percevoir les rythmes.

*L'appareil musculaire* perçoit les rythmes. Grâce à des expériences répétées chaque jour, se forme la *mémoire musculaire* et se détermine une représentation nette et sûre du rythme.

*L'oreille* perçoit les rythmes. Et grâce à des expériences répétées chaque jour, se forme la *mémoire du son*, s'aiguise le jugement et s'exerce la critique personnelle. L'auditeur a en effet été mis à même de comparer la perception du rythme sonore avec sa représentation.

Si enfin partant du principe que l'exécution doit précéder la perception et la critique personnelle, nous comparons les fonctions de l'oreille avec celles de l'appareil musculaire, nous arrivons à affirmer que, dans l'ordre des études musicales élémentaires, la première place échoit à *l'appareil musculaire*....

L'on pourrait objecter que pour percevoir le rythme, l'action personnelle de l'enfant n'est pas nécessaire, que les mouvements rythmiques et métriques produits par un objet ou par un autre individu peuvent provoquer en son esprit et son corps la perception de ces mouvements, et que, d'autre part, ce n'est que grâce à la mémoire des rythmes perçus *hors de soi*, qu'il peut les réaliser lui-même ! !... Quelque logique

que puisse paraître cet argument, je persiste en mon opinion, car le corps de l'enfant possède tout naturellement cette partie essentielle du rythme qui est la *mesure*.

1º Les battements du cœur donnent, grâce à leur régularité, une idée nette de la mesure, mais il s'agit là d'une activité inconsciente, indépendante de notre volonté et qui ne peut être prise en considération dès qu'il s'agit d'exécuter et de percevoir un rythme.

2º L'acte respiratoire fournit une division régulière du temps et par là un modèle de mesure. Comme les muscles respiratoires sont soumis à notre volonté, quoique d'une façon restreinte, nous pouvons donner à leur action une forme rythmique, c'est-à-dire la diviser dans le temps et accentuer chaque division par une tension musculaire plus énergique.

3º La marche régulière nous fournit un modèle parfait de mesure et de division du temps en parties égales. Or les muscles locomoteurs sont des muscles dits conscients, et soumis à notre volonté. Nous trouvons ainsi dans la *marche régulière* le point de départ naturel de l'initiation de l'enfant au rythme.

Mais l'étude de la marche n'est qu'un point de départ, car les pieds et jambes de l'enfant ne sont pas les seuls membres mis en mouvement par des muscles conscients et pour cette raison propres à éveiller et à développer la conscience du rythme. Cette conscience du rythme demande le concours de tous les muscles conscients, et c'est par conséquent le corps tout entier, que l'éducation doit mettre en mouvement pour créer le sentiment rythmique. Soit dit en passant, c'est là la condamnation du système d'instruction musicale qui consiste à faire étudier le piano aux enfants, avant que leur organisme ait une conscience nette et claire des mouvements musculaires mesurés et rythmisés.

Les muscles sont créés pour le mouvement, et le rythme c'est du mouvement. Il est impossible de se représenter le rythme sans se figurer un corps mis en mouvement. Pour se mouvoir, le corps a besoin d'une fraction d'espace et d'une fraction de temps. L'origine et la fin du mouvement déterminent la mesure du temps et de l'espace. L'une et l'autre dépendent de la pesanteur, c'est-à-dire (en ce qui concerne les membres mis en mouvement par les muscles) de l'élasticité et de la force musculaires. Si nous déterminons d'avance les rapports de la force musculaire et de la fraction d'espace à parcourir, nous déterminons en même temps la fraction du temps.

Si nous établissons d'avance les rapports de la force musculaire et de la fraction de temps, nous déterminons la fraction d'espace. En d'autres termes : la forme du mouvement résulte de la force musculaire, de l'étendue de la portion d'espace, et de la durée de la fraction de temps, combinées.

Si l'on fixe d'avance les rapports de la portion d'espace et de la fraction de temps, il est indispensable, pour y introduire des mouvements proportionnés, que nous soyons maîtres de notre mécanisme corporel, car le manque de force pourrait faire dépasser la mesure d'espace ou abréger la durée, et d'autre part la raideur ou une trop grande retenue laisseraient incomplète la fraction d'espace ou feraient dépasser la durée. Ni faiblesse, ni raideur, ni inattention ne doivent modifier les formes du mouvement, et un rythme convenablement exécuté exige comme condition préliminaire la maîtrise des mouvements dans les *rapports de force, d'espace et de temps.*

Pour condenser les précédentes observations nous pouvons établir les conclusions suivantes :

1) *Le rythme est du mouvement.* 2) *Le mouvement est d'essence physique.* 3) *Tout mouvement exige de l'espace et du temps.* 4) *L'expérience physique forme la conscience musicale.* 5) *Le perfectionnement des moyens physiques a pour conséquence la netteté de la perception.* 6) *Le perfectionnement des mouvements dans le temps assure la conscience du rythme musical.* 7) *Le perfectionnement des mouvements dans l'espace assure la conscience du rythme plastique.* 8) *Le perfectionnement des mouvements dans le temps et dans l'espace ne peut être acquis que par des exercices de gymnastique dite rythmique.*

\*  \*  \*

Educateurs du corps et de l'oreille, posons-nous deux questions importantes :
1) Exerce-t-on les membres de l'enfant ?

Assurément oui. Pour la musique l'on exerce ses doigts ; pour l'hygiène l'on exerce le reste du corps, sans musique. Que l'on exerce d'abord les doigts du pianiste sans le secours du son, il n'y a là rien de très désavantageux. En effet, il existe beaucoup de bonnes oreilles musicales dont l'attention est à tel point captivée, je dirai même ensorcelée, par la sonorité, qu'elles ne perçoivent plus du tout la durée du son et son accentuation, et qu'elles s'habituent ainsi à les ignorer ou à les traiter comme secondaires. (Voir le genre d'interprétation pianistique dit : « à la Chopin » !) Si au début des études musicales l'on élimine la sonorité, c'est le rythme qui attire toute l'attention de l'élève. Or, le rythme est à la base de tout art. Mais dans la gymnastique hygiénique et sportive l'on exerce le corps sans recourir au rythme, et le brin de mesure et de symétrie dont on saupoudre les mouvements corporels d'une classe, pour pouvoir régler et surveiller plus aisément les mouvements simultanés des élèves, — ne peuvent contribuer ni à éveiller la conscience rythmique, ni à la former. Pour développer le sentiment rythmique de l'enfant il ne suffit pas de lui faire effectuer des mouvements réguliers et simultanés ; il faut encore l'habituer à des mouvements d'intensité différente, formant des divisions de temps, et dont les diverses longueurs se trouvent entre elles dans un rapport rythmique musical.

2) Est-il utile d'exercer en vue du rythme d'autres membres que les doigts ?

Tout observateur consciencieux répondra avec conviction : « oui, certainement ! » car il aura constaté qu'il n'existe pas un sujet musicien atteint d'un défaut dans l'expression musicale rythmique qui ne possède *corporellement* ce défaut. Et, d'autre part, que les exercices les plus difficiles de polymotilité ou de dissociation corporelles sont faits avec la plus grande facilité par des élèves ayant le rythme musical inné, même s'ils sont de complexion physique défectueuse, alors que les plus faciles exercices sont exécutés avec la plus grande peine par des sujets même merveilleusement bâtis mais dénués de sentiment rythmique. — Le sujet rythmique sans défaut est toujours harmonieux, c'est-à-dire bien équilibré corporellement; et la grâce physique ne s'acquiert ni se développe chez les enfants que parallèlement à l'instinct du rythme.

Il est à remarquer qu'il existe une connexion instinctive du *rythme* en toutes ses nuances, et du *geste*. Qu'un musicien complet veuille *expliquer* une accentuation énergique et vigoureuse, il frappera l'air du poing.... une accentuation fine et aiguë, il le frappera du pouce et de l'index réunis en angle.... une nuance de mollesse et de douceur, il arrondira les deux mains, etc.... Chez lui le corps est naturellement le moyen d'expression de la pensée. Or, il existe des musiciens incomplets dont il faut développer les aptitudes corporelles d'expression avec autant de soin que l'on s'applique à exercer spécialement tel doigt faible, telle articulation mal assouplie d'un apprenti pianiste.

Lorsqu'un élève — mettons un élève pianiste — fait une faute de rythme, les membres du professeur cherchent aussitôt à la rectifier, non point qu'il se mette à battre la mesure (ce geste-là est un mouvement bien réfléchi qui a un but pédagogique), mais nous verrons tout son corps réagir spontanément pour mettre l'accent à la bonne place. Non seulement un de ses membres, mais tous ses membres se tendent à l'instant, l'énergie se communique à tous les muscles des pieds à la tête, et ce mouvement involontaire est pour l'élève, l'image ce de qu'il aurait dû ressentir lui-même en faisant la faute. Car il aurait dû être vraiment pénétré de la représentation du rythme, en refléter l'image par tous les muscles de son corps. — La conscience rythmique une fois formée, grâce à l'expérience des mouvements, nous voyons se produire constamment une influence réciproque de l'acte rythmique sur la représentation, de la représentation sur l'acte. Le maître en exprimant le rythme par ses gestes, transpose en mouvement la représentation du rythme qu'il porte en lui, et cherche involontairement à éveiller par cette manifestation, sa représentation chez l'élève, pour que celui-ci puisse ensuite la traduire dans la forme de mouvement qui convient. La représentation du rythme, image reflétée de l'acte rythmique, vit dans tous nos muscles. Inversément, le mouvement rythmique est la manifestation visible de la conscience rythmique. L'un succède à l'autre en une suite ininterrompue. Ils sont liés indissolublement.

Observons chez un chef d'orchestre, un chef qui ait du tempérament, les mouvements par lesquels il explique et transmet le rythme. Fournit-il à ses musiciens l'image du rythme à interpréter, au moyen d'une tension plus grande du bras seulement ? Non, on voit son genou se tendre, le pied planté solidement se presser pour ainsi dire contre le plancher, le dos se redresser, les doigts et l'articulation du poignet s'affermir dans leur position. L'on voit de quelle manière, à l'aide de son corps tout entier, il vit et représente le rythme; comment chaque articulation, chaque muscle, contribue à rendre plus intense l'impression rythmique; comment, en un mot, l'aspect de toute sa personne devient l'image reflétée de sa représentation du mouvement musical et anime les exécutants, sa propre représentation du rythme devenant la leur.

Autre exemple. Lorsque mes petits (ou grands) élèves ont depuis un certain temps fait de la gymnastique rythmique, je commence à leur faire exécuter des « exercices de marche interrompue ». Quand ils ont exécuté quelques mesures d'une marche rythmique, ils s'arrêtent pendant une mesure (plus tard pendant plusieurs mesures) dans la position de la dernière mesure exécutée. La durée de l'interruption, la pause, ne doit être mesurée et accentuée qu'en pensée; il est sévèrement défendu de compter à voix haute ou à voix basse, aucun membre ne doit bouger. Or voici ce que j'observe. Ceux d'entre eux qui n'ont pas encore confiance dans la faculté qu'ils viennent d'acquérir, celle de *penser* le rythme, — ceux-là cherchent à me tromper (à se tromper eux-mêmes peut-être) en découvrant d'autres muscles que ceux de la jambe, propres à exécuter le rythme. Je vois se mouvoir tantôt une paupière, tantôt une aile du nez, un doigt de pied, une oreille même, et je me vois amené à leur recommander expressément de ne pas battre la mesure avec la langue (bien que je ne sois guère en état de le contrôler !).... Et tout musicien peut faire sur lui-même l'expérience que lorsqu'il a à compter mentalement une ou plusieurs mesures, il sent pour ainsi dire résonner en son organisme tout entier *l'écho* des fractions du temps, et que pendant qu'il paraît immobile, ses muscles invisibles travaillent et collaborent à son action cérébrale.

Car l'homme sent tout naturellement vibrer les rythmes dans tous ses muscles conscients, et dès lors s'impose à tout spécialiste du rythme l'obligation d'éduquer par et pour le rythme *tout* l'appareil musculaire, afin que chaque muscle contribue pour sa part à éveiller la conscience rythmique, à la rendre plus claire, à la former, à la perfectionner.

L'éducation de la volonté physique, la domestication des centres nerveux consiste non seulement à développer l'activité nécessaire de tous les muscles mais encore à réduire ceux-ci instantanément à l'inaction dans les cas où leur intervention n'est pas nécessaire. Or cette éducation complète ne s'opère actuellement ni dans les cours de musique ni dans ceux de gymnastique. Elle est pourtant de la plus impérieuse nécessité. Tout maître de piano a remarqué que l'élève autorisé récemment à mettre le pied sur la pédale a plus de peine à le retirer qu'à le poser, et à le poser sur le temps faible que sur le temps fort. L'habitude et l'exercice répété triomphent de cette inaptitude du pied à s'isoler de l'influence de la main et cette éducation spéciale s'accomplit tout naturellement chez les élèves bien doués. Mais les autres, est-il bien sage de confier à la *bonne* Nature (comme on dit) le soin de les éduquer ? Et les rythmiciens-nés n'arriveraient-ils pas eux-mêmes plus rapidement au but si leur éducation musculaire avait été entreprise avant le début des études instrumentales ? De même pour les élèves violonistes, dont le bras qui dirige l'archet a tant de peine à s'émanciper de l'influence de la main gauche, et qui a beaucoup plus de peine à se retirer de la corde sans anicroche qu'à s'y poser. C'est qu'un decrescendo d'innervation musculaire est beaucoup plus difficile à obtenir qu'un crescendo, de même que l'accélération graduée du mouvement est plus facile que son ralentissement.

Une autre raison importante vient encore nous convaincre que, pour éduquer l'homme au rythme, il faut exercer rythmiquement *tous* ses membres. C'est que l'enfant naît rarement polyrythmicien. Pour créer en lui le sentiment de la simultanéité de rythmes différents, il est indispensable de lui faire exécuter, à l'aide de membres différents, des mouvements représentant des longueurs de temps de durée différente. Cet exercice est indispensable pour la décomposition des mesures en fractions de temps toujours plus petites. Un membre, par exemple, exécutera des quarts de temps, un autre des huitièmes, un troisième des seizièmes; ou bien : un membre des quarts, un autre des quarts syncopés — et voilà ce qui nous fraie la voie pour arriver à la dissociation d'action et de perception, propre à nous faire exécuter et observer la *polyrythmie*.

Comme les rapports exacts du temps, de l'espace et de l'énergie nous donnent la forme du mouvement, mais que tout le rythme exige pour ses accentuations différentes, différentes formes de mouvement (en d'autres termes différents degrés dans la force), l'étude de la polyrythmie entraînera aussi celle de la *polydynamique*.

Considérons une fois de plus le chef d'orchestre qui, d'une main, indique les nuances de force et de l'autre celles de grâce et de mollesse, et, en même temps fait exécuter des rythmes de durée différente, et nous aurons une image claire de l'alliance de la polyrythmie et de la polydynamique. Il est indispensable que le rythmicien possède une indépendance absolue des membres.

Pour nous résumer :

La musique est composée de sonorité et de mouvement. Le son est une forme du mouvement, de nature secondaire. Le rythme est une forme de mouvement, de nature primaire. Les études musicales doivent par conséquent débuter par des expériences d'ordre motile. C'est rythmiquement qu'il faudra mettre en mouvement chaque membre séparément, — puis tous les membres simultanément, — enfin le corps de l'enfant tout entier, — en s'appliquant constamment à observer et à régler la forme du mouvement, c'est-à-dire les rapports de force, d'espace et de temps.

Comme la maîtrise de l'énergie est pour la parfaite réalisation des rythmes une nécessité essentielle, il faudra que les muscles fassent séparément et simultanément des exercices *dynamiques*, en prenant en considération toutes les gradations de force, les transitions successives et les contrastes soudains, — ainsi que les transitions simultanées faisant contraste et les contrastes simultanés.

Il faudra aussi que l'enfant introduise des intervalles de durée entre les mouvements à rythmer ou à mesurer, de façon à devenir conscient de ses facultés de représentation de rythme, et pour que naisse en lui la perception spirituelle des mouvements. L'on devra ensuite lui apprendre à discerner dans les rythmes sonores, ce qui est le mouvement et ce qui est la sonorité, à transposer les mouvements en sons, et les sons en mouvements corporels et plastiques. Ainsi s'aiguisera son attention, s'enrichira son expérience, s'affermira son jugement, et son oreille s'habituera à percevoir le rythme sans le secours des yeux, et une fois l'audition créée, à entendre le son sans le secours de l'oreille.

Grâce à ces divers moyens de former la conscience rythmique, l'élève aura appris les valeurs des temps et leur représentation écrite, les muscles respiratoires bien exercés seront entièrement à sa disposition et le moment sera venu où, sans danger pour sa voix, il pourra s'appliquer à étudier les tonalités.

Quand le sentiment tonal se sera à son tour formé grâce à l'expérience quotidienne de l'oreille et de la voix — alors seulement sera-t-il temps d'entreprendre l'étude d'un instrument. — L'élève qui a pleine confiance en sa conscience du rythme et du son, possédant une riche expérience des formes de mouvement et disposant en maître d'un appareil musculaire bien exercé, peut vouer désormais toute son attention à l'instrument, et cette étude deviendra pour lui une joie, non plus une torture.

J'ai eu souvent l'occasion de remarquer, au cours d'auditions de mes chansons enfantines en divers pays, que l'enfant méridional possède naturellement le don de relier avec aisance des mouvements souples et gracieux mais manque de précision et de force dans les gestes énergiques et accentués. L'enfant du Nord au contraire possède le don naturel de scander les rythmes avec force à l'aide du geste, mais non celui d'équilibrer et de nuancer des séries de mouvements arrondis. — N'y a-t-il pas lieu de constater à cette occasion combien le caractère rythmique des musiques de tous pays est adéquat aux aptitudes corporelles de leurs habitants, et ne savons-nous pas que la grâce et la souplesse (comme d'autre part le manque d'accentuation continuée) sont l'apanage de l'esprit musical méridional, alors que les qualités musicales germaniques sont la carrure et la force d'accentuation, et leur défaut souvent la trop grande et rapide opposition du fort au doux, c'est-à-dire le manque de souplesse dans l'enchaînement des nuances ? — Or une gymnastique spéciale peut faire acquérir à l'enfant méridional la force d'accentuation, à l'enfant du Nord la souplesse qui leur manquent, à faire se pénétrer profondément les habitudes actives et les négatives.

Tous ces principes paraissent extrêmement simples, et c'est probablement à cause même de leur grande simplicité, qu'ils ne sont nulle part mis en pratique. Il semble en effet (pour citer la comparaison de je ne sais plus quel auteur) que l'on tienne à cette idée que « la musique est un tout artistique, une forteresse qu'il faut assiéger de tous les côtés à la fois. Les intendants qui font les honneurs de ce palais, s'efforcent de louer emphatiquement sa magnificence, sa splendeur et son immensité; ils insistent sur le nombre d'ailes et de dépendances qui en font partie, puis s'étonnent après cela qu'on appréhende de l'habiter, bien qu'ils l'aient eux-mêmes dépeint comme inhabitable et accessible à une élite seulement. Et pourtant il est ouvert à chacun, pourvu qu'on le mette en mesure de le visiter.... »

Il y aura sans doute des obstacles à la réalisation de nos idées. L'un d'eux pourrait bien être l'opinion des parents au sujet de l'éducation physique de leurs enfants. Ils sont sur ce point d'une jalousie extrême et semblent considérer la culture corporelle comme leur domaine exclusif. Que d'autres gens remplissent ces petits cerveaux d'idées qui ne correspondent pas du tout à leur manière personnelle de penser, les parents n'y prêtent pas grande attention. Ils ne voudraient pas, par contre, qu'on en usât de même avec le corps, lorsqu'on essaie de lui donner de l'équilibre, de le rendre vigoureux et souple et de lui prêter une grâce naturelle. La grâce corporelle, disent-ils, développe la coquetterie, mais sans ajouter que la grâce intellectuelle peut tout aussi bien produire la coquetterie de l'esprit !... Donner de la souplesse à l'esprit.... à la bonne heure ! Mais au corps ? A quoi bon ! Quelle étonnante contradiction ! Quand ce préjugé aura une fois disparu de la mentalité des parents et des directeurs d'écoles, le progrès musical s'accomplira de lui-même. Il serait au fond du devoir des éducateurs, de prendre avant tout en mains l'éducation des parents ! S'en trouvera-t-il beaucoup parmi ceux-ci qui prendront intérêt aux espérances et aux désirs des éducateurs, qui collaboreront avec eux et rêveront avec eux le même rêve d'avenir ?...

Hélas, il y a tant d'hommes qui ne rêvent pas et qui se contentent de dormir !

# V

# LA MUSIQUE ET L'ENFANT

## (1912)

❦

*Les qualités fondamentales du musicien-né. — Les rôles divers de l'oreille. — L'éducation musicale dès le bas âge. — L'influence du milieu. — Les nuances du rythme. — L'arythmie et sa guérison. — L'éducation de la sensibilité. — Quand faut-il commencer les études instrumentales ? — L'enseignement de la composition musicale. — L'émotion et la pensée. — Le piano et le chant à l'école. — Il faut apprendre aux enfants non seulement à traduire la musique, mais avant tout à l'écouter et à s'en pénétrer. — Les concerts d'enfants. — Influence des études musicales à l'école sur les progrès musicaux de la société. — Les idées éducatives nouvelles.*

Il existe beaucoup plus d'enfants musiciens que les parents ne le croient. Le fait qu'un petit enfant ne s'intéresse pas à la musique, n'aime pas à chanter, ne marche pas d'instinct en mesure en suivant la musique militaire, se refuse énergiquement à prendre des leçons de piano, n'indique pas péremptoirement en lui une absence complète de musicalité. Souvent les aptitudes à la musique sont profondément cachées en l'individu, et ne trouvent, pour une cause ou pour une autre, pas les moyens de se manifester. C'est ainsi que certaines sources coulent sous terre, et n'en jaillissent à la surface que lorsqu'une pioche opiniâtre leur aura créé un chemin. C'est à l'éducation à aller à la rencontre de la musicalité de l'enfant. Comment cette musicalité se réveille-t-elle dans les premières années ? Quels en sont les signes extérieurs ?

Pour être musicien complet, il faut avoir une bonne oreille, il faut avoir en outre de l'imagination, de l'intelligence et du tempérament, c'est-à-dire la faculté de ressentir les émotions artistiques et de les communiquer. En ce qui concerne les facultés auditives nous ne saurions trouver une meilleure définition que celle de Lionel Dauriac, qui écrit dans son *Essai sur l'esprit musical* que l'oreille musicale est une « faculté de l'âme.... » En effet, il ne suffit pas de posséder le pouvoir de reconnaître et de différencier les sons pour pouvoir affirmer que l'on a une bonne oreille musicale. Il faut encore que les sensations auditives extérieures créent un état intérieur de conscience et d'émotivité. Il existe des musiciens à l'oreille merveilleusement exercée qui n'aiment ni ne ressentent émotivement la musique, d'autres imparfaitement doués au point de vue de l'oreille, qui sont de véritables artistes musiciens, capables d'interpréter et de créer.

Beaucoup de parents se figurent que le seul fait d'avoir une voix juste et claire implique le talent musical. Ce n'est pas toujours le cas. Chacun sait que c'est le rythme qui donne un sens et une forme aux juxtapositions des sons. Un enfant qui improvise avec une jolie voix des successions de notes non ordrées ni mesurées n'est peut-être pas plus musicien qu'un tel autre qui n'a pas de voix, mais qui improvise des marches bien rythmées sur le tambour.

L'on s'imagine communément que c'est la seule reconnaissance des noms et des rapports des notes entendues qui constituent une bonne oreille. C'est une erreur. Il est d'autres qualités de la sonorité que celle de la diversité d'élévation des notes. L'oreille doit apprécier les divers degrés de l'intensité sonore, du dynamisme, de la rapidité ou lenteur de succession des sons, du timbre, de tout ce qui constitue sous le nom de coloris musical la qualité *expressive* du son. Cette qualité, à mon sens, est celle qu'il importe le plus que l'enfant possède naturellement pour qu'on puisse bien augurer de son avenir musical. Il ne faut pas désespérer d'un enfant de six ans qui a peine à *reproduire* vocalement ou au piano des mélodies, si vous le voyez capable de *reconnaître* ces mélodies et s'il s'avère sensible aux gradations de la sonorité, aux contrastes de forte et de piano, aux changements de vitesse, autrement dit aux nuances musicales.

Souvent des parents disent : « Nous ne voulons pas faire faire d'études de musique à notre enfant ; il a en effet malheureusement la voix fausse. » Or, en faisant chanter l'enfant, un maître avisé s'apercevrait que sa voix n'est pas fausse du tout, mais que tout bonnement il ne sait pas établir les rapports entre son appareil vocal et le son qu'on lui demande d'imiter. C'est son oreille, qui est non pas fausse, mais paresseuse.

Qu'est-ce que jouer faux du piano ? C'est taper sur des notes qui ne sont pas notées sur le cahier. Le musicien possédant la meilleure oreille peut — tel Rubinstein — produire souvent des fausses notes sur le piano. Mais il sera tout de même meilleur musicien que les si nombreux pianistes dont les doigts jamais ne s'égarent, mais dont ni l'oreille ni le tempérament ne sont accordés.

Non initié naturellement aux justesses conventionnelles de l'harmonie, le petit enfant n'entend le plus souvent pas si sa maman joue des accords faux sur le piano. Mais il importe que celle-ci lui fasse apprécier les nuances de la musique, lui fasse éprouver si elle joue doucement, fort, en haut du clavier ou en bas, vite ou lentement, de près ou de loin, *legato* ou *staccato*, qu'elle lui apprenne le *crescendo* et le *diminuendo* en le plaçant derrière une porte qu'on ouvre ou ferme lentement pendant l'exécution musicale. Et encore, quand on va écouter la musique militaire, il sera bon de faire remarquer à l'enfant que chacun des instruments a une voix différente, que le gros trombone a une voix grave comme papa, que la clarinette parle comme maman et la flûte comme la tante Hortense.

L'erreur manifeste de beaucoup de parents, qui pourtant savent l'amour des enfants pour les histoires, est de ne pas penser à les intéresser à la musique en leur jouant de petits morceaux de genre imitatif, ou illustrant une histoire brève, ayant pour personnages des héros faciles à dépeindre musicalement, chevaux galopants, petites souris à la course menue et rapide, cloches carillonnantes, etc. Je connais l'intérêt énorme avec lequel les bébés pianistes écoutent jouer de brèves œuvres descriptives telles qu'en composèrent Schumann, Reinecke, Burgmein, Ingelbrecht, Déodat de Séverac, Fibich et consorts. Longtemps avant de savoir produire le son sur les touches, l'enfant est en mesure d'*écouter* la musique.

Et c'est là le meilleur moyen pour la maman — si elle sait agir d'une façon progressive, si elle sait s'arrêter à temps, au premier bâillement, — c'est là le meilleur moyen d'intéresser l'enfant à la musique, de la lui faire *aimer*, ce qui est indispensable. Car l'important, l'on ne saurait assez le répéter, c'est que l'enfant apprenne à ressentir la musique, à l'accueillir, à s'unir corps et âme à elle.... à l'écouter non seulement avec les oreilles, mais encore avec son être tout entier.

Car les sensations auditives doivent être complétées par des sensations musculaires, des phénomènes d'ordre physiologique produits par l'influence enveloppante des vibrations sonores. Il est des sourds de naissance qui apprécient et différencient des morceaux de musique de divers styles grâce à des sensations d'ordre tactile, à des sortes de résonnances intérieures qui, selon la nature des rythmes musicaux, varient d'intensité et d'allure. L'oreille est très étroitement apparentée au larynx et il est certain qu'il y a des influences réciproques de la voix sur l'audition, de l'audition sur l'appareil vocal.

J'ai connu beaucoup de jeunes gens qui, à l'ouïe d'une sonorité, éprouvent une sensation musculaire dans l'arrière-gorge. Le fait de cultiver la voix renforce par conséquent les qualités de l'oreille, à condition, bien entendu, que l'on sache faire apprécier à l'élève les rapports entre les sons entendus et les pressions locales qui en résultent dans le larynx.

Le fait seul de *penser* à une mélodie, provoque dans la gorge les mouvements musculaires nécessaires pour l'émission vocale de cette mélodie. Il est donc bon pour développer l'oreille de l'enfant de cultiver aussi sa voix.

L'influence du milieu joue un grand rôle. Vous savez la rapidité avec laquelle l'enfant prend les accents. J'ai connu à Londres un petit Anglais qui parlait français et anglais avec l'accent vaudois parce que sa bonne était vaudoise. Une gouvernante à la voix fausse peut avoir une très mauvaise influence sur l'oreille d'un enfant. L'on ne saurait trop recommander de veiller dès le premier âge à ce que l'enfant n'entende que de bonne musique. « L'éducation de l'homme commence à sa naissance » a dit Rousseau. « Les premières habitudes sont les plus fortes » a écrit Fénelon. Rollin raconte que les enfants romains étaient, dès le berceau, formés à la pureté du langage. Montaigne a écrit : « Je trouve que nos plus grands vices prennent leur pli dès notre plus tendre enfance et notre principal gouvernement est entre les mains d'une nourrice. »

Dans son intéressant livre intitulé l'Education musicale [1], Albert Lavignac affirme sa conviction que « beaucoup d'enfants ne deviennent pas musiciens parce que l'incurie de leurs parents a étouffé leurs premiers instincts. Un père qui dès le berceau voudrait vouer sa fille à la danse, veillerait dès ses premiers pas à ce qu'elle n'ait pas les jambes torses. De même faut-il veiller à ce qu'aucune difformité ne se produise dans l'appareil de l'ouïe. »

Il est si facile de consacrer chaque jour quelques minutes à faire imiter par la voix du bébé, une note qu'on lui joue au piano, de lui trompetter le la du diapason tout en lui demandant de chercher avec le doigt la note du même son sur le piano. Le nombre est très grand des expériences auxquelles on peut soumettre des enfants en bas âge. Ces expériences sont nécessaires, car l'on ne saurait trop répéter que l'instinct musical ne se révèle pas toujours dans la prime enfance et que l'éducation peut provoquer son éclosion grâce à des recherches d'associations d'idées. J'ai écrit il y a vingt ans, de petites chansons pour les enfants, que je leur demandais de scander par des mouvements corporels. Eh bien, j'ai pu fréquemment constater que des enfants n'aimant pas la musique et détestant chanter finissaient par apprécier le chant grâce à leur amour du mouvement. Les deux éléments essentiels de la musique sont le rythme et la sonorité. Très souvent, c'est le goût pour le mouvement rythmé qui finit par faire aimer la musique à un enfant possédant peu de qualités auditives.

*   *   *

Or, la sensibilité est en relation directe avec la sensation. Etre sensible musicalement, c'est savoir apprécier les nuances non seulement de hauteur des sons, mais aussi d'énergie dynamique et de plus ou moins grande rapidité des mouvements. Ces nuances sont appréciées non seulement par l'oreille, mais par le sens musculaire.

(1) Delagrave, éditeur, 15, rue Soufflot, Paris.

5

Berlioz a écrit un intéressant chapitre sur la nécessité de consacrer une partie de l'éducation musicale à l'étude du rythme. Il a prêché dans le désert — et c'est grand dommage. Car l'étude du rythme a non seulement comme résultat de développer l'instinct de la mesure, de la symétrie et de l'équilibre, mais encore — grâce à l'éducation du système nerveux qu'elle comporte — de développer la sensibilité. Si doué qu'un enfant puisse être au point de vue auditif, il ne sera jamais bon musicien s'il n'a pas de tempérament. Comme le dit le proverbe anglais : « Nous avons beau être armés de toutes pièces comme un destroyer, nous ne marcherons pas si nous n'avons pas de chaudière. »

Qu'est-ce qui rend la musique expressive, qu'est-ce qui donne la vie aux successions de sons musicaux ? C'est le mouvement, c'est le rythme. Les nuances du rythme sont appréciées simultanément par le sens auditif et le sens musculaire.

Dans les études musicales usuelles, on cherche, grâce à la mémoire, à donner à l'enfant le sentiment du mouvement, mais on ne cherche pas à en lui en donner l'intelligence. Celle-ci doit être fournie par l'attention et par l'exercice de l'instinct de comparaison. Quant au sentiment du mouvement, on ne peut l'acquérir (si on ne le possède pas naturellement) — que grâce à des expériences corporelles. Combien de personnes s'aperçoivent que d'autres pressent ou ralentissent un mouvement — et ne peuvent arriver à marcher elles-mêmes en mesure, mais s'imaginent qu'elles le font ? Elles n'ont peut-être pas les muscles indociles, mais leur système nerveux est détraqué. Le système nerveux est un accumulateur d'énergie. Toutes les possibilités qu'on lui donnera d'être éduqué pour dépenser puis récupérer normalement son potentiel, lui assureront la souplesse et la force nécessaires à l'exercice de la musique.

L'arythmie est une maladie qui provient le plus souvent de l'inaptitude de l'homme à se contrôler et d'une prédominence des qualités intellectuelles sur les fonctions nerveuses. « La volonté non suivie d'exécution est inutile. Il ne suffit pas de vouloir : il faut pouvoir. » Ribot a dit : « Le but de l'éducation est de faire passer le conscient dans l'inconscient et de mettre ces deux êtres en état d'harmonie. » L'on néglige trop dans nos écoles l'éducation des sens, et c'est pour cela que l'on est si peu artiste chez nous. L'art n'est pas un domaine accessible uniquement à quelques prédestinés. « Il est à la portée de tous ceux qui sont capables de coordonner leurs perceptions sensorielles, en vue d'un idéal de beauté et d'harmonie. »

Georges Delbrück [1] insiste de la façon la plus juste sur le rôle vivifiant de l'éducation des sens et sur sa forte influence sur le développement du sentiment artistique, du tempérament et de la personnalité. Si cette éducation entrait dans les écoles, au bout de très peu d'années le niveau musical serait considérablement exhaussé chez

(1) Georges Delbrück, L'éducation de la démocratie (La Renaissance contemporaine, 10, rue Oudinot, Paris.)

ous. Pour le moment, nos enfants n'apprennent à aimer et à connaître la musique qu'en dehors de l'école. Hélas, la façon dont on la leur fait étudier est-elle bien toujours la bonne ? Je suis persuadé du contraire.

*   *
 *

Les parents confondent trop volontiers la musique avec le piano. L'on n'est qualifié musicien que si l'on joue du piano ! Et les gens auxquels il nous arrive de demander 'ils sont musiciens, s'ils aiment la musique, nous répondent souvent en rougissant : Oh ! malheureusement je ne suis pas musicien ! J'en veux énormément à mes arents de ne pas m'avoir fait apprendre le piano. Mais j'adore la musique et je ne manque pas un concert. » Ces gens-là sont peut-être plus musiciens que maint pianiste mérite [1].

Car s'il existe des pianistes de tout premier ordre qui sont en même temps de parfaits musiciens, il en est aussi qui n'aiment pas la musique, ou qui n'aiment que celle qu'ils ont eux-mêmes, qui n'apprécient au concert que les acrobaties, qui ne savent distinguer ni les styles, ni les formes, qui ne sont ni touchés ni intéressés par les œuvres les plus émouvantes. Si l'éducation de leur sensibilité avait été faite avant qu'ils eussent commencé à étudier un instrument, il est fort probable que leurs facultés d'appréciation de la musique, que leur goût, que leur tempérament auraient été beaucoup plus développés. Il est certain aussi que si un jeune homme ou une jeune fille ayant étudié longtemps le piano sans résultat musical appréciable, abandonnaient quelque temps l'instrument pour cultiver leur musicalité, ils en retireraient un grand profit pour la continuation de leurs études pianistiques.

Mais les mamans — dans leur candeur naïve — sont persuadées que c'est uniquement de l'étude du piano que dépend le développement musical. C'est là une erreur grave. L'exercice du piano, s'il n'est pas précédé d'une éducation de l'oreille et du mouvement, nuit le plus souvent aux facultés auditives et rythmiques. Le sens tactile se développe au détriment du sens auditif. L'expérience suivante a été faite par un de mes amis, directeur d'un conservatoire dans une grande ville musicale. Douze enfants du même âge n'ayant jamais fait de musique et choisis parmi un grand nombre d'autres enfants, comme présentant d'égales dispositions musicales et disposant de facultés auditives similaires, — douze enfants ont été partagés en deux groupes de six chacun. L'un de ces groupes a travaillé uniquement le solfège, l'autre a commencé l'étude du piano. Eh bien, après une année d'études, l'on put constater après nouvel examen que les facultés de discernement des sons avaient, chez les enfants du 2me

[1] Voir le chap. III : « Le piano et la demoiselle de conservatoire », page 42.

groupe, sensiblement baissé. Puis les petits solfégistes entreprirent à leur tour l'étude du piano. Au bout d'une seule année de travail, ils avaient rattrapé leurs camarades ayant travaillé, eux, pendant deux ans.... Le résultat de cette expérience est donc que le fait de travailler le solfège avant de commencer le piano ne fait pas perdre du temps à l'élève. Au contraire.

*  *  *

C'est un véritable non-sens de faire commencer à l'enfant des études instrumentales avant qu'il ait pu manifester des qualités de rythme et de reconnaissance des sons. Ah ! sans doute, peut-il y avoir des exceptions pour les petits prodiges qui révèlent des qualités musicales transcendantes. Et encore ! Qu'on les laisse tapoter sur le clavier, chercher des mélodies, improviser des successions d'accords, oui, mais qu'on leur fasse étudier des morceaux, non ! Il résulte souvent du triple travail de technique des doigts, de lecture à vue et de compréhension musicale, une fatigue nerveuse qui persiste pendant la vie tout entière.

Mais que d'anomalies dans les études pianistiques ! De pauvres petites filles étudient leur instrument trois à quatre heures par jour, sans avoir l'ombre de musicalité, et travaillent pendant dix à douze ans pour arriver à acquérir une certaine virtuosité des doigts qui — sitôt après leur mariage — ne sera plus entretenue, d'autant plus que les doigts des pianistes non musiciens se raidissent et se rouillent très rapidement. Lionel Dauriac a bien raison d'écrire que le mariage « éteint le talent des trois quarts des jeunes filles. Quand elles n'ont plus le temps de faire subir à leur clavier cinq heures de martyre quotidien, elles abandonnent totalement la musique; elles ferment leur piano. Et leur intelligence musicale se ferme-t-elle aussi ? Non. Elle n'a pas à se fermer. Le maître avait oublié de l'ouvrir. »

En ce qui concerne la composition, l'on enseigne, dans la plupart des écoles de musique, les formes extérieures de la pensée musicale avant que les élèves aient ressenti n'importe quelle émotion qui mérite d'être exprimée. L'on enseigne à noter les harmonies avant que l'élève soit capable de les entendre intérieurement. On lui montre la manière d'opposer deux mélodies avant qu'il ait la culture suffisante pour en composer une seule qui soit agréable à entendre.

La majorité des professeurs de composition ne me contrediront pas si j'affirme qu'il existe bien peu d'élèves qui, le jour où ils s'inscrivent à leur cours, aient été déjà soumis à cette éducation première consistant à tempérer la sensibilité quand elle est désordonnée, à l'orienter quand elle s'égare, à l'exciter quand elle est paresseuse, à l'isoler de la conscience quand celle-ci la tient sous une garde trop rigoureuse, à la soume... ... ...quand elle se manifeste d'une façon trop sauvage. Des études

de contre-point longuement et persévéramment poursuivies sont indispensables à
tout compositeur. Elles forment la base de son éducation musicale. Mais elles ne
devraient être abordées que lorsque l'individu est capable de les pénétrer — c'est-à-
dire lorsque son être et son esprit sont saturés de mélodies, lorsque ses rythmes naturels ont acquis une liberté d'extériorisation complète, lorsque la musique est devenue
une partie de son être, lorsque son organisme tout entier est en état de vibrer à l'unisson des impressions et émotions qui l'assaillent.

Ce n'est que par la sensation, ne l'oublions pas, que se peut faire l'éducation de
l'oreille intérieure. Il n'est pas possible de procéder à n'importe quelle éducation sans
établir préalablement des moyens de contrôle. Dans les études de dessin, paysage ou
figure, l'élève doit certainement prendre contact avec l'objet qu'il a à reproduire. En
musique, il en devait être de même. La sensation auditive donnée par l'instrument
indique à l'apprenti harmoniste les erreurs qu'il commet et lui suggère les moyens de
les réparer. Les professeurs d'harmonie qui exigent de leurs élèves peu doués au point
de vue auditif, qu'ils renoncent totalement au contrôle de l'instrument, abolissent
en lui l'esprit de comparaison et font de lui un mathématicien, un intellectuel, qui
deviendra très rapidement esclave de ses automatismes de pensée et de forme, et ne
saura renouveler son inspiration qui dépend très souvent de l'influx nerveux produit
par les sensations sonores. La vérité — pensons-nous — est celle-ci : La pensée musicale est la résultante d'un état d'émotion et l'écriture note cette émotion. Mais le
mode d'expression de cette émotion a besoin d'être — de temps en temps — contrôlé
par la sensation. Et il est impossible, en un art aussi sensoriel que la musique, que la
mémoire des harmonies puisse aussi parfaitement traduire les émotions premières
que l'expérience vivante des sensations auditives. Et c'est ainsi qu'un peintre, imaginant des paysages ou des figures et les peignant sans modèles, risque d'être moins
humain que celui qui exprime picturalement son émotion lorsqu'il est en contact
direct avec la nature ou la personnalité humaine.

Courbet n'a-t-il pas dit qu'avant de peindre, il faut d'abord apprendre à l'œil
à regarder la nature ?

Ah ! quel malheur que l'éducation musicale tende toujours dans les écoles de
musique du monde entier, à former des virtuoses au lieu de former de bons dilettan-
es ! Et qu'elle était belle l'idée du fondateur du Conservatoire de Genève, Mr. Fernand
Bartholoni, de vouer cet établissement uniquement à l'éducation des amateurs, de
açon à élever le niveau du public, de mettre celui-ci à même d'aimer davantage la
musique et de l'apprécier plus complètement dans les concerts ou dans la famille. Si
enfant était éduqué musicalement selon les lois du bon sens, il n'y aurait plus besoin
pour les compositeurs de noter sur le papier toutes les nuances de l'interprétation. Le

pianiste nuancerait et phraserait la musique en se passant de toute indication. Les poëtes indiquent-ils la façon dont il faut nuancer leurs vers ? La musique n'est-elle pas une langue ? Les lois de l'expression musicale n'ont-elles pas leurs sources dans l'organisme humain lui-même ? Ne sont-elles pas nées de l'observation des nuances naturelles de notre vie physiologique ? N'est-il pas dès lors, tout indiqué de « musicaliser » généralement l'enfant avant d'aborder des études instrumentales spéciales ? Devenu plus musical, l'élève effectue ensuite sur l'instrument des progrès plus rapides. N'est-il pas suffisant qu'un enfant commence à jouer du piano ou du violon à l'âge de sept ou huit ans ? Dans ce cas essayez de le musicaliser d'abord par les moyens les plus naturels, sans effort, dès l'âge de cinq ou six ans.

Loin de moi la pensée de m'insurger contre les études et les professeurs de piano ! J'estime que le piano est le plus complet des instruments et le plus utile, puisqu'il donne une idée de l'harmonie, de la polyphonie et même des timbres orchestraux. Mais tous les maîtres de piano reconnaîtront que c'est pour eux un surcroît de peine que de devoir simultanément enseigner la technique de l'instrument et les premiers éléments de musique [1]. Que les parents ne leur confient donc l'éducation que d'enfants ayant déjà été soumis à des études musicales élémentaires. C'est à l'école que les jeunes générations devraient être orientées vers l'art, grâce à une façon humaine de le faire aimer et de le mettre à leur portée.

Comment pourrons-nous convaincre ceux qui dirigent nos écoles publiques — quand les parents sauront-ils exiger d'eux — que la musique doit faire partie organique de la vie scolaire ? Le chant à l'école devrait être une exaltation en commun en même temps qu'une régularisation collective; car, selon l'expression de Guizot, « la musique donne à l'âme une véritable culture intérieure et fait partie de l'éducation du peuple ». Et c'est Shakespeare qui écrivait : « L'homme qui n'a pas de musique en lui et qui n'est pas ému par le concert des sons harmonieux, est propre aux trahisons et aux rapines. Les mouvements de son âme sont mornes comme la nuit, et ses affections noires comme l'Erèbe. Défiez-vous d'un tel homme. »

Et Luther s'exclamait : « On ne peut pas mettre en doute que la musique ne contienne le germe de toutes les vertus et je ne puis comparer qu'à des morceaux de bois ou de pierre ceux que la musique ne touche pas. La jeunesse doit donc être élevée dans la pratique constante de cet art divin. »

*  *  *

---

[1] Ce point de vue a déjà été exposé, mais il ne faut pas craindre les répétitions lorsqu'il s'agit d'imposer une idée que l'on ne voit nulle part mise en pratique et de l'application de laquelle dépend cependant toute réforme de l'enseignement musical.

Nos écoles n'accordent pas à la musique une place assez en relief et un temps suffisant d'études. A ceux qui demandent que les écoles inscrivent à leur programme une *courte* leçon de chant par jour, l'on répond avec conviction : « Mais ce n'est pas possible ! Chaque maître spécialiste — d'arithmétique, de langues, de géographie — réclame des heures de leçons supplémentaires.... Si l'on faisait droit à toutes les exigences, il n'y aurait pas assez de douze heures de travail par jour pour étudier toutes les branches de l'enseignement ! » En apparence, ce raisonnement est juste. Mais son point de départ est faussement placé. En effet, la musique, comme la gymnastique, n'est pas une branche d'instruction : c'est une branche d'éducation [1]. L'école avant tout doit former la personnalité physique et psychique de l'enfant. Elle doit préparer à la vie. Que nous ne commencions à étudier l'histoire romaine qu'à vingt ans, ce ne sera tout de même pas trop tard pour notre développement général. Mais si l'on commence l'exercice de la gymnastique et celui de la musique à l'âge d'adulte, il est irrémédiablement trop tard pour en attendre les bienfaits qu'elles nous doivent dispenser. La gymnastique, c'est la santé, et la musique, c'est l'harmonie et la joie. L'une et l'autre sont un repos et une réaction naturelle contre le surmenage. Il est tout indiqué de faire chanter l'écolier *chaque jour*, ne fût-ce que pendant quinze minutes, de même qu'on doit lui faire faire chaque jour, entre chaque leçon, quelques exercices physiques. Chanter des lieds et des chansons doit devenir une fonction naturelle et l'enseignement du chant à l'école doit faire partie de l'existence des écoliers au même titre que celui des sciences. Les leçons de « musique » proprement dites seront employées à l'étude de la science musicale et leur rationnement sera proportionné à celui des autres branches d'études. On y apprendra non plus à chanter, mais à reconnaître la musique, on lui apprendra à l'écouter.

*  *  *

Il y a quelque chose de profondément ridicule, alors que l'instinct musical est basé sur l'expérience de l'oreille à ce que, dans les leçons de musique, l'on apprenne à l'enfant uniquement à jouer ou à chanter, et non à écouter et à entendre; que le maître ne songe pas plus souvent à lui dire : « Maintenant reste tranquille sur ta chaise et écoute : je vais te jouer un menuet de Haydn ou un rondo de Clementi, et tu me diras ce que tu en penses. » A mon avis c'est sur l'audition que doit se baser entièrement l'éducation musicale, ou, du moins, sur la perception des phénomènes musicaux, l'oreille s'habituant peu à peu à saisir les rapports entre les notes, entre

---

[1] Un grand nombre d'instituteurs s'opposent à toute réforme de l'enseignement du chant, parce qu'ils considèrent le chant comme une branche secondaire. Cette erreur doit être combattue.

les tonalités, entre les accords, et le corps entier s'initiant — grâce à des exercices spéciaux — à apercevoir les nuances rythmiques, dynamiques et agogiques de la musique. Oh! les pauvres petits enfants que l'on force, dès qu'ils savent jouer une petite berceuse, à bondir sur l'estrade pour montrer à un auditoire de parents, et même de critiques musicaux, s'il vous plaît, — comment ils peuvent déjà remuer les doigts ! Personne ne songe que c'est à ces enfants mêmes que des auditions devraient être offertes. Les concerts pour enfants tels qu'ils existent en Allemagne et en Angleterre, sont inconnus chez nous. Qu'alors ce soit dans les leçons mêmes que les maîtres songent à leur procurer un plaisir de l'oreille en même temps qu'une occasion de se former le goût et de développer les facultés d'analyse. Un des bienfaits du chant est qu'il permet à l'enfant de faire bénéficier la famille de l'enseignement scolaire. Chaque chant importé par l'enfant dans la famille enrichit celle-ci, la rajeunit, l'ennoblit, l'élève, la rend joyeuse, l'unit et la vivifie. Comme le cercle formé dans l'eau par le caillou tombé par mégarde, et que l'action élastique du rythme élargit et propage, — ainsi l'action de la chanson populaire introduite par l'enfant dans le cercle de la famille étend au loin son influence, franchit les portes de l'humble logis et apporte dans tout un quartier la joie de son rythme et l'enseignement de sa poésie.

Si l'enfant prend à l'école le goût du chant et de la bonne musique, il le conservera toute sa vie. Nos sociétés de chant d'hommes ont, pour la plupart, un répertoire anti-artistique. Beaucoup trop de nos soldats ne chantent avec plaisir que des chansons de café-concert. Les hommes, dans nos sociétés de chant mixte, ne déchiffrent qu'avec peine. Le chant, dans certaines églises, est déplorable. Le chantre chante en retard de l'orgue, les dames chantent en retard du chantre, les hommes chantent en retard des dames, et l'orgue, obligé d'attendre que les hommes aient terminé, se met, malgré tout son désir d'anticiper le chant, en retard lui-même. Tous nos musiciens le disent et le répètent, notre peuple n'est pas attiré irrésistiblement vers la musique. Il ne va au concert que pour entendre des solistes à « flafla ». Le voyez-vous jamais aux concerts d'orgue ou de musique de chambre ?... Or Spencer, le premier en date des psychologues de l'éducation — Spencer qui, en 1849, se plaignait que les jeunes filles de Grande-Bretagne ne reçussent dans les écoles aucune éducation corporelle — obtenait, grâce à son influence, ce résultat merveilleux que la jeune fille anglaise, vingt ans plus tard, fût devenue la plus parfaite des sportswomen du monde ! Et il pouvait écrire en 1860 que, grâce à la science de l'éducation, on peut apprendre aux enfants non seulement à apprécier les œuvres d'art, mais à ressentir le besoin de l'art et qu'en cinquante ans elle est capable de changer totalement la mentalité d'un peuple.

Oh ! le jour viendra certainement, où l'enseignement de la musique fera partie organiquement de la vie intime de l'école. Du moment que l'idée est juste, l'application se fera un jour ou l'autre. Ne serait-ce pas le moment de faire à Genève, par exemple à l'institut J.-J. Rousseau, un centre d'expériences éducatives dont puissent profiter les nations combattantes, le jour où elles pourront enfin déposer leurs armes ? Or, voyez, le progrès est dans l'air, les idées nouvelles volent de pays en pays. M. Ed. Claparède inaugure des méthodes ingénieuses à la fois naturelles et scientifiques; des écoles de style nouveau naissent et se développent dans tous les coins de notre terre suisse. Les docteurs Rollier, Cramer et bien d'autres font triompher la cure de soleil. Le jour viendra bientôt, j'en ai le ferme espoir, où triomphera aussi la cure de musique. Et ce jour-là, les enfants auront acquis une impulsion vitale nouvelle. Si nos grands-parents avaient été soumis à cette « musicalisation » que je préconise, n'entendrions-nous et n'aimerions-nous pas nous-mêmes la musique ? Ne léguerions-nous pas à nos descendants des facultés musicales renforcées, c'est-à-dire des joies artistiques plus complètes ? Car, à travers les siècles innombrables, les hommes marchent en file dans le temps, serrés les uns derrière les autres, et leurs mains qui font la chaîne prennent des mains de leurs ascendants le fardeau de la vie pour le passer à leurs descendants. Et il dépend de la volonté de chaque homme que ce fardeau soit plus léger ou plus lourd, et il est du devoir de chaque homme que ce fardeau soit plus léger. Le jour où chaque mère aura compris le rôle qu'elle joue, qu'elle le veuille ou non, dans l'histoire de l'humanité, ce jour-là elle comprendra aussi les nécessités de l'éducation et libérera plus facilement ses enfants des conventions qui s'opposent à leurs progrès intellectuels et physiques.

Le devoir des parents est de songer, à chaque minute de leur existence, que nos corps, nos esprits et nos âmes sont le produit de fabuleux efforts de développement et de progrès à travers des milliers de siècles, que nous dépendons du passé et que l'avenir dépend de nous. Leur devoir est de songer à l'humanité de demain, de préparer la voie à ses progrès futurs et d'assurer à leurs descendants des instincts plus nobles, des aspirations plus élevées et un bonheur plus complet. En agissant ainsi, ils travailleront pour leur propre bonheur. Il n'en est pas de plus grand que de semer le bon grain et de préparer pour les autres la moisson de joie.

# VI

# LA RYTHMIQUE, LE SOLFÈGE ET L'IMPROVISATION

## (1914)

*La sonorité, le rythme et le dynamisme. — Harmonisation des facultés imaginatives et réalisa-*
*trices. — La musique pure et l'expérience corporelle. — La force psychique de la Rythmique.*
*— L'étude du mouvement éveille l'organisme tout entier. — L'étude du solfège éveille le sens*
*auditif (élévation des sons, discernement des tonalités et des timbres.) — L'étude de l'impro-*
*visation au piano extériorise les notions de rythmique et de solfège et renforce le sens du tou-*
*cher. — Liste des exercices de rythmique. — Liste des exercices de solfège. — Liste des*
*exercices d'improvisation. — Rapports étroits de ces exercices.*

Il n'est pas suffisant de développer chez l'enfant les facultés auditives pour lui
faire éprouver et aimer la musique, car dans celle-ci l'élément le plus violemment
sensoriel, le plus étroitement lié à la vie, est le rythme, le mouvement !

Celui-ci, ainsi que le dynamisme, dépend complètement du mouvement et trouve
son modèle le plus accompli dans notre système musculaire [1]. Toutes les nuances
du temps *(allegro, andante, accelerando, ritenuto)*, toutes les nuances de l'énergie
*(forte, piano, crescendo, diminuendo)*, nous pouvons les réaliser avec notre corps, et
l'acuité de notre sentiment musical dépend de l'acuité de nos sensations corporelles.

Une gymnastique spéciale apprenant aux muscles à se contracter et à se décontracter, aux lignes corporelles à s'élargir ou se rétrécir, dans le temps et dans l'espace,
doit renforcer le sentiment métrique et l'instinct du rythme. Et cette gymnastique
doit s'adapter aux tempéraments les plus différents, car les individus même les mieux
partagés par la nature au point de vue musculaire et intellectuel, ne réagissent pas
tous de la même façon, les uns obéissant trop lentement, d'autres trop vite aux commandements. Certains sont capables d'accomplir aisément tel exercice dans un temps
donné, mais ne peuvent subitement en entreprendre un autre et continuent ce premier
exercice malgré leur désir ardent de l'interrompre. D'autres encore, après avoir parfaitement débuté dans leur exécution corporelle, se troublent au bout d'un moment

(1) Voir chap. IV, page 53, lignes 25, 26 et 27.

et terminent dans la confusion et le désarroi ce qu'ils avaient nettement et clairement commencé.

En effet, pour exécuter corporellement un rythme avec précision, il ne suffit pas d'avoir saisi intellectuellement ce rythme et de posséder un appareil musculaire capable d'en assurer la bonne interprétation. Il faut encore et surtout établir des communications rapides entre le cerveau qui conçoit et analyse, et le corps qui exécute.

Ces communications dépendent du bon fonctionnement du système nerveux. Or, à notre époque, il est rare que nos facultés soient bien équilibrées et que nos fonctions cérébrales et corporelles soient complètement harmonisées. Les bons rapports entre les facultés imaginatives et réalisatrices sont trop souvent compromis grâce à un manque d'orientation dans les courants nerveux grâce à l'antagonisme de certains muscles, produit par le retard des ordres cérébraux commandant leur contraction ou leur décontraction. La conscience d'une résistance constante dans le système musculaire, d'un désordre dans le système nerveux produit le désordre cérébral, le manque de confiance en ses propres forces, la peur de soi-même. D'autre part cette inquiétude générale a pour résultat l'inaptitude à se concentrer. Le cerveau se trouve en proie à des sollicitations incessantes qui l'empêchent de fonctionner dans le calme et d'accorder au contrôle de l'organisme, à l'analyse des ordres à lui donner, le temps et la sécurité d'esprit nécessaires.

Mieux notre vie est réglée, et plus nous nous sentons libres. Plus nous avons de mots dans notre vocabulaire, et plus nous verrons s'enrichir notre pensée. Plus notre corps possédera d'automatismes, et plus notre âme s'élèvera en toute joie au-dessus de la matière. Si nous sommes toujours obligés de penser à notre corps, nous en perdons forcément une partie de notre liberté d'esprit, car la majorité des intelligences sont esclaves de leurs formes corporelles, prisonnières de la matière. Et, contrairement à ce que l'on croit généralement, c'est l'exagération d'un intellectualisme prématuré, d'études et habitudes d'analyse trop spécialisées qui, au lieu de rendre l'esprit lucide, y apporte le trouble et le déséquilibre. Ce que l'on appelle la musique PURE, est une musique complètement dématérialisée qui ne s'adresse pas directement à nos facultés sensorielles et cherche à éveiller nos sentiments au moyen de développements et de combinaisons d'ordre métaphysique. Mais cet art de tendances supérieures ne peut être perçu que par des esprits ayant triomphé des résistances corporelles, et son élévation au-dessus des contingences matérielles n'exclut pas l'existence des moyens physiques primaires. Tant que ceux-ci n'auront pas été complètement développés, il y aura conflit entre les sensations et les sentiments, et la lutte incessante entre le corps et l'esprit empêchera la spiritualisation nécessaire de la matière. En réalité, la musique ne peut devenir entièrement pure tant que le corps n'aura pas été purifié.

Or il est impossible de purifier le corps si l'on n'a fait les efforts nécessaires pour voir clair en lui et reconnaître ses impuretés.

Un des premiers résultats d'exercices destinés, d'une part, à créer des automa tismes nombreux et à assurer l'intégralité du fonctionnement musculaire — d'autre part à établir des communications rapides et sûres entre les deux pôles de notre être et à favoriser l'expansion de nos rythmes naturels, — un des premiers résultats de ces exercices est d'apprendre à l'enfant à se connaître, à se-dominer, à prendre possession de sa personnalité. Instruit du merveilleux mécanisme de ce corps admirable, qui nous a été donné non pas pour que nous le méprisions mais bien pour que nous le préparions à loger dignement notre âme, — certain de pouvoir exécuter aisément tous les mouvements suggérés par d'autres ou voulus par lui-même, sans effort, sans préoccupation, — l'enfant sent naître et grandir la volonté d'user des forces abon- dantes qui sont en son pouvoir. Son imagination se développe de même, car son esprit, délivré de toute contrainte, de toute inquiétude physique, peut dès lors s'aban- donner à toute sa fantaisie.

La fonction développe l'organe, la conscience des fonctions organiques développe celle de la pensée. Et du fait que l'enfant se sent délivré de toute gêne physique et de toute préoccupation cérébrale d'ordre inférieur, il conçoit de la joie. Cette joie est un nouveau facteur de progrès moral, un nouvel excitateur de la volonté.

Tous les exercices de la méthode de Rythmique ont pour but de renforcer la faculté de se concentrer, d'habituer le corps à se tenir, pour ainsi dire, *sous pression* en attendant les ordres des zones supérieures, — de faire pénétrer le conscient dans l'inconscient et d'augmenter les facultés inconscientes de tout l'apport d'une culture spéciale ayant pour effet de les respecter. De plus, ces exercices tendent à créer des habitudes motrices plus nombreuses et des réflexes nouveaux, à obtenir pour le mini- mum d'effort le maximum d'effet, à tranquilliser ainsi l'esprit, à renforcer la volonté et à instaurer l'ordre et la clarté dans l'organisme.

Toute la méthode repose sur ce principe que l'étude de la théorie doit suivre la pratique, que l'on ne doit enseigner des règles aux enfants que lorsqu'on les a mis à même d'expérimenter les faits qui ont engendré ces règles, et que la première chose que l'on doit enseigner à l'enfant c'est l'usage de toutes ses facultés. C'est ensuite seulement, qu'on lui fera connaître les opinions et les conclusions des autres. Avant de semer la graine, il faut préparer le terrain. En ce qui concerne spécialement la mu- sique, on met un outil dans la main des enfants avant que ceux-ci sachent ce qu'ils ont à en faire. Et nous avons déploré souvent qu'on leur enseigne le piano avant qu'ils soient musiciens [1], c'est-à-dire avant qu'ils sachent entendre les sons, avant qu'ils

[1] Voir chap. III, « Le piano et la demoiselle de Conservatoire » page 42 et chap. V, page 62.

sachent éprouver en tout leur organisme les rythmes, avant qu'ils aient l'audition intérieure des sons, le sentiment intérieur du mouvement, avant que leur être tout entier ne soit en état de vibrer à l'unisson des émotions artistiques.

Le but de l'enseignement de la Rythmique est de mettre les élèves à même de dire à la fin de leurs études, non pas : « je sais » mais « j'éprouve », — et ensuite de créer en eux le désir de s'exprimer. Car lorsque l'on éprouve fortement une émotion, l'on sent le besoin de la communiquer aux autres dans la mesure de ses moyens. Plus nous possédons la vie, plus nous serons à même de répandre la vie autour de nous. Recevoir, donner, telle est la grande règle de l'humanité. Et si tout le système d'éducation par le rythme est bâti sur la musique, c'est que la musique est une force psychique considérable, une résultante de nos fonctions animiques et expressives qui, de par son pouvoir d'excitation et de régularisation, peut régler toutes nos fonctions vitales.

L'étude « *in actu* » des rythmes de la personnalité (quelle que soit du reste la méthode adoptée pour l'entreprendre) est plus qu'une méthode de pédagogie. La Rythmique, en effet, est une force analogue à l'électricité et aux grandes forces chimiques et physiques naturelles ; elle est une énergie, un agent radio-actif, radio-animique, qui a pour effet de nous restituer à nous-mêmes, de nous faire prendre conscience non seulement de nos forces, mais aussi des forces des autres, des forces de l'humanité. Elle nous oblige à nous pencher sur les profondeurs insondables de notre être énigmatique et changeant. Elle nous fait pressentir les secrets de l'éternel mystère qui régit la vie des hommes à travers les siècles, elle imprime à nos pensées un caractère de religiosité primitive qui les élève et qui relie entre eux le passé, le présent et l'avenir. Et par cela elle nous paraît appelée — dans un avenir bien lointain encore, et quand des esprits supérieurs auront collaboré en nombre suffisant à son expérimentation — à créer des relations plus étroites entre les régions cérébrales et nerveuses, à unifier toutes les forces vives de l'individu. Mais, désireux de me restreindre à mon rôle de pédagogue musical, je désire insister particulièrement ici sur le rôle strict qu'elle joue dans la formation de la personnalité *musicale,* indiquer la nature et la forme des exercices jusqu'aujourd'hui inventés, — puis établir succinctement les rapports existants entre cette éducation élémentaire et celle qui la suit immédiatement dans l'ordre des études musicales, celle des facultés auditives *(solfège)* et des capacités de création rapide *(improvisation).*

\* \* \*

L'étude du « MOUVEMENT » éveille : *l'organisme tout entier.*

L'étude du « RYTHME » éveille :

*Le sens rythmique corporel et le sens auditif (des rythmes),*

développe à l'aide d'une culture spéciale du système musculaire et des centres nerveux, les qualités de réceptivité puis d'expression des nuances de force et d'élasticité dans le temps et dans l'espace, — de concentration dans l'analyse et de spontanéité dans l'exécution des mouvements rythmés. Elle apprend aux élèves, à lire, noter, puis créer (intérieurement et extérieurement) les rythmes.

développe à l'aide d'une culture spéciale de l'oreille les qualités de réceptivité puis d'expression des nuances de force et de durée des sonorités, — d'appréciation rapide et réfléchie des sons, — de concentration et de spontanéité dans leur analyse et dans leur réalisation *vocale.* Elle apprend aux élèves à lire, noter puis créer (intérieurement et extérieurement) les rythmes sonores.

\*  \*  \*

L'étude du « SOLFÈGE » éveille :

*Le sens des degrés et des rapports d'élévation des sons (tonalités) et la faculté de reconnaissance de leurs timbres.*

Elle apprend aux élèves à entendre et à se représenter mentalement les mélodies et leurs contrepoints dans toutes les tonalités, les harmonies et leurs combinaisons de toute nature, à les déchiffrer et improviser vocalement, à les noter et composer.

\*  \*  \*

L'étude de « L'IMPROVISATION » au piano

combine les notions de rythmique et de solfège en vue de leur extériorisation musicale à l'aide du *toucher,* éveille le sens tactilo-motile, et apprend aux élèves à traduire sur l'instrument les pensées musicales mélodisées, harmonisées et rythmées.

Voici les exercices propres à éduquer, selon ces principes, le corps, l'oreille et l'esprit.

## RYTHMIQUE

1° *Exercices de décontraction musculaire et de respiration.*

L'élève apprend à réduire au minimum l'activité musculaire de chaque membre, puis à en graduer les dynamismes. Couché sur le dos, il décontracte son corps tout entier et fixe uniquement son attention sur l'*acte respiratoire*, en toutes ses formes, puis sur la contraction d'un seul membre. On lui enseigne ensuite à contracter simultanément deux membres ou davantage ou à opposer la contraction d'un membre à la décontraction d'un autre. Cette étude de la décontraction est à la base de tous les exercices de la méthode. Elle permet à l'enfant de se rendre compte, sous la forme de jeu, des résistances musculaires et d'éliminer les inutiles. Les exercices de respiration s'associent à ceux d'innervation et s'effectuent dans toutes les positions.

2° *Division et accentuation métrique.*

L'enfant apprend à différencier les diverses mesures en marchant les temps et en accentuant chaque premier temps de la mesure par un frappé du pied contre le sol. Des gestes des bras accompagnent chaque pas et, sur le premier temps, les bras doivent accentuer fortement, grâce à une complète contraction musculaire. Sur les temps faibles les pas et les gestes doivent être exécutés avec le minimum d'effort musculaire. — Puis sur des commandements inopinés, à l'ouïe d'un « hop » énergique, l'enfant doit pouvoir empêcher brusquement un bras de se contracter ou un pied de frapper le sol. Ou encore ce même « hop » l'oblige à frapper subitement du pied, sans hâte comme sans retard, ou à contracter le bras, ou à substituer un mouvement de bras à un mouvement des pieds. Il est excessivement difficile d'isoler les mouvements des jambes et ceux des bras et ce n'est que grâce à des exercices répétés que l'on peut arriver à créer des automatismes distincts.

3° *Mémorisation métrique.*

Après que les *hop* ont déterminé chez l'élève des mouvements spéciaux, il faut qu'il se souvienne de ces mouvements et de l'ordre dans lequel ils ont été exécutés. Ces exercices constituent par conséquent une analyse et une application consciente et raisonnée des mouvements inconscients. L'élève doit avoir éprouvé le mouvement avant de l'expliquer et avant de le noter.

4° *Conception rapide de la mesure par la vue et par l'oreille.*

Une fois que l'élève sait exécuter les mouvements dans un certain ordre et substituer, au commandement hop, certains mouvements à d'autres, il devient capable de se passer de commandements spéciaux. Ceux-ci seront remplacés par des images auditives et visuelles, représentatives de ses sensations. On joue à l'enfant des séries de mesures et son oreille lui dicte les mouvements réalisateurs, — ou encore la vue de ces mouvements effectués par d'autres ou notés sur la planche noire, provoque chez lui leur réalisation immédiate par imitation directe.

5° *Conception des rythmes par le sens musculaire.*

Le corps possède un certain nombre de rythmes naturels qui se manifestent spontanément dans un certain temps et avec une certaine énergie, selon les tempéraments.

La perception des degrés de *tension musculaire* s'accompagne de celle des variations de durée. Elle est renforcée par la sensation de la plus ou moins grande amplitude du mouvement dans l'*espace*. Cette amplitude dépend du plus ou moins haut degré de résistance des muscles antagonistes. Grâce à toute une série d'expériences graduées, l'enfant parvient facilement à employer, pour remplir des durées courtes, d'autres mécanismes musculaires que pour les durées longues, — à mesurer les durées d'après les sensations de tension et d'extension des muscles et de déploiement et repliement des membres dans l'espace, — à établir des rapports entre les divers dynamismes corporels et à se servir de la mesure de l'espace pour contrôler la longueur de la durée et l'intensité des contractions. Le maître veille constamment à ce que l'ordination des mouvements ne compromette pas leur spontanéité et leur naturel.

6° *Développement de la volonté spontanée et des facultés d'inhibition.*

Le rythme musical consiste en mouvements et arrêts de mouvements. Les musiciens qui ont un rythme irrégulier sont ceux dont les muscles obéissent trop tard ou trop vite aux commandements cérébraux, qui perdent du temps à substituer un mouvement à un autre, qui ne savent s'arrêter à temps ou qui s'arrêtent trop hâtivement, parce qu'ils ignorent l'art de *préparer* l'arrêt ou le mouvement. Des exercices spéciaux apprennent aux enfants à s'arrêter brusquement ou lentement, à changer la marche en avant en une marche en arrière ou de côté, et vice-versa, — à sauter au commandement sans perdre la mesure, — à se coucher à terre dans un délai très bref, sans contraction inutile, — à se relever également avec le minimum d'efforts possible et sans perdre l'appréciation de la mesure.

7° *Exercices de concentration. Création de l'audition intérieure des rythmes.*

La pratique des mouvements corporels éveille dans le cerveau des images. Plus les sensations musculaires sont fortes, plus les images deviennent claires et précises et plus, par conséquent, le sentiment métrique et rythmique se développe normalement, car le sentiment naît de la sensation. L'élève qui sait marcher en mesure et selon certains rythmes n'a qu'à fermer les yeux pour se figurer qu'il continue à marcher métriquement et rythmiquement. Il continue à effectuer le mouvement en *pensée*. Si ses mouvements sont mous, ses représentations imaginatives du mouvement seront pareillement molles. La précision et le dynamisme bien réglé des automatismes musculaires sont une garantie de la précision des automatismes de la pensée et du développement des facultés imaginatives.

L'étude des arrêts de marche prépare à celle des *silences musicaux*. Ceux-ci, privés de mouvement, ne sont cependant pas privés de vie. L'étude de périodes coupées par des silences apprend aux élèves les lois du *phrasé musical*.

8° *Exercices d'équilibre corporel et pour assurer la continuité des mouvements.* L'étude de périodes coupées par des silences apprend aux élèves les lois du *phrasé musical.*

L'aisance des mouvements est assurée par leur équilibre. La conception des durées longues est renforcée par le sentiment de la stabilité des attitudes comme par l'assurance dans la continuité des mouvements. Cette continuité doit pouvoir être opérée dans toutes les nuances d'énergie musculaire et être interrompue facilement au commandement. La perception nette des continuités et de leurs interruptions assure celle de l'équilibre des périodes rythmiques et la conception de leurs divers moyens de construction, qui relèvent tous de la science des oppositions et contrastes.

9° *Exercices pour l'acquisition d'automatismes nombreux et pour leur combinaison et leur alternance* avec des actes de *volition spontanée.* Des actes musculaires souvent répétés finissent par se passer de contrôle du cerveau. Des réflexes nouveaux peuvent être créés et le « temps perdu » entre la conception du mouvement et sa réalisation peut être réduit à un strict minimum. La culture des automatismes doit être opérée dans toutes les nuances du temps. Le respect de ces nuances dépend de la perception des degrés d'énergie musculaire nécessaire à l'établissement des mouvements. Les automatismes doivent être facilement interrompus et remplacés par d'autres. Ils peuvent être combinés et harmonisés en différentes parties du corps. L'enfant devra aussi apprendre à combiner les automatismes des membres avec ceux de la parole et du chant. Les lois qui assurent la naturelle rythmisation des rythmes verbaux sont les mêmes que celles qui assurent l'équilibre des rythmes sonores, vocaux ou instrumentaux.

10° *Réalisation des durées musicales.*

Toutes les notes de longue durée sont formées par l'addition de notes de durée brève, reliées les unes aux autres, et c'est là la conception grecque de la durée. L'enfant habitué à réaliser les *noires* à l'aide de pas *en avant* devra décomposer les notes plus longues en des mouvements *sur place. La blanche* sera interprétée par un pas en avant suivi d'une flexion sur place, etc., etc. Quand l'élève aura acquis l'habitude de ces diverses décompositions, il ne les effectuera plus qu'en pensée et se contentera de faire un pas en avant, grâce à un mouvement continu de déplacement. Celui-ci aura exactement la durée qu'il doit avoir, car l'esprit continuera instinctivement le travail de décomposition.

11° *Division des durées métriques.*

Les exercices de décomposition des notes de longue durée sont repris mais en processus contraire (conception moderne de la durée). Chaque noire doit être, au commandement, divisée en deux pas plus courts (duolet), trois pas (triolet), quatre pas (quadriolet), etc. Cette division doit naturellement être facilitée par des conditions spéciales d'équilibre corporel et de transfert du poids du corps, — par une diminution d'activité des muscles antagonistes, et par la perception des rapports entre l'espace et la durée. Dans l'exécution de la *syncope par anticipation*, le pas qui devait se faire à un certain moment et dans un certain temps est remplacé par un pas plus court effectué un demi-temps plus tôt, la seconde moitié du temps étant remplie par une flexion. Dans l'exécution de la *syncope par retard*, le pas est prolongé d'un demi-temps, et le mouvement en avant remplacé par une flexion. C'est là l'exercice le plus difficile de la méthode. Des personnes même apparemment très musiciennes ne peuvent l'exécuter facilement qu'au bout de plusieurs mois d'études. Une fois que les élèves le peuvent exécuter sans peine, l'on peut considérer qu'ils ont acquis une souplesse rythmique élémentaire suffisante pour l'acquisition du sentiment des nuances d'ordre pathétique. Les enfants ont généralement moins de peine à acquérir cette souplesse que les adultes.

12° *Réalisation corporelle immédiate d'un rythme musical.*

Il s'agit là de la représentation spontanée des durées et dynamismes musicaux par des actes musculaires et respiratoires transposant immédiatement les rythmes sonores en rythmes plastiques. L'exactitude et la promptitude des réalisations dépendent de l'utilisation des automatismes corporels acquis et du développement des facultés de concentration psychique. L'esprit n'a pas le temps d'enregistrer tous les éléments des rythmes musicaux : le corps les réalise avant même que le cerveau en ait perçu nettement l'image. C'est là un phénomène identique à celui de la réalisation verbale. L'on répète un mot entendu sans analyser la formation de ce mot. Ce n'est qu'après l'avoir entendu résonner en pensée que l'on en écrit toutes les lettres.

Une fois les réalisations corporelles des rythmes musicaux devenues relativement faciles, l'on développe les facultés de concentration de l'élève en le forçant, pendant qu'il réalise un rythme entendu, à en écouter un autre. Pendant l'exécution d'un automatisme, un autre automatisme se prépare. Pendant que le corps est encore dans le passé, l'esprit prépare l'avenir.

13° *Exercices pour la dissociation des mouvements.*

Voici les études préparatoires à l'exécution des nuances dynamiques. De même qu'au piano une main doit parfois jouer *forte* et l'autre *piano*, de même la bonne réalisation plastique des rythmes musicaux vitalisés demande-t-elle des nuances contraires d'innervation musculaire dans les différents membres. Des exercices spéciaux enseignent aux élèves à contracter tel muscle d'un bras, tandis que le même muscle dans l'autre bras reste décontracté. D'autres exercices leur montrent comme on peut arriver à faire diviser le temps d'une certaine façon par un membre et d'une autre par un membre différent, par exemple à exécuter dans un temps donné trois mouvements égaux avec les pieds et deux, quatre ou cinq avec les bras. Davantage encore que les autres, ces exercices contribuent à développer la concentration de la pensée.

14° *Etude des interruptions et arrêts de mouvement.*

Equilibre et ponctuation des périodes et phrases du « discours corporel », selon les lois du phrasé musical. — Les oppositions et les contrastes. — Etude de l'anacrouse. — Les divers modes de respiration. — Les divers modes d'arrêt et d'interruption de la marche et du geste.

15° *Double et triple vitesse et lenteur des mouvements.*

Ces exercices constituent une préparation corporelle aux procédés musicaux de développement d'un thème, que l'on appelle « *l'augmentation* » et la « *diminution* ». Il est à remarquer que dans la fugue les compositeurs ne font jamais que doubler ou quadrupler la vitesse ou la lenteur de leur thème. Un élément très neuf de développement rythmique est constitué par le fait de tripler la vitesse ou la lenteur d'un rythme binaire.

16° *Contrepoint plastique* et

17° *Polyrythmie.*

Ces exercices sont de simples transpositions dans le domaine corporel d'exercices courants de technique musicale. L'avantage de ces transpositions est qu'elles habituent l'organisme à ressentir simultanément des impressions d'ordres différents. Il n'est pas difficile d'imaginer des contrepoints de toutes les espèces. Ce qui est intéressant et utile c'est de les ressentir, de les vivre organiquement. La polyrythmie est rendue facile grâce à la culture des automatismes. Un bras exécute automatiquement un rythme tandis que l'esprit contrôle la réalisation d'un autre rythme par un autre membre.

18° *Accentuations pathétiques.* — *Nuances dynamiques et agogiques. (L'expression musicale.)*

Tous les exercices précédents ont pour but de développer le sentiment de la mesure et du rythme. Les exercices suivants ont pour but d'éveiller le tempérament des élèves, d'inciter leur corps à vibrer à l'unisson de la musique entendue. Ils fixent les divers degrés d'amplitude des mouvements, les *crescendi* d'innervation et les *decrescendi*; ils enseignent au corps à passer rapidement d'une nuance expressive à une autre; ils cherchent à éveiller la musique personnelle des diverses individualités, à établir des voies de communication rapides entre les organes d'audition et l'appareil moteur, grâce à un essai d'harmonisation parfaite du système nerveux, éduqué à entrer rapidement en vibration et à entrer dans le calme dès que c'est nécessaire. En un mot, ils cherchent à établir des rapports immédiats entre la musique extérieure et celle qui chante en chacun de nous, et qui n'est que l'écho de nos rythmes indivi-duels, de nos chagrins et de nos joies, de nos vouloirs et de nos pouvoirs.

19° *Exercices de notation des rythmes.*

L'enfant apprend à noter immédiatement un rythme qu'il entend ou qu'il voit exécuter.

20° *Exercices d'improvisation* (culture des facultés imaginatives).

L'élève, sur le commandement du maître, doit improviser une série de mesures à 2, 3, 4, 5 ou 6 temps, etc.... inventer des rythmes en utilisant des éléments donnés, avec ou sans anacrouse, avec accents pathétiques, silences, syncopes, etc., des pério-des et des phrases, ainsi que des rythmes combinés.

21° *Direction de rythmes* (communication rapide à autrui, solistes ou groupes, des sensations et des sentiments individuels.

Etant donné un rythme que les élèves savent par cœur, un soliste doit le faire exécuter par l'ensemble de la classe, en indiquant à l'aide de gestes expressifs, des nuances agogiques ou dynamiques.

22° *Exécution de rythmes par plusieurs groupes d'élèves. (Initiation au phrasé musical.)*

Chaque période d'une phrase rythmique est réalisée par un groupe d'élèves. L'ensemble des groupes ponctue les divers épisodes du discours musical.

.    .    .    .    .    .    .    .    .    .    .    .    .    .    .    .    .    .    .

.    .    .    .    .    .    .    .    .    .    .    .    .    .    .    .    .    .    .

Il est bien entendu que tous ces exercices n'ont pas la prétention de transformer les élèves en artistes, — mais leur résultat certain, au bout d'un temps suffisant d'étu-des, est de les rendre conscients d'eux-mêmes, de donner à leur organisme la révéla-tion de ses nombreuses facultés motrices, et d'augmenter la somme des sensations vitales. L'art ne peut se passer de la connaissance de la vie. C'est en familiarisant l'enfant avec la vie, que l'on développera en lui l'amour de l'art et le désir de le pra-tiquer.

\* \* \*

## SOLFÈGE

Après une année d'exercices de rythmique, l'enfant passe dans les classes de sol-fège, tout en continuant la série des exercices décrits plus haut. Le maître les adapte à la voix et à l'oreille musicale et, après avoir développé en l'élève les facultés d'audition intérieure et de réalisation des *rythmes*, cherche à créer celles d'audition intérieure et de réalisation et création des *sonorités* rythmées.

### APPLICATION A L'ÉTUDE DU SOLFÈGE DES EXERCICES DE RYTHMIQUE.

1º *Contraction et décontraction des muscles du cou et des muscles respiratoires. Gymnastique pulmonaire rythmée.*

Étude des diverses attaques du son et de l'énonciation des consonnes; mouvements opposés des bras, des épaules et du diaphragme. Combinaison de l'attaque du son et de la mise en marche. Reconnaissance des diverses nuances d'intensité du son. Rapports de la respiration et de l'émission vocale. Etude des registres.

2º *Division et accentuation métrique.*

Différenciation des mesures à l'aide de l'accentuation vocale et labiale. Attaque du son dans un temps donné, avec ou sans commandement. Substitution rapide d'un mouvement corporel à une attaque de son, — d'une attaque avec une consonne à une attaque avec voyelle, etc.

3º *Mémorisation métrique.*

Le maître provoque par des « hop » une série d'attaques de sons régulièrement mesurés et accentués. L'élève retient leur nombre et leur accentuation et les répète.

4º *Conception rapide de la mesure par la vue et l'oreille.*

Etude des signes musicaux, de la portée et des clefs. Réalisation métrique par des mouvements respiratoires ou par des sons vocaux, de séries de notes mesurées, écrites sur la planche noire ou chantées par le maître.

5º *Perception de l'« élévation des sons chantés » à l'aide du sens dynamique musculaire.*

L'enfant apprend à différencier les sons vocaux d'après la sensation que lui font éprouver les divers degrés de tension des cordes vocales, et selon la localisation des vibrations sonores. Sa main, appuyée sur le haut de la poitrine, le cou, la mâchoire, les parois du nez, le front, lui permet, grâce aux différents modes de résonnance des vibrations, de contrôler l'élévation des notes émises. Etude des rapports entre l'intensité et l'élévation du son. Etude des tonalités majeures et mineures. Reconnaissance et imitation de notes choisies dans la gamme. Diverses rythmisations d'une série de notes. Lecture de mélodies.

6º *Application à la voix des exercices de volonté spontanée et inhibition.*

Substitution au commandement dans un rythme mélodisé, de la voix aux mouvements corporels, et vice-versa. Accentuation et ponctuation spontanées sur un signe du professeur. Arrêts subits et reprise du chant au commandement.

7º *Exercices de concentration. Création de l'audition intérieure des sonorités.*

L'enfant chante une mélodie ou une gamme. A « hop » il cesse de chanter et continue la mélodie ou la gamme en *pensée*. Audition des harmoniques d'un son. Reconnaissance du timbre d'une voix au milieu d'un groupe chantant ou parlant, etc.

8° *Association des mouvements corporels continus avec des sons vocaux soutenus. Leurs combinaisons avec des mouvements interrompus.*

9° *Exercices pour l'acquisition d'automatismes vocaux et leurs combinaisons, et alternance avec des actes vocaux de volition spontanée.*

L'enfant chante une gamme selon un certain rythme. Au commandement « hop » il continue la gamme sur un autre rythme.... Ou bien, chantant une série de tierces, quartes, etc., il chante un autre intervalle au commandement.... ou encore, chantant la gamme, il est obligé de sauter une ou plusieurs notes sur un signe du professeur, etc., etc.

10°, 11°, 12° *Application des exercices de rythmique aux réalisations vocales.* Chaînes de rythmes, c'est-à-dire imitation en canon, mesure par mesure, d'une mélodie chantée par le maître.... Etude des *silences*....

13° *Exercices de dissociation.*

L'élève chante f. f. tandis que le corps effectue des mouvements p. p.

| » | » | p. p. | » | » | » | » | » | » | f. f. |
| » | » | ≺ | » | » | » | » | » | » | ≻ |
| » | » | f. f. tandis qu'un membre se meut ≺ et un autre ≻ |
| » | » | p. p. | » | » | » | » | ≻ | » » | » | ≺ |
| » | » | ≺≻ | » | » | » | » | f. f. » | » | » | p. p. |
| » | » | 3 notes pendant que les bras ou pieds font 2, 4 ou 5 mouvements et vice-versa, etc., etc. |

14° *Etude des silences et du phrasé.*

Anacrouses. — Silences remplis par un chant intérieur. — Périodes et phrases. — Loi des contrastes et des oppositions. — Doubles phrasés.

15° *Double et triple vitesse et lenteur des mouvements.*

L'élève chantant une mélodie doit, au commandement « hop », effectuer la double vitesse ou lenteur d'une mesure (ou d'un temps). Les bras qui battent la mesure continuent à se mouvoir dans le premier tempo. Combinaison et opposition de double ou triple vitesse ou lenteur des sons, avec celle des membres.

16° et 17° *Polyrythmie et contrepoint plastique.*

L'élève chante un rythme tout en ne marchant que la seconde moitié de chaque durée, ou vice-versa. Il apprend à chanter une mélodie tout en effectuant un autre rythme à l'aide de mouvements corporels. Il réalise un canon en chantant la première voix, frappant dans les mains la deuxième (et en marchant la troisième). Il écoute un double rythme d'une mesure, chante d'abord la voix supérieure, puis l'inférieure. Il écoute une succession d'accords et reproduit chaque ligne vocale l'une après l'autre, etc., etc.

18º *Accentuation pathétique.* — *Nuances dynamiques et agogiques.* — *(L'expression musicale.)*

L'élève apprend à accentuer les notes importantes des rythmes, à accélérer et à ralentir, à faire des *crescendo* et des *decrescendo*, d'abord par instinct puis par analyse. Etude des relations entre l'élévation et l'accentuation des sons [1].

19º *Exercices de notation de mélodies, polyphonies et successions harmoniques.*

20º *Exercices d'improvisation vocale.*

L'élève recouvre d'un manteau mélodique un rythme donné. Il improvise des rythmes sur des successions de notes d'égale durée.

21º et 22º *Direction des rythmes.*

L'élève apprend une mélodie par cœur et la dirige devant un groupe d'élèves qui la nuancent selon les indications du dirigeant. — Idem pour des mélodies à plusieurs voix.

.    .    .    .    .    .    .    .    .    .    .    .    .    .    .    .

.    .    .    .    .    .    .    .    .    .    .    .    .    .    .    .

Comme on le voit, tous ces exercices de solfège correspondent, numéro par numéro, à ceux de rythmique. L'élève étudie en outre les diverses tonalités selon le système indiqué dans l'*essai de réforme de l'enseignement musical scolaire* (pages 35 et suiv.) et réalisé dans les trois volumes de solfège [1]. Puis il aborde l'étude de l'harmonie. Le contrôle de la marche des voix est assuré à la fois par son sens du mouvement, par les facultés de se concentrer, d'écouter et d'entendre, qu'a développées en lui la rythmique, et par le sens des dynamismes musculaires réglant les degrés d'élévation de la voix. Avant d'écrire les successions d'accords, il les sent résonner en lui. Connaissant les rapports de la mélodie avec le mouvement, il lui reste à connaître ceux du mouvement, de la mélodie et des harmonies. Il sera dès lors capable d'entreprendre les études d'

### IMPROVISATION AU PIANO

c'est à-dire de composition instrumentale rapide et spontanée.

Pour cette partie de l'enseignement musical qui est la synthèse de toutes les autres, l'élève aura besoin d'une technique digitale et manuelle particulière dont l'étude profitera comme celle du solfège, des expériences de la Rythmique. Les exercices cités

---

(1) Voir les règles de phrasé et d'accentuation dans les trois volumes intitulés : *Les gammes et les tonalités.* (Jobin & Cⁱᵉ, éditeurs, Lausanne.)

(2) *Les gammes et les tonalités, le Phrasé et les Nuances,* trois volumes parus chez Jobin & Cⁱᵉ, éditeurs, Lausanne.

plus haut seront par conséquent à adapter aux nouveaux besoins créés par la technique instrumentale. Celle-ci aura naturellement recours à des moyens spéciaux et universellement connus, sans lesquels il n'est pas possible d'acquérir une virtuosité parfaite. Mais il convient de faire observer ici que ce que les pianistes nomment « technique » est trop souvent confondu avec la simple « vélocité ». Les danseurs de l'ancienne école possèdent une vélocité extraordinaire, mais aucun équilibre dans les mouvements continus, aucun sentiment des nuances justes, du phrasé et des successions de gestes harmonieusement ordonnées — et cependant ils passent auprès des spectateurs et des critiques pour posséder une virtuosité transcendante, parce que pour ceux-ci aussi le mot virtuosité est synonyme de vélocité ! — De même en est-il trop souvent en ce qui concerne la virtuosité instrumentale, qui devient une spécialisation dans les mouvements rapides, et ne résulte pas de cette unité d'activités perceptives et réceptives, sensitives et analytiques qui, seule, peut assurer la perfection du style. Toute manifestation musicale doit se fonder sur des bases à la fois physiques et intellectuelles et affirmer l'inséparabilité du corps et de l'âme. Si la technique instrumentale résulte d'un simple travail mécanique des doigts, pourquoi ne pas remplacer tout bonnement ceux-ci par des machines plus perfectionnées ? Pour nous la technique idéale ne peut être produite que grâce à une collaboration incessante des doigts et du cerveau, assurant celle des sensations et des sentiments. Les qualités du technicien musical ne sont pas seulement l'agilité et la force, le panache, la science des effets décoratifs, — mais aussi la diversité des touchers dans la lenteur comme dans la vitesse, dans le *trait* aussi bien que dans la phrase mélodique, l'équilibre des effets dynamiques, l'art de « respirer » c'est-à-dire d'établir des contrastes bien ordonnés, et l'art aussi d'adapter à son tempérament les effets dictés aux compositeurs par leur propre personnalité [1]. Je ne connais que peu de pianistes qui sachent considérer le *trait* comme une simple accélération de vitesse dans l'espace musical des idées et des sentiments, et qui consentent à ne pas isoler la ligne particulière de ce trait, de cet ensemble de lignes diverses opposées ou convergeantes, qui constitue l'architecture sonore.

Avant même de s'asseoir au piano, l'élève doit être en possession du mécanisme musculaire nécessaire à l'étude de l'instrument, du moins en ce qui concerne la pratique de la préparation et de l'arrêt des mouvements, la connaissance des combinaisons de synergie et antagonisme musculaires. Il doit en outre être familiarisé avec les éléments primaires du solfège et posséder des moyens auditifs suffisants pour lui per-

---

A citer le remarquable ouvrage de Mᵐᵉ Blanche Selva, sur la *Technique du piano*, dans lequel se trouvent réunies les plus intéressantes remarques sur la physiologie des mouvements pianistiques. Les exercices de la méthode Selva comme un grand nombre de ceux des méthodes Leschetizky, Philipp et Matthey, sont basés sur une observation directe des rythmes naturels de la main et du bras.

mettre de comparer mentalement les sons qu'il voit notés avec ceux qu'il va émettre sur l'instrument. La liste des exercices suivants est conforme aux deux listes ci-dessus indiquées et avec lesquelles le lecteur voudra bien la comparer. Il va sans dire qu'elle ne renferme pas les exercices usuels d'harmonisation et de contrepoint dont la pratique est indispensable au pianiste improvisateur, il ne manque pas en effet de bonnes méthodes d'harmonie dont l'étude sera poussée parallèlement à celle de nos exercices particuliers.

## APPLICATION A L'ÉTUDE DE L'IMPROVISATION AU PIANO
## DES EXERCICES DE RYTHMIQUE ET DE SOLFÈGE

1º *Exercices de contraction et décontraction musculaire.*

Etude des divers mécanismes brachiaux; attaque du son, grâce à différents points de départ du mouvement dans le bras, l'avant-bras et la main. Etude des articulations de l'épaule, de l'avant-bras, du poignet et des doigts en mouvements associés et *dissociés*. (Articulations isolées, articulations combinées) articulations diverses des doigts, phalangette, doigt à plat, doigt vertical; — poignet haut, poignet bas, etc.) Mouvements dissociés verticaux et horizontaux, *legato, staccato.* Technique de la pédale.

2º *Division et accentuation métrique.*

Etude des gammes avec accentuations régulières et temps égaux (duolets, triolets, quadriolets, quintolets, etc.), dans tous les tons et tempi. Idem pour les arpèges et les successions d'accords. — Accentuations régulières en temps inégaux. (Alternance de duolets et triolets, quadriolets et sextolets, etc.). — Accentuations irrégulières et pathétiques, à *hop.* — Application de tous ces exercices à des formules rythmiques différentes.

3º *Mémorisation métrique.*

L'élève joue des gammes en des successions d'accords non spécialement accentués. Les *hop,* du maître provoquent une série d'attaques de sons régulièrement ou irrégulièrement mesurés et accentués. L'élève retient leur nombre et leur accentuation et les répète (sans *hop*).

4º *Conception rapide de la mesure par la vue et l'oreille.*

Le maître joue lentement, à un second piano, des gammes différemment mesurées ou rythmées. L'élève imite immédiatement (son exécution syncope celle du maître) les rythmes et les accentuations, remarque la répétition des accents, puis reproduit ceux-ci de mémoire. Idem pour des successions d'accords. — L'élève rythme et mesure des accords ou des mélodies selon des rythmes écrits sur la planche noire.

5° *Étude des rythmes dans l'espace à l'aide du sens musculaire.*

L'élève, les yeux fermés, lance ses bras dans les différents points d'espace du clavier, et mesure la distance qui sépare ces points, d'après la plus ou moins grande
amplitude des mouvements et les natures diverses des sensations musculaires que
ceux-ci provoquent. Pendant le jeu d'une gamme, le *hop* du maître provoque un saut
d'octave, de deux octaves, ou simplement d'une tierce ou d'une quinte.

6° *Application au jeu de piano des exercices de volonté spontanée et d'inhibition.*

Les *hop* du maître provoquent des arrêts et des reprises du jeu, des changements
de rythme, des changements de tonalités, des attaques de tel ou tel accord, des transpositions, des variations d'allure, des alternances de nuances, etc., etc.

7° *Exercices de concentration. Audition intérieure.*

Étant donné une succession d'accords, s'arrêter pour entendre intérieurement
l'accord que l'on s'empêche de jouer. — Ne jouer que trois voix d'un choral à quatre
voix, et suivre intérieurement le chant de la quatrième voix, etc.

8° *Associations de mouvements de la main et de mouvements vocaux.*

L'élève chante une mélodie continue qu'il accompagne d'accords ou de gammes,
ou vice-versa.

9° *Exercices pour l'acquisition d'automatismes nombreux et pour leur combinaison
et leur alternance avec des actes de volition spontanée.*

L'élève exécute un rythme obstiné en ne s'occupant que de sa mélodisation et
de son harmonisation. A *hop*, il doit inventer un rythme d'allure différente. Ou vice
versa. — Le *hop* déclanche une modulation en même temps qu'un changement de
rythme, ou un changement de rythme à une seule des mains, etc. — La voix suit la
mélodie jouée par le piano; à *hop*, elle lui oppose subitement une autre mélodie, ou
un autre rythme. — Le *hop* déclanche des changements de mesure, des suppressions
ou adjonctions de temps ou de fragments de rythmes, etc., etc.

10°, 11°, 12° *Application des exercices de rythmique aux réalisations pianistiques.*

Étude des nuances agogiques, *accelerando* et *ritardando* mathématiques, — étude
des syncopes par retard et anticipation, étude des subdivisions de la durée, etc., etc.

13° *Exercices de dissociation des mouvements.*

| | | | |
|---|---|---|---|
| Rythmes différents | aux deux mains | | |
| Dynamismes différents | » | » | » |
| Mesures différentes | » | » | » |
| Nuances » | » | » | » |
| Phrasés différents | » | » | » |
| Touchers » | » | » | » |

14° *Etude des silences et du phrasé.*

Périodes et phrases, divers modes de silences, anacrouses. Lois des contrastes et oppositions.

15° *Double et triple vitesse et lenteur des mouvements.*

L'élève joue des gammes ou des successions d'accords et, à *hop*, en double et triple la vitesse ou la lenteur. « Augmentation » et « diminution » agogiques de rythmes donnés. Combinaisons de doubles lenteur et de double vitesse, de triple vitesse et double vitesse, etc., etc.

16° et 17° *Contrepoint plastique et Polyrythmie.*

La main gauche de l'élève joue une note ou un accord sur la seconde moitié de la durée exécutée par la main droite. Et vice-versa. — Puis contrepoint en duolets, triolets, quadriolets, etc.... Rythmes différents aux deux mains, durées opposées aux deux mains, exercices en canon. — Etude des diverses espèces de contrepoint, — contrepoint pianistique de thèmes vocaux, et vice-versa. — Polydynamique.

18° *Accentuations pathétiques. — Nuances. — Lois de l'expression.*

Etude des rapports entre l'harmonie et le rythme [1], entre les accords et les accentuations, entre l'agogique, la dynamique, le sens tactile et le sens auditif. — Du rôle de la modulation dans le développement de thèmes musicaux et dans l'expression de pathétismes spontanés.

19° et 20° *Notation et improvisation de rythmes.*

L'élève improvise au piano une mesure puis la note en basse chiffrée. — Improvisation au piano d'accompagnements rythmés à des mélodies chantées. — Invention de mélodies rythmées sur des accompagnements harmoniques également mesurés.

21° *Direction de rythmes.*

L'élève improvise librement au piano sous la direction du maître, ou d'un autre élève, battant la mesure et indiquant des nuances dynamiques et agogiques.

22° *Improvisation à deux pianos (ou à quatre mains).*

Deux élèves improvisent alternativement des périodes ou des phrases.

. . . . . . . . . . . . . .

\* \* \*

L'étude comparative des trois modes d'exercices ci-dessus proposés suffit à établir la nécessité d'une étude consciencieuse des rapports élémentaires entre les trois branches principales de l'enseignement musical. Il est significatif qu'aucun traité

(1) Voir la 5^me partie de la méthode : *L'improvisation et l'accompagnement au piano*, chez Jobin & C^ie. Lausanne (en préparation).

d'harmonie ou de composition n'ait indiqué jusqu'aujourd'hui l'influence de la rythmique et de la dynamique sur la mélodie et l'harmonie, et réciproquement. En réalité l'éducation musicale d'aujourd'hui n'établit aucune corrélation entre les divers éléments de la musique, et traite chacun d'eux d'une façon isolée et spécialisée. Et c'est dans le sens de leur harmonisation générale que doivent travailler les éducateurs musicaux de demain.

# VII

# LA RYTHMIQUE ET LA COMPOSITION MUSICALE

## (1915)

*Le rythme dans la nature. — Théorie du musicien-né. — Expériences sur le rythme musical. — Les contrastes du mouvement et de ses arrêts, de la sonorité et du silence. — Nouveau mode de notation des durées. — Les mesures inégales. — Décomposition des éléments d'un rythme. — L'activité rythmée, ses dissociations et ses oppositions. — Les périodes musicales et l'art de phraser. — Les lois et les effets émotifs du silence. — Les nuances agogiques. — Double et triple vitesse, ou lenteur des mouvements. — Le style rubato. — Le respect du sens de la durée. — Nouvelle éducation et nouveau style.*

Ne vous est-il pas arrivé, aux beaux jours d'été, de vous coucher sur le gazon, de regarder au-dessus de vous les arbres frémissants de vie, plus haut les nuages sillonnant l'azur et d'ouïr les brises qui agitent les feuilles et les branches, et font onduler les blés ? Tout d'abord, c'est un grand mouvement collectif, une vaste harmonie de sons et de rythmes dont l'ensemble vous est révélé,.... puis peu à peu l'œil et l'oreille distinguent les détails de la symphonie et découvrent dans cet ensemble harmonieux toute une polyrythmie d'une incomparable richesse. Chaque grand rythme se décompose en de nombreux groupes distincts de rythmes secondaires, s'oppose ou s'associe à d'autres mouvements de nature différente, et varie indéfiniment d'aspect selon l'impulsion plus ou moins puissante du vent qui le fait naître et lui communique sa vie multiple, aux infinis contrastes de vitesse et de lenteur, d'impulsion énergique et d'apaisement. La nature éternellement mouvementée vibre à la fois en mesure et sans mesure. Le grand rythme universel est fait de la rencontre synchronique de milliers de rythmes incroyablement divers dont chacun possède sa propre vie. Il est impossible de voir et d'entendre cette polyrythmie sans se demander avec étonnement comment il est possible que les rythmes divers de la nature qui inspirent à un si grand degré le peintre, laissent le musicien si souvent insensible. La musique est

pourtant faite à la fois de rythme et de sonorité. Comment se fait-il que depuis Beethoven nos musiciens n'aient cherché le progrès que dans l'harmonie et le timbre et que les
mouvements de la sonorité soient traités aujourd'hui avec moins de maîtrise que du
temps des grands Flamands ou de Jean Sébastien Bach ? L'oreille est cependant susceptible d'apprécier non seulement la variété des timbres et des nuances d'intensité
et d'élévation des sons, mais encore celle des nuances multiples de la durée ! Les peuples primitifs sont, dans le domaine de la polyrythmie, extraordinairement plus ingénieux et plus originaux que nous. Ne vaut-il pas la peine pour un musicien de vouer
autant de temps à l'étude de l'agogique et de la dynamique qu'à celle de la mélodie
et de l'harmonie ? Et les expériences faites par des musiciens spécialement captivés
par la vie des mouvements sonores ne sont-elles pas de nature à intéresser leurs confrères ?

Il paraît que non, puisque tant de professeurs de musique trouvent les essais
d'éducation « par le rythme » inutiles ou exagérés. Il vaudrait la peine de discuter
avec eux pour essayer de les convertir mais la vie est courte, mieux vaut agir et créer
que de parloter et de discuter. Je puis comprendre que certaines personnalités n'admettent pas en musique l'équivalence du rythme et de la sonorité, mais il me semble
tout de même qu'un musicien entrant dans une salle de machines en plein mouvement
n'est pas un vrai musicien s'il ne se sent pas transporté d'admiration à l'ouïe de la
fabuleuse symphonie que crée la magie des rythmes combinés et dissociés, et s'il ne
se met immédiatement à l'œuvre pour tenter de rechercher avidement et de surprendre les secrets de la vie mouvementée et frémissante qui anime à la fois la nature,
l'homme et son œuvre.

*  *  *

Il existe une théorie du musicien-né, en vertu de laquelle les études musicales
ne pourraient avoir aucune influence sur le *tempérament*. Et c'est pourquoi, disent
certains augures, les études de Rythmique ne sauraient rendre de services directs à
l'art musical, puisque, d'une part, elles ne sont d'aucune utilité pour le musicien-né,
et que, de l'autre, le musicien auquel la nature a refusé le tempérament ne saurait
jamais en acquérir un ! — Cette théorie qui est celle de beaucoup de musiciens ne sou-
tient pas la discussion. La Rythmique révèle au musicien-né une foule de ressources
d'ordre subconscient qu'il ne saurait acquérir sans elle qu'au bout de longues années
de pénibles recherches et d'expériences personnelles répétées. D'autre part, seule
entre tous les systèmes d'éducation musicale, la Rythmique est en état de ressusciter
des tempéraments endormis ou agonisants, de provoquer dans l'organisme les luttes

nécessaires à l'établissement de l'ordre et de l'équilibre des résistances, et de faire jaillir de l'inconscient, — grâce à l'harmonisation des centres cérébraux et moteurs, et grâce à la canalisation des forces nerveuses, — des sources insoupçonnées de vitalité créatrice et artistique.

Il est impossible pour un musicien spécialiste de juger la Rythmique d'après le *spectacle* d'une démonstration publique. En effet, le travail intime d'analyse et de technique du rythme ne peut être apprécié que dans les leçons, et même uniquement par quelqu'un qui l'expérimente lui-même et y livre complètement son corps et sa pensée. — La démonstration publique ne révèle au public que les résultats obtenus et non les difficultés énormes que rencontrent le corps et l'esprit à lutter contre les résistances nerveuses, et à exécuter calmement et avec concentration leur travail rythmé. Les mouvements effectués avec aisance donnent toujours une impression de grâce; c'est pourquoi tant de personnes non perspicaces confondent la Rythmique avec la danse.

Mais, outre son action générale sur l'organisme tout entier, la Rythmique exerce encore une action certaine sur l'art musical lui-même, une action qui, sans doute, n'aura de portée définie que lorsque des esprits créateurs de tous genres se seront assimilé les principes du système, auront continué les expériences présentes et en auront tenté de nouvelles. — Mais quinze ans de recherches assidues ont cependant accumulé un nombre suffisant de preuves de la puissance de création artistique — au point de vue strictement musical — que la méthode contient en germe, pour que les principales de ces expériences puissent être publiées. Il faudrait évidemment un livre entier pour exposer clairement le processus de ces expériences, l'enchaînement et l'association des raisonnements qu'elles font naître, et il est à redouter que, succintement exposées, certaines de nos assertions ne soient appréciées par un grand nombre de lecteurs que comme de plaisants paradoxes. Il semble cependant impossible que quelques-unes de nos idées ne soient pas, en leur essence, immédiatement comprises par quelques esprits plus spécialement entraînés, et c'est à eux que sont dédiées ces suggestions dont, seul, le temps pourra révéler l'enchaînement logique.

*  *  *

La rythmique n'est dans aucune méthode traitée avec le même souci pédagogique que les autres branches de l'enseignement musical. Berlioz, en un chapitre trop peu connu, s'étonne qu'il n'existe dans les Conservatoires aucune classe spéciale de rythmique et indique les nombreuses recherches qu'il conviendrait de faire et les études approfondies auxquelles devrait se livrer le musicien, en ce domaine totalement

inexploré du mouvement et du dynamisme musical. Il oublie toutefois en son intéressant exposé de *situer* le rythme musical, et d'indiquer nettement le rôle qu'il joue
dans l'œuvre musicale. Or, — de même qu'il n'est possible de juger une œuvre d'architecture, que par rapport à l'espace où sont élevées les constructions architecturales,
— de même aussi ne peut-on juger les rythmes de la musique que par rapport à l'atmosphère on lequel ils se meuvent *Or le rythme musical ne peut être jugé que par rapport au silence et à l'immobilité.* Étudier les conditions du silence, c'est faire naître
spontanément la nécessité, — d'ordre esthétique et humain, — de lui donner un
*contrepoids naturel,* celui de la sonorité qui le rompt et en fait apprécier l'immense
valeur réparatrice et par conséquent émotive. La rythmique musicale est l'art d'établir l'équilibre entre le mouvement sonore et le silence statique, d'opposer l'un à l'autre, de préparer l'un par l'autre selon les lois de contraste et de contrepoids qui font
naître et qui établissent le style; selon les nuances de durée et de dynamisme qui
constituent l'individualité, et les nuances de timbre, d'intensité et d'acuité du son
qui créent dans l'art musical, cet élément supérieur, d'ordre mystique et impersonnel,
qui relie la nature à l'individu. — Le silence musical n'est qu'une simple interruption
de la vie sonore, ou encore la transposition dans le domaine auditif interne de phénomènes d'audition extérieure [1]. Malheureusement l'ambition de la plupart des musiques d'aujourd'hui est d'anéantir le silence sous la sonorité, et une régénération de
l'art musical dépend du rôle supérieur que les hommes de génie de demain feront jouer
au silence dans l'architecture des rythmes. En outre, l'art de nuancer *la durée* est encore
à l'état embryonnaire aujourd'hui, et cependant une source inépuisable d'émotions
nouvelles est prête à jaillir le jour où l'expression des émotions humaines à l'aide de la
musique, ne sera pas limitée à l'emploi des nuances harmoniques, contrapuntiques,
et orchestrales, mais s'enrichira de toutes les ressources émotives nouvelles que lui
apportera le concours des nuances des durées sonores. Tout art ne vit que de contrastes. Un *accelerando* et un *ritardando* ne deviennent vivants que s'ils forment un contraste perceptible avec le *tempo* normal. Les nuances du temps ont une influence irrésistible et fatale sur la mélodie et sur l'harmonie. Et l'harmonie musicale est en état
de s'enrichir en proportion directe de l'attention que voueront les musiciens des générations prochaines aux variations agogiques et dynamiques, — et d'autre part aux
influences directes des émotions humaines sur la durée des sons, des temps et des mesures, sur leurs rapports réciproques et leurs contrastes avec la sérénité implacable
et supérieure du silence.

* * *

[1] Le silence, privé de mouvement, n'est cependant pas privé de vie, voir chap. VI, page 80.

### Nouvelle notation des durées musicales.

Avant d'établir les rapports des durées du temps, il convient de fixer quelques formes extérieures de notation des durées musicales. Les longues durées dans les mesures composées ont toujours, jusqu'à présent, été notées à l'aide de la liaison de deux ou plusieurs notes de durée simple (par ex. 9/8 ‖ ♩. ♪, ou 15/8 ‖ ♩. ♪.). Dès que l'on emploie en musique des mesures à 5, 7 et 8 temps, des temps inégaux ou des rythmes dans lesquels des nuances agogiques d'une nature subtile et fine sont obtenues par la succession de durées différentes et variées — nous sentons la nécessité absolue de perfectionner notre système de notation musicale afin de n'avoir besoin de recourir qu'à un seul signe pour pouvoir noter toutes les gradations de la durée. Voici le signe proposé :

*Si un point après une note (♩.) la prolonge de la moitié de sa durée, deux points l'un sur l'autre (♩:) la prolongeront du quart de sa valeur, et trois points l'un sur l'autre (♩⦂) du huitième de sa valeur.*

*Voir l'exemple n° 1 du supplément* [1].

\* \* \*

### Les indications de mesure.

Préconisons en outre un nouveau mode d'indiquer la mesure au début des morceaux de musique, ou ses changements au cours de leur développement. En effet, dans un grand nombre de cas, les indications actuelles manquent de clarté et d'unité. Lorsque nous écrivons l'indication de mesure 3/4, le chiffre 3 désigne le *nombre* de temps, et le chiffre 4 la *durée* de chaque temps. Mais si nous écrivons 6/8, le chiffre 6 au lieu d'indiquer le nombre de temps indique leur subdivision, etc., etc. Il serait très préférable de se servir du *premier* nombre pour indiquer constamment la *quantité* des temps et de désigner leur *durée* par le signe musical qui la représente.

*Voir l'exemple n° 2 du supplément.*

\* \* \*

### Les mesures alternées.

Il n'est pas besoin d'insister sur les mesures régulières usitées partout et en tout temps. Abordons tout de suite le sujet des mesures alternées. — Dans la plupart des chansons populaires, la mélodie est mesurée d'une façon inégale. Seules les œuvres musicales stylisées et de style classique sont, depuis deux à trois siècles, coupées en mesures

---

(1) Pour des raisons d'ordre technique, les exemples se trouvent reportés à la fin du volume.

régulières. — Il n'est pas dans notre pensée, de chercher à combattre la régularité classique des mesures, mais, comme toute inégalité dans une œuvre artistique est le résultat d'une émotion, il semble que l'alternance de mesures irrégulières devrait être le sujet d'analyses spéciales de la part de tout musicien. Voici très brièvement exposées, les diverses causes d'ordre émotif et sensitif, qui peuvent légitimer l'emploi exceptionnel de mesures irrégulières, dans la musique la plus architecturale.

*Voir l'exemple nº 3 du supplément.*

\* \* \*

**La métrique et l'harmonisation.**

Tout changement de mesure ou de rythme amène forcément des modifications dans l'harmonisation. La métrique et l'harmonie s'influencent mutuellement, et telle succession de notes scandées de trois en trois demande une autre harmonisation que celle qu'imposerait une scansion de quatre en quatre. Les mêmes sons jouent tantôt le rôle de notes intégrantes de l'harmonie, tantôt celui de notes étrangères. Et ces variations d'harmonisation, indépendantes de la mesure, constituent pour l'élève d'harmonie un excellent exercice.

*Voir l'exemple nº 4 du supplément.*

\* \* \*

**L'anacrouse et le phrasé.**

L'unité d'une phrase musicale dépend non pas uniquement de la carrure de sa mélodie, mais d'un emploi stylisé de chacun des éléments de son rythme. Si l'on analyse de près une œuvre classique, l'on s'aperçoit que l'impression d'ordre qu'elle dégage, provient de ce que les éléments d'ordre étranger au rythme de la pensée génératrice, issue d'une émotion générale, n'interviennent jamais que comme contrastes au rythme élémentaire qui donne le mouvement au thème initial.

Mathys Lussy, qui un des tout premiers a établi les lois fondamentales de la physiologie du rythme, — Mathys Lussy a écrit un livre définitif sur l'anacrouse, que chaque musicien a lu ou devrait lire [1]. Il n'est donc pas nécessaire d'insister ici sur le rôle que joue l'anacrouse dans le phrasé musical. L'analyse suivante des éléments constitutifs d'un rythme très simple indique les *modifications* profondes qu'apporte l'anacrouse à l'aspect plastique d'un rythme et à son influence sur la sonorité de ce rythme.

*Voir l'exemple nº 5 du supplément.*
\* \* \*

[1] *L'anacrouse*, par MATHIS LUSSY, chez Heugel, éditeur, 2 bis rue Vivienne, Paris.

### Les contrastes d'activité et de repos.

Maintenant que sont déterminés les rapports et les combinaisons des divers éléments d'un rythme, il nous reste à montrer comment, par la répétition d'un rythme, avec des alternatives de silences, — des contrastes d'activité et de repos, — et des oppositions de rythmes divers, l'on arrive à construire logiquement des phrases musicales.

Tout l'art est basé sur des contrastes, sur des oppositions. L'art pictural est fait de contrastes d'ombre et de lumière, d'oppositions ou de nuances de couleurs. L'art architectural est fait de contrastes de lignes et de matières plastiques. En musique, le simple développement d'éléments rythmiques primordiaux produit l'impression de monotonie. Après toute activité, notre nature humaine a besoin de se ressaisir, de se reposer ou de changer la nature de son mouvement. Etudier la nature des contrastes, les nuances de l'activité et de ses oppositions, les nuances de ses manifestations équilibrées, l'harmonie des oppositions de manifestations motrices de l'individu, sous l'influence des sentiments et des sensations, — ce n'est pas autre chose que de surprendre les secrets de la vie sensitive et sentimentale.

Les exemples suivants ne donnent qu'une idée approximative des innombrables possibilités de créer des contrastes et des oppositions, qui existent dans la musique. Au lecteur musicien de trouver lui-même des exemples nouveaux d'après ces indications générales.

*Voir l'exemple n° 6 du supplément.*

\* \* \*

Nous avons établi les règles fondamentales d'après lesquelles il est possible d'établir l'équilibre entre les divers éléments d'un rythme, — entre un rythme, ses répétitions et les contrastes de silences ou de contre-activités. Il nous reste à décrire les conséquences de notre système en ce qui constitue l'introduction dans l'ordre établi par la logique, d'éléments d'ordre dynamique et agogique, directement produits par l'émotion spontanée et créant la vie individuelle dans l'ordre social et la diversité dans l'unité.

Parlons d'abord de l'irrégularité des temps et essayons de démontrer qu'une fois admise l'alternance de mesures inégales, nous voyons — dès que nous essayons d'en combiner deux de façon à former ce qu'on appelle une mesure composée — nous voyons naître un nouveau moyen d'expression, *le temps inégal.*

\* \* \*

### Les temps inégaux.

Les mesures *composées* régulières sont produites par le groupement en double ou triple vitesse de mesures régulières. — De même que l'on peut faire alterner des mesures inégales, de même aussi peut-on obtenir des groupements inégaux de notes de brève durée. Ils produiront à leur première apparition une impression d'irrégularité. Mais la répétition voulue, persistante, de leur alternance, leur conférera de nouveau la régularité et la symétrie et leur permettra de ne pas nuire à l'unité de style métrique. — Du reste, ces groupements existent en germe dans les alternances d'accentuation des six croches des mesures 3/4 et 6/8.

*Voir l'exemple n° 7 du supplément.*

\* \* \*

Beaucoup de musiciens craignent que ces inégalités et irrégularités puissent porter préjudice à l'unité du style, en produisant des périodes et des rythmes hâchés et cahotants. Mais il est absolument certain que toute série de temps inégaux *répétés à intervalles réguliers* donne une impression de *régularité*, et c'est ainsi que les alexandrins, depuis Victor Hugo, n'ont pas leur rythme de douze syllabes compromis par le fait que ces 12 syllabes, jadis coupées constamment de 6 en 6, le sont actuellement de 4 en 4 (3 fois 4) de 3 en 3 (4 fois 3) de 2 en 2 (6 fois 2) et même partagées en alternances régulières de 4 plus 8, de 3 plus 5 plus 4, etc., etc. Loin d'être hâché, le style en acquiert au contraire plus de souplesse. Il en est exactement de même en musique. Il est naturellement difficile d'évoquer avec des mots la valeur multiple de ce nouveau moyen d'expression et de «nuançation» musicale, pressenti par quelques musiciens tels que Ravel, Cyril Scott, Stravinsky, etc. — Celui qui vit sans ressentir la nécessité psycho-physiologique de ces irrégularités sentimentales, n'aura jamais la tentation de les employer, ou — s'il l'a — ne saura pas les employer d'une façon naturelle. Mais l'éducation peut transformer toutes les mentalités si elle est entreprise de bonne heure.

*Voir l'exemple n° 8 du supplément.*

\* \* \*

### Les changements d'allure.

L'allure d'un rythme peut être modifiée dans le sens d'une plus grande vitesse comme dans celui d'une plus grande lenteur, par le fait que la subdivision exceptionnelle en trois petites durées d'un temps isolé, en une mesure dont les temps réguliers sont binaires, — *peut être adoptée dans les mesures suivantes comme subdivision régu-*

*lière* et déterminer ainsi un mouvement *plus rapide*. Et vice-versa. — Et c'est là l'explication et la réglementation des nuances agogiques que l'on désigne graphiquement sous l'indication très approximative de *un poco piu lento* ou *un poco piu animato* et c'est là aussi ce qui nous fait comprendre le soi-disant *rubato* de la musique hongroise qui n'est pas un *rubato*, mais dont les effets de contrastes de mouvements sont produits par le fait que l'unité des temps n'est ni la noire, ni la croche, mais bien *la double croche*.

*Voir l'exemple n° 9 du supplément.*

* * *

### Les silences.

En musique, le silence est l'équivalent négatif de la durée sonore qu'il remplace, et — réciproquement — la sonorité est l'équivalent actif d'un silence qu'il remplace. L'art musical aurait énormément à profiter d'une nouvelle conception de la musique considérée comme contrepointant le silence, mais ne le comblant pas entièrement, comme elle le fait aujourd'hui. En effet, le maximum de durée de silence que l'on puisse rencontrer en une symphonie durant trois quarts d'heure, se réduit tout au plus à deux ou trois minutes. — Nous sourions en voyant l'artiste peintre charger sa toile de remplissage, mais nous ne songeons pas à nous étonner de la part infime accordée par les compositeurs au seul élément de contraste qui puisse faire valoir complètement le mouvement sonore : le *silence*.

*Un silence* dissimule toujours la préparation de l'activité qui le suit. — La durée de cette préparation de l'acte futur dépend de la cause de l'arrêt de l'activité.

*L'activité peut être interrompue :*

*a*) par la fatigue subite;

*b*) par la fatigue progressive.

*L'interruption,* c'est-à-dire le silence, *peut être suivie :*

*a*) d'une reprise immédiate de l'énergie et de l'activité;

*b*) d'une récupération lente des forces.

Dans chacun de ces cas, la préparation au silence et la reprise du mouvement sont de nature et d'allure différentes.

Grâce au silence, la musique acquiert une troisième dimension, longueur, largeur, *profondeur* (le silence équivalent à la durée, traverse pour ainsi dire le volume du rythme).

Dans tous les arts, le silence est respecté, sauf dans la musique, qui s'affirme en des élans de continuelle expansion nerveuse, en un verbiage incessant que ne ponctuent que d'insuffisantes respirations. Supposez quatre personnes parlant simultanément avec rage.... eh bien, selon le mode musical symphonique classique, il y aura un *silence* au moment où l'une d'elles, ou deux, ou trois se taisent. Mais il en est toujours au moins une qui continue à parler, et avec quelle prolixité et avec quelle complaisance ! Et c'est là une conception fausse, puisque le silence complet est un des plus naturels éléments de contraste.

En effet (nous le répétons) — un silence est dépourvu de mouvement, mais non pas de vibration.... Et pendant l'arrêt complet des sons, le rythme extérieur devient intérieur, et continue à vibrer en l'organisme des auditeurs. Un silence en dit souvent davantage qu'un discours. Le silence succédant à la sonorité, continue celle-ci en l'âme du public, de l'auditeur. — Et il produit le même effet que dans la conversation. — Rappelez-vous ce joli distique de Molière :

« Un soupir, un regard, une simple rougeur,
« *Un silence* est assez pour expliquer un cœur. »

*Voir l'exemple n° 10 du supplément.*

\* \* \*

**Double** |
        } **vitesse et lenteur.**
**Triple** |

Sous l'impulsion de certains sentiments émotifs, les rythmes deviennent plus rapides ou plus lents. Le style musical, réglé par de sages conventions, admet la possibilité d'une double vitesse ou lenteur (ou quadruple) de rythmes binaires et d'une triple (sextuple) vitesse de rythmes ternaires. Pourquoi ne pas doubler la vitesse de rythmes ternaires, ou ne pas tripler celle de rythmes binaires, ce qui n'a jamais été tenté ? Pourquoi pas la double lenteur de rythmes quinténaires ou la quintuple vitesse de rythmes binaires ?

Les œuvres musicales sont écrites, selon l'expression de Schumann, avec le sang de notre cœur. Pourquoi régler de façon si pédante la circulation de ce sang, cette circulation dont l'activité est dépendante de notre système nerveux, de notre état émotif général ou particulier, de notre tempérament que modifient chaque jour en nous les circonstances de la vie et l'acuité de nos désirs, de nos rancœurs, de nos révoltes, de nos apaisements et de nos soumissions ? La variété n'est-elle pas à la base de l'art ? La variété ne peut-elle exister aussi bien dans la durée et ses multiples degrés que dans l'harmonie et dans le timbre? L'on m'objectera qu'un poète peut rester naturel et plier son langage poétique aux exigences classiques sans perdre pour cela l'apparence de la sincérité ! Oui, sans doute, — mais dans la poésie, les mots doivent s'assembler rythmiquement pour révéler une pensée existante, — tandis qu'en musique c'est le rythme même, créé par l'émotion, qui le plus souvent fait naître et fleurir l'idée mélodique.

C'est pourquoi rien dans l'éducation musicale ne devrait s'opposer au développement et au progrès de la Rythmique musicale. Car chaque enrichissement de celle-ci, grâce à de nouveaux moyens d'expression, contribue à un enrichissement de la musique toute entière.

*Voir l'exemple n° 11 du supplément.*

*  *  *

Pour réaliser les images les plus neuves, les plus belles et les plus complètes, il faut des organes adéquats. Malheureusement beaucoup de conceptions et d'imaginations ne peuvent se réaliser faute du concours d'organes souples et entraînés à l'action. — Un musicien enraciné dans les traditions classiques du rythme et de la mesure, ne pourra utiliser les nouvelles acquisitions de la Rythmique que s'il consent à s'assimiler les moyens de réalisation que créera l'étude pratique de n'importe quel système d'éducation par et pour le Rythme. La fonction développe l'organe. Le jour où se seront groupés pour une intime collaboration tous les musiciens s'intéressant à l'éducation, ce jour-là la cause de la Rythmique sera gagnée. Dans vingt ans, les procédés nouveaux que nous venons de signaler seront devenus classiques. — Pour le moment, non seulement ils se heurtent à l'inertie de certains musiciens, mais encore à leur résistance. — Les « négatifs », — ceux qui critiquent ou nient les nouveautés sans les avoir expérimentées, — les négatifs sont bien souvent des ratés illusionnés à la fois sur eux-mêmes et sur leur entourage. — D'autres critiquent le nouveau par amour exclusif de l'ancien. Ceux-ci sont respectables et même utiles à l'art. Ils sont, dans la marche en avant, les poteaux indicateurs du passé, — et rappellent constamment aux novateurs, que leur œuvre ne peut être viable qu'à condition de constituer une continuation logique des progrès précédents. Or précisément, il faudrait à la Rythmique la collaboration dévouée et complète d'un grand pianiste, d'un grand chanteur, d'un grand harmoniste, d'un grand chef d'orchestre, de plusieurs maîtres accomplis d'instruments — consentant à se soumettre à un travail intense. Car, il ne suffit pas pour créer une œuvre durable d'avoir des intuitions, il faut absolument dominer son sujet et accumuler expériences sur expériences. Les artistes de nos jours ne possèdent pas, c'est certain, le sens de la durée ni des nuances de la durée. Ils se révoltent avec raison contre les fausses notes, les fausses harmonies, mais jamais contre les fautes que crée le fait de ne pas respecter la durée des sons. A-t-on jamais vu les critiques protester contre des fautes semblables ? Et cependant, pour des musiciens ayant étudié la Rythmique et possédant le sentiment de la durée, les diverses longueurs de temps constituent une série de nuances aussi strictement à observer que celles de variations de sonorité. Une fois acquis, par exemple, le sentiment de la durée chez les organistes, nous verrons naître toute une nouvelle littérature musicale pour orgue, puisque cet instrument est privé de toutes les nuances d'ordre tactile.

Evidemment, un style nouveau ne peut-il s'improviser tout de go ! Tout style est la résultante des idées et des habitudes d'une époque. Mais comment nos idées actuelles pourront-elles jamais se concrétiser un jour prochain en un style qui leur donne une forme définitive, si les musiciens d'aujourd'hui ne tiennent pas à sortir de temps en temps du passé pour envisager les moyens d'atteindre l'avenir, en scrutant le présent tel que le révèlent certaines personnalités averties par leur instinct de certaines possibilités d'expression non encore réalisées ? L'éducation par et pour le rythme ne fait en somme qu'ordrer et développer des idées qui sont dans l'air. Les temps inégaux, inconsciemment employés par quelques individualités, le sont couramment par les musiciens orientaux. L'expression musicale peut s'enrichir de tout l'apport d'une sensibilité renouvelée par l'acquisition du sens de la durée en tous ses degrés et toutes ses nuances. Et si nous cherchons à initier les compositeurs de demain à la logique des mesures inégales (temps inégaux, triple vitesse et autres procédés rythmiques), ce n'est pas pour inciter ces compositeurs à *vouloir* composer en un style nouveau, mais pour leur assurer une liberté plus grande de réalisation de leurs impulsions sentimentales. Nous admettons que les exemples plus haut cités sont pour la plupart des exemples d'irrégularité, mais, d'une part, l'irrégularité — moyen exceptionnel d'expression — ne peut qu'affirmer le style régulier, et de l'autre, toute succession d'irrégularités constitue un style régulier nouveau. L'alternance des styles est un moyen musical d'expression très puissant, puisqu'en musique plus que dans les autres arts, les contrastes jouent un rôle actif d'ordination.

\* \* \*

Il va sans dire — nous tenons à le répéter — que l'utilisation pour la composition musicale de ces divers procédés rythmiques nouveaux, ne sera possible qu'aux compositeurs se les étant assimilés par une étude approfondie. L'initiation aux procédés harmoniques d'un Debussy, d'un Schönberg ou d'un Stravinsky par des musiciens uniquement sensibles aux phénomènes *extérieurs* qu'ils provoquent, n'aboutit qu'à des effets artificiels et dénués de toute sincérité et par conséquent de toute action expressive. Et, de même, la mise en œuvre des ressources multiples de modification des rythmes grâce, aux doubles et triples lenteurs et vitesses de temps isolés, grâce aux dissociations ou aux groupements inégaux de sons, etc., ne produira que des effets illusoires de virtuosité, si cette technique nouvelle n'est devenue à ce point familière au compositeur qu'il ne puisse la mettre inconsciemment au service de sa pensée. Il est fort probable qu'il coulera encore beaucoup d'eau sous les ponts avant que l'éducation rythmique que nous préconisons ait suffisamment modifié les mentalités et imprégné les organismes, pour que les effets qu'elle est susceptible de produire puissent être employés avec aisance et naturel. Il faudra avant tout — nous l'avons déjà dit ! — que quelques musiciens formés selon les méthodes d'hier aient consenti à entreprendre sérieusement l'étude de celles de demain. Ce n'est qu'à ce moment lointain que les maîtres de piano comprendront enfin que l'éducation par et pour le rythme est de nature à exercer une influence heureuse sur l'étude de la technique instrumentale, et que ceux de composition sentiront la nécessité d'établir des rapports plus étroits entre la sonorité et le mouvement, entre l'oreille, le sentiment et le tempérament.

A
ALBERT MALCHE

# VIII

# L'ÉCOLE, LA MUSIQUE ET LA JOIE

## (1915)

*Rôle de l'école dans la société et dans la famille. — Le système nerveux et la sensibilité. — Qu'est-ce que la musique ? — Certains instituteurs musicaux constatent leur insuffisance et la nécessité d'une réforme. — Les programmes d'enseignement. — Essence de la musique. — Le rythme et la tonalité. — Les expériences rythmiques personnelles et le développement cérébral. — Que doit-on enseigner dans les leçons de musique à l'école primaire ? — L'oreille et le tempérament. — La joie de se connaître. — La joie et la volonté. — La joie et l'esprit social. — Les bonnes habitudes. — L'école, l'art et les fêtes.*

L'école prépare à la vie en société : c'est-à-dire que les enfants, après avoir quitté l'école, ne doivent pas seulement être préparés à remplir les diverses obligations de la vie sociale, mais qu'ils doivent savoir user dans la vie pratique de leur volonté, chacun selon ses particularités individuelles, et sans empiéter sur les droits tout semblables d'autrui. Et l'éducation, à l'école, de leur intelligence, de leur corps, de leur volonté et de leur sensibilité devrait se faire simultanément, sans que l'un de ces quatre facteurs indispensables soit négligé en faveur d'un autre. Où en arriverait-on, en effet, si l'on s'occupait exclusivement de développer la souplesse corporelle, sans cultiver l'intelligence ? A quoi sert l'intelligence sans la volonté ? Et même, l'intelligence et la volonté réunies ne peuvent rien si elles ne sont pour ainsi dire régularisées, modérées et harmonisées par la sensation.

Or, il me semble précisément que, dans nos écoles, on néglige l'éducation de la sensibilité. Cela est d'autant plus regrettable que cette lacune a des suites fâcheuses pour le développement du caractère. N'est-il pas singulier qu'à notre époque de neurasthénie on néglige de donner une direction aux désirs illimités provenant de sensations mal réglées ? que d'autre part, dans des pays neufs où toute la force de volonté

se dépense, sans se préoccuper des moyens employés, en vue du succès écono-
mique, on ne cherche pas à développer la sensibilité dès la plus tendre enfance ?
et que, dans les pays où des traditions depuis trop longtemps établies enrayent le
développement de la personnalité, l'on ne cherche pas les moyens de renouveler les
tempéraments ? On pourrait cependant former ainsi de nouvelles générations dont
l'esprit serait plus souple, la volonté plus ferme, l'intelligence moins sèche et moins
exclusive, les instincts plus raffinés, la vie plus riche, la compréhension de ce qui est
beau, plus complète et plus profonde.

Peut-être un simple musicien professionnel devrait-il craindre de s'attaquer à un
sujet d'une si grande importance. Aux yeux de tant de pédagogues, la musique est en
effet une branche secondaire, qui ne doit tenir, dans les programmes scolaires, que la dernière des dernières places ; une branche que, toute honteuse, on tolère à peine ? Pau-
vre musique ! Et cependant les plus grands esprits des temps anciens et nouveaux lui
ont assigné, dans l'éducation, une importance exceptionnelle. Reprocherait-on à un
musicien d'empiéter sur le domaine de la pédagogie générale, qu'il n'aurait qu'à invo-
quer l'autorité de Platon et de la plupart des sages de la Grèce. Et il pourrait s'en réfé-
rer à Montaigne, à Helvétius, à Locke, à Leibnitz, à Rousseau, à Goethe et à Schiller,
en affirmant que, dans toute saine pédagogie, c'est-à-dire dans toute pédagogie qui se
base sur l'étroite action réciproque du corps sur l'esprit et de l'esprit sur le corps, de
la sensation sur la pensée et vice-versa, une place en vue doit être assignée à la musique
et aux arts qui en dépendent.

Si dans nos écoles, on ne consacre à la musique qu'une ou deux heures par semaine,
la véritable cause en est que le mot « musique » a pris, dans nos programmes, une tout
autre signification : il veut dire étude machinale, mécanique, en vue de produire, ou
mieux reproduire, des sons ; étude qui repose exclusivement sur l'imitation et dont le
but dernier est de farcir les mémoires enfantines d'un certain nombre de chants sentimentaux, d'un art tout conventionnel. Et c'est là assurément une conception de la
musique bien différente de celle que s'en faisaient les grands hommes cités plus haut.
Pour eux, la musique était en quelque sorte la conciliatrice entre l'inspiration et la
mesure, l'art de s'exprimer dans un rythme personnel.

Loin de nous la pensée d'attaquer qui que ce soit. Nous ne voudrions nullement,
en exprimant librement nos convictions, froisser un grand nombre d'éducateurs qui
partagent d'ailleurs absolument nos idées. Ils croient, sans doute, comme nous, que
l'insuffisance de beaucoup de forces enseignantes est la cause de ce que, dans nos programmes scolaires, la musique soit ainsi mise à l'arrière-plan. A notre grande joie,
nous pouvons nous convaincre qu'un grand nombre des membres du corps des instituteurs reconnaissent l'insuffisance de leur éducation musicale ; ils déclarent qu'il leur

est impossible de donner un bon enseignement musical sans avoir fait, eux-mêmes, des études spéciales. Il est hors de doute qu'actuellement, presque partout, on désire vivement réformer l'enseignement musical. Toutefois, la plus grande confusion règne encore au sujet des moyens propres à opérer cette réforme, parce que l'on ne cherche que des modifications pédagogiques extérieures. Sinon, comment s'expliquerait-on que, malgré l'opinion à ce sujet de tous les musiciens, — dans la plupart de nos écoles on n'enseigne pas la musique, mais qu'on en fasse semblant? L'appel des gens compétents n'est pas écouté; et lorsqu'on agite cette importante question, c'est le plus plat dilettantisme qui préside à la discussion et qui a, malheureusement, assez souvent le dernier mot.

Je prévois l'objection : la place faite à la musique dans nos programmes d'enseignement est bien trop modeste pour que l'on puisse donner suite aux idées de réforme des spécialistes, même si leurs desiderata semblent d'utilité publique. Mais nous ne pouvons absolument pas nous placer à ce point de vue. C'est à prendre ou à laisser. Si votre fille — à supposer que vous en ayez une — venait vous dire que la hauteur des talons de ses bottines — prescrite par la mode — l'empêche de marcher convenablement, vous lui répondriez : « Supprime donc cette difficulté, ou résigne-toi à osciller sur place de façon ridicule ! »

Et si l'on prétend limiter le temps de l'enseignement musical, pendant toute la durée des études, à une heure par semaine, nous répondrons ceci : « Supprimez plutôt complètement la musique de votre programme ! » Il faut du temps pour tout, pour la musique aussi bien que pour tout autre objet d'études. Si vous considérez la musique comme à tel point accessoire, n'en faites pas du tout. Mai si vous y attachez de l'importance et que les programmes vous soient un obstacle, brisez cet obstacle.

Avant tout, il faut s'être rendu compte de l'utilité de l'enseignement musical. Et il s'agit d'être d'accord sur ce que l'on entend par « musique ». Il n'y a pas deux sortes de musique, l'une pour les adultes, les salons et les salles de concert, l'autre pour les enfants et les écoles. Il n'y a qu'une musique, et l'étude n'en est pas si difficile que les autorités scolaires semblent vouloir le dire dans leurs assemblées.

Le jour où, dans la société telle qu'elle doit être, chacun se fera un devoir de communiquer à son entourage son savoir et son art; le jour où *chaque vrai musicien, chaque compositeur, chaque artiste consacrera une heure par jour à l'enseignement musical populaire,* ce jour-là, *la question sera résolue définitivement.* Nous n'en sommes malheureusement pas encore là. Mais nous pouvons déjà demander à tous ceux qui ont pour tâche d'enseigner la musique aux enfants de ne pas la considérer comme un passe-temps, mais comme un art; qu'ils la mettent bien haut, qu'ils la fassent aimer et qu'ils sachent la place qui appartient à l'art dans une société bien organisée, où il imprime à toutes les manifestations naturelles de la beauté ce cachet spécial que nous appelons le style.

Aussi longtemps que l'homme souffrira du manque d'ordre et d'organisation, il ne pourra pas se préoccuper de la beauté. Mais dès l'instant où il n'en sera plus ainsi, il sera devenu le disciple de l'art, que l'éducation peut mener aussi loin que le lui permettent ses capacités innées.

L'éducation n'a pas pour tâche de former des individus isolés. Son but est plus éloigné, bien au-delà du présent : c'est le développement progressif de la race, le perfectionnement de la manière de penser et de juger. Il ne suffit pas de guérir la maladie de l'ignorance en augmentant son propre savoir. Il s'agit de prendre des mesures prophylactiques pour l'avenir, il faut que l'éducation influe sur les dispositions de la génération actuelle et les améliore de telle sorte qu'elle puisse transmettre aux générations futures des instincts sociaux plus puissants et des besoins de vérité plus intenses.

Limiter l'éducation musicale à l'enseignement de quelques chants patriotiques, c'est vouloir donner à l'enfant « l'idée de l'océan en lui montrant la goutte d'eau restée au fond d'un verre ». Une mélodie n'est rien d'autre qu'un sentiment exprimé dans un langage spécial, la musique. Il nous semble certainement ridicule de forcer les enfants à apprendre par cœur des phrases dans une langue qu'ils ne connaissent pas. Eh bien, cette absurdité se renouvelle chaque jour dans nos écoles, à propos de l'enseignement musical. On ne nous objectera pas que nous exagérons, que dans nos écoles on ne se borne pas à apprendre des hymnes patriotiques, que l'on enseigne aussi aux enfants à déchiffrer la musique à vue ! Admettons que dans quelques écoles les enfants apprennent vraiment à déchiffrer à vue ; il reste à savoir de quelle façon ils y sont parvenus ! Ici ce n'est pas le résultat, mais la méthode qui importe. Même si l'on n'a pas le moindre sens de la tonalité, on peut apprendre à déchiffrer la musique, moyennant certaines dispositions mathématiques et musculaires. Mais ce qu'il faut établir avant tout, — et nous le prétendons expressément, — c'est que l'essence de la musique se trouve — en dehors du rythme, — dans la tonalité. Celle-ci est comme la colonne vertébrale de l'harmonie. Si une mélodie, dépourvue de toute mesure et de tout rythme, peut encore exprimer un sentiment quelconque, elle le doit aux nuances, aux contrastes de tonalités différentes, aux modulations. Une méthode qui prétend enseigner à déchiffrer la musique sans être basée sur l'étude des tonalités, c'est-à-dire des gammes, des rapports qui existent entre les tons et les demi-tons, doit être considérée comme insuffisante. Elle pourra conduire peut-être à des résultats immédiats, mais ne contribuera jamais au développement de la race ou au progrès musical de l'humanité. Et cependant, comme éducateurs, c'est justement l'élévation, la perfection de la forme que nous cherchons à atteindre. C'est ce qui justifie en premier lieu l'obligation que nous imposons aux enfants d'aller à l'école. Dans la famille, ils sont soumis à l'influence des traditions; c'est l'école qui leur ouvre de plus vastes horizons. Ils y apprennent à comprendre que l'homme ne doit pas seulement travailler pour le moment présent, mais que son devoir moral est de préparer l'avenir dans le présent.

Ce qui est surtout important dans l'étude de la musique, c'est de mettre les élèves à même de subir son influence, c'est d'éveiller en eux le désir et l'amour de l'art, il faut, pour cela, les initier, en passant du général au particulier, aux deux éléments primordiaux de la musique : le rythme et la tonalité.

Le rythme est à la base de toutes les manifestations de la vie, de la science, de l'art. Le rythme est en même temps l'ordre, la mesure dans le mouvement et la manière personnelle d'exécuter ce mouvement. L'étude du rythme doit nous amener à nous conduire, dans toutes les manifestations de la vie, d'une manière individuelle, c'est-à-dire à manifester nos sentiments selon le rythme naturel qui nous est propre et qui, de son côté, dépend de notre constitution, de la circulation de notre sang, de notre système nerveux.

Dans notre enseignement scolaire, il n'est pas question du rythme. L'on y cherche à inculquer aux élèves des notions de mesure, mais les enfants quittent l'école sans savoir ce que c'est que le rythme. Que le rythme ait sa source dans le corps lui-même, personne, assurément, n'en doute plus, — et il est frappant que le peuple le mieux doué, au point de vue rythmique parmi les peuples artistes, les Grecs, ait marqué le rythme des vers avec les pieds et donné précisément aux unités rythmiques du vers ce nom de *pied*, qui a passé en plusieurs langues. Cependant, nous ne scandons plus les vers au moyen de mouvements corporels et le rythme est devenu quelque chose de purement intellectuel. C'est pourquoi les enfants ont tant de peine à apprendre à ressentir les rythmes musicaux lorsqu'ils les déchiffrent à vue. Et nous revenons à la nécessité, sur laquelle il faut insister à dessein, de traiter séparément à l'école ces deux éléments également importants de l'art musical : le mouvement et la tonalité. A les enseigner simultanément, on dépasse les capacités de compréhension de l'enfant; et l'on ne peut que compromettre le résultat de l'étude. L'enfant ne devra commencer l'étude et l'analyse des tonalités que lorsqu'il aura pratiqué les mouvements rythmiques. L'image de ces expériences rythmiques corporelles, gravée et sans cesse renouvelée dans le cerveau, éveille et développe le sens rythmique; de même, plus tard, l'image des expériences acoustiques de l'oreille, également gravée et toujours renouvelée dans le cerveau, éveillera et développera le sens de la tonalité. Voilà en quoi devra consister tout l'enseignement musical à l'école.

Qu'il nous soit permis de poser maintenant quelques simples questions. Nous verrons, d'après les réponses, si l'état actuel des choses doit se prolonger ou s'il faut vraiment réformer l'enseignement musical.

1º Etes-vous d'avis que l'enfant doit connaître la signification d'un mot avant qu'on lui apprenne à lire ou à écrire ce mot ?

Certainement vous répondrez : Oui.

2º Croyez-vous que l'enfant tâchera d'échapper à une sensation désagréable quelconque, — par exemple, qu'il se gardera du feu, s'il ne connaît pas cette sensation par expérience ?

Réponse : non.

3º Croyez-vous qu'une huître fortement incrustée dans le rocher comprendrait le ravissement d'un lièvre qui lui ferait part de sa joie à courir les prés et les bois ?

Réponse : non.

4º Croyez-vous qu'un myope pourrait suivre à l'œil nu le vol d'un aéroplane franchissant la frontière ?

Réponse : non.

5º Etes-vous d'avis qu'avec une bonne oreille on entend mieux la musique qu'avec une mauvaise ?

Réponse : oui.

6º Etes-vous d'avis que, par l'exercice, des facultés, même médiocres, peuvent être améliorées ?

Réponse : oui.

L'unanimité des réponses faites par les gens intelligents aux questions ci-dessus posées nous autorise à déclarer que le programme de notre enseignement musical scolaire doit être réformé complètement. Il faut, avant tout, faire faire aux enfants des exercices d'audition musicale; car, aussi singulier que cela puisse paraître, on n'en fait ni chez nous ni ailleurs.

Il nous faut de nouveau nous excuser auprès de ceux de nos collègues qui, dans leurs classes, font faire des exercices d'audition. Nous savons que beaucoup d'entre eux partagent notre façon de voir, et nous en sommes extrêmement heureux. Mais nous parlons maintenant de notre programme scolaire, d'après lequel, dans les leçons de musique, on enseigne :

à faire entendre ce que l'on ne comprend pas;

à lire ce qu'on ne connaît pas;

et à noter ce que l'on n'a ni appris ni ressenti.

Vous nous répondrez que dans chaque classe il y a des élèves qui entendent et comprennent très bien. Admettons-le, sans autre; mais si ces élèves entendent bien, c'est non parce que, mais malgré qu'ils reçoivent l'enseignement en usage dans le pays.

Nous ne considérons nullement que quelqu'un qui déchiffre bien à vue soit, par là même, extraordinairement doué. On peut savoir très bien déchiffrer sans être bon musicien, et il se peut que l'on déchiffre très mal tout en étant remarquablement doué pour la musique.

L'essentiel est qu'on ait l'oreille juste, que l'on saisisse les nuances infiniment nombreuses de hauteur et de dynamisme des sons, les développements et oppositions de rythme et les contrastes de tonalité [1]. L'essentiel est que l'éducation musicale éveille chez l'élève l'audition intérieure, c'est-à-dire la capacité d'entendre la musique dans sa mémoire aussi distinctement qu'à l'exécution. Une méthode musicale doit avant tout, tendre à éveiller cette audition intérieure. Et nous croyons qu'elle doit conduire aussi au développement de la personnalité, au perfectionnement du mécanisme de la pensée et de la sensibilité; à faciliter en somme les rapports entre l'expérience et la mémoire, entre l'expérience et l'imagination, entre ce qui est devenu automatique et ce qui est conscient, entre ce qui est conscient et ce qui est commandé par le tempérament et la fantaisie.

L'éducation de la sensibilité et du tempérament doit précéder celle de l'oreille, car le rythme (produit de l'équilibre de forces nerveuses agissantes) est un élément primordial de la musique, comme de tout autre art, et en général de toute manifestation de vie. Et même si les facultés auditives ne sont pas susceptibles d'être développées jusqu'au point où elles peuvent permettre à l'enfant de se dire musicien, au sens usuel du terme, cette éducation lui aura permis de prendre possession de sa personnalité. Instruit du merveilleux mécanisme de ce corps admirablement construit, que Dieu nous a donné non pas pour que nous le méprisions, mais bien pour que nous le préparions à loger dignement notre âme, certain de pouvoir exécuter aisément tous les mouvements suggérés par d'autres ou voulus par lui-même, sans effort, sans préoccupation, l'enfant sent se développer la volonté d'user des forces abondantes qui sont en son pouvoir. Son imagination se développe de même, car son esprit, débarrassé de toute contrainte, de toute inquiétude nerveuse peut dès lors se laisser aller à toute sa fantaisie.

La fonction développe l'organe, la conscience des fonctions organiques développe celle de la pensée. Et du fait que l'enfant se sent délivré de toute gêne physique et de toute occupation cérébrale d'ordre inférieur, du fait aussi que ses éducateurs le mettent à même d'unir ses mouvements individuels à ceux de toute une classe, de noyer ses forces dans une puissance collective, il en conçoit une joie profonde, de nature supérieure, qui est un nouveau facteur de progrès moral, un nouvel excitateur de la volonté.

(1) Voir chap. V, page 62.

Cette joie est de nature supérieure parce qu'elle n'est pas basée sur la constata-tion de faits extérieurs en des circonstances spéciales. Ce qui la différencie du plaisir, c'est qu'elle devient un état permanent de l'être; elle ne dépend ni du temps qu'il fait, ni des événements qui se produisent; elle fait partie intégrante de notre organisme. Elle n'est sans doute pas toujours accompagnée d'éclats de rire, comme la gaîté, elle peut très bien ne pas se révéler en dehors de notre être; elle fleurit dans les régions cachées de notre « moi », dans le jardin mystérieux de l'âme où frissonnent toutes les sèves actives de notre individu, toutes celles que l'on sait ne pas gaspiller et que l'on applique à orienter et à canaliser sans pour cela nuire à leur force expansive. La joie naît en l'enfant dès que ses facultés se libèrent d'un joug quelconque, dès qu'il prend conscience de l'action exercée sur elles par sa volonté, dès qu'il se rend compte de la direction que cette volonté leur imprime. L'état de joie est produit par un sentiment d'émancipation et de responsabilité, par la vision claire de ce qui est productif en nous, par l'équilibre de nos forces naturelles, par le rythme harmonieux de nos vou-loirs et de nos pouvoirs [1]. Dépendant de nos facultés créatrices innées ou acquises, cette joie devient de plus en plus grande à mesure qu'augmente notre puissance d'ac-tion et que notre volonté nous libère des entraves dont la nature nous a chargés dès notre naissance. Le don de se connaître, octroyé à l'enfant par une éducation désireuse de cultiver, sans exception, tout ce qui est vivant en son esprit et dans son corps, — lui procure un sentiment d'affranchissement et de libération. S'il se connaît tel qu'il est, c'est que cette éducation aura frayé des chemins rapides de communication, non seulement entre son imagination et ses actes réalisateurs, entre ses perceptions et ses sentiments, mais aussi entre les différents genres d'impulsions qui l'assaillent, de sen-timents qui le pénètrent. Comment n'être pas joyeux lorsqu'on a acquis le pouvoir d'associer rapidement ses idées, d'analyser plus vite et d'une façon plus clairvoyante les mobiles de ses actions futures, et de constater plus aisément si les actions pré-sentes sont de nature à assurer l'avenir. «La joie, a dit Bergson, est une chaleur et une lumière.» Chez quelques rares individus, cette lumière brille dès la naissance. Chez beaucoup d'enfants, il n'en est pas ainsi, et c'est aux éducateurs, grâce à des efforts persévérants, à créer dans les petites âmes obscures l'étincelle de joie qui d'abord brille d'un éclat timide et fréquemment interrompu, puis finit par allumer et entretenir un foyer de lumière et de chaleur sans cesse grandissant et de jour en jour plus réchauf-fant, plus lumineux et plus bienfaisant. Cette lumière éclaire désormais non seulement l'aujourd'hui, mais aussi le demain. Elle montre à l'humanité à la fois le chemin où elle marche et le but vers lequel elle se dirige. Ce n'est pas du dehors que nous la rece-

[1] « La joie est la force de l'âme » .... « La joie illumine la pensée » .... *Joie et action*, par Henri Bois (Société d'édition de Toulouse, 1910).

8

vous et que nous nous en sentons pénétrés; non, elle est issue de nous-mêmes et projette en dehors de nous nos forces les meilleures. Elle ne peut rester en nous. Irrésistiblement elle rayonne et se répand sur ceux qui nous entourent, sur ceux qui sont intimement liés à notre vie, puis ensuite sur ceux-là même qui nous semblent les plus indifférents. Comment être possesseur d'un tel rayonnement sans avoir envie d'en faire profiter les autres ? Comment être assez égoïstes pour garder pour soi seul ce qui jaillit avec tant d'élan, tant de magnifique impétuosité, hors des sources de notre être. Plus nous possédons de joie, plus nous ressentons le besoin de la distribuer à ceux qui n'en possèdent pas. Et, alors, tel le soldat de Marathon qui, possesseur de la bonne nouvelle, s'élance le cœur bondissant de joie vers ses frères, court sans ménager ses forces, finit par défaillir au moment où il va leur révéler la victoire, mais expire dans la joie d'avoir accompli sa mission, tels aussi nous emploierons notre force d'action non seulement à jouir de nos facultés reconquises par le travail et de la joie que celui-ci a semée en nous, mais encore à projeter libéralement cette joie sur l'humanité.

Et comment cette joie naît-elle, se développe-t-elle, comment devient-elle permanente ? Je l'ai dit, grâce à notre désir réalisé d'utiliser consciencieusement tout ce qui est utilisable en nous, de conquérir par un travail ininterrompu de nouvelles habitudes qui créent, elles à leur tour, en nous des impressions subconscientes si fortes, qu'elles finissent par déborder, par faire irruption hors de nous. Toute notre vie dépend de nos habitudes; tous nos malheurs proviennent de celles qui sont mauvaises, toutes nos joies de celles qui sont bonnes. Le fait seul d'améliorer, grâce à un effort de volonté, une série d'actes même sans importance, suffit à nous donner la confiance en nous, nécessaire pour l'entreprise de travaux de régénération d'une portée supérieure. Qui peut le moins, peut le plus. Dès que l'enfant a mis solidement le pied sur la route du progrès, il a des chances plus nombreuses de marcher longtemps droit et de marcher loin sans gaspiller ses forces. En effet, le difficile n'est pas de pouvoir ce que l'on peut, c'est de vouloir ce que l'on peut. Pour arriver au but, qu'importe le temps que durera la marche, l'essentiel est que l'on ait su se mettre en marche et que l'on sache où l'on veut aller. Or ce sont les bonnes habitudes qui maintiennent l'équilibre de notre marche en avant. A mesure que nous les utilisons, nos forces grandissent. La joie naît le jour même où nous avons constaté un progrès en nous. Dès lors elle augmente sans cesse, et se renouvelle et nous rend capables des actes les plus élevés et les plus inattendus. En effet, une fois mêlée à nos forces inconscientes, elle est forcée de pousser des racines vigoureuses, d'où, de par la loi *de vie*, germeront fatalement les bourgeons, les fleurs et les fruits.

Il est impossible que la possession d'un état permanent de joie à la fois sensorielle, émotionnelle et intellectuelle ne facilite pas chez l'enfant les dispositions imaginatives et artistiques. Car l'émotion esthétique est un produit de la délicatesse des sens, de la sensibilité du système nerveux et de la souplesse de l'esprit. Quelles que soient les dispositions artistiques naturelles d'un enfant, il est hors de doute qu'une étude consciencieuse de tout ce qui est mouvement en lui et dans la nature l'amènera à une compréhension plus vivante de l'art. L'art est fait à la fois de fantaisie, de réflexion et d'émotion. La réflexion tempère et stylise la fantaisie. La fantaisie anime et vivifie le style, et l'émotion ennoblit et sensibilise les produits de la sensation, de la réflexion et de l'imagination.

D'aucuns pourront se demander s'il vaut vraiment la peine de mobiliser des centaines de jeunes gens pour les familiariser avec la structure intime de l'art, en vue de spectacles populaires. Il est certain qu'en notre époque troublée nous ne pensons guère à l'art ni aux spectacles. Mais tout d'abord les époques troublées ont toujours été fermées à l'art, ce qui constitue un état anormal de culture. Puis encore, les études artistiques n'ont pas pour unique objet d'éduquer des artistes capables de communiquer au public des impressions esthétiques. Elles ont aussi pour but de former un public qui soit à même d'apprécier les représentations artistiques qu'on lui offre, de communiquer avec elles, de ressentir vivement les émotions que certains se chargent d'extérioriser pour lui.

L'instruction scolaire ne suffit pas. L'éducation des sens et de l'esprit a pour mission d'élever le public à un niveau tel, que, selon l'idéal d'Adolphe Appia, un des plus purs artistes de notre temps, ce public puisse devenir un véritable collaborateur des spectacles symboliques et poétiques que les hommes les mieux doués sont capables de lui présenter. Ma persuasion est que l'éducation par et pour le rythme est capable d'éveiller le sens artistique de tous ceux qui s'y soumettent. Et c'est pourquoi je lutterai jusqu'au bout pour qu'on l'introduise dans les écoles et pour que l'on fasse comprendre aux éducateurs le rôle important et décisif que l'art doit jouer dans l'éducation du peuple.

Il ne suffit pas, en ce qui concerne l'art pictural, architectural et sculptural, qu'il y ait des écoles où l'on enseigne la représentation des lignes, des couleurs, des lumières et des ombres, des reliefs et des groupements; il faut encore que les élèves de ces écoles apprennent à ressentir en leur être tout entier le mouvement rythmique qui dresse, assoit, équilibre, harmonise et anime les monuments et les œuvres de la statuaire, de l'architecture et de la peinture. Il ne suffit pas non plus que l'on apprenne aux élèves des conservatoires à interpréter avec leurs doigts les chefs-d'œuvre de la musique; il faut surtout qu'on les initie aux sensations qui, chez les auteurs, ont engendré ces musiques, au mouvement qui a rendu leurs émotions à jamais vivantes, au rythme qui les a ordonnées et stylisées. Une fugue de Bach est lettre morte pour ceux qui ne ressentent pas en elle les conflits d'antagonismes distincts créant les contrastes, et l'accord des synergies éveillant le sens de l'apaisement et de l'harmonie.

Un véritable pédagogue doit être à la fois psychologue, physiologue et artiste. Un citoyen complet doit être, au sortir de l'école, capable non seulement de vivre normalement, mais aussi de ressentir avec émotion la vie. Il doit être mis à même de créer, et aussi de vibrer à l'unisson des émotions d'autrui. Tous les apprentis pédagogues ne deviendront pas, hélas, des pédagogues complets, ni leurs élèves des êtres complets ! Mais un grand effort doit être tenté. Après toute l'excitation guerrière qui nous anime en cette triste époque, il convient de songer sérieusement à demain. Mais une fois la guerre terminée, il ne faut pas que notre exaltation tombe à plat et meure faute d'aliments. Seule, une éducation artistique faisant une large part à l'exercice physique pourra apaiser notre système nerveux surexcité. Si cette éducation est essentiellement sportive, elle dépassera son but et créera des générations dénuées de sensibilité. Il importe que l'éducation fasse marcher de front le développement intellectuel et le développement physique et il me semble que la Rythmique doit avoir dans ce double sens une influence bienfaisante.

# LE RYTHME ET L'IMAGINATION CRÉATRICE

## (1916)

Ce ne sont pas les singularités du style, l'originalité des procédés et la fantaisie des images qui peuvent suffire à constituer la génialité d'une œuvre. Ce qui distingue un homme de génie d'un homme de talent, c'est que ce dernier reste, en ses recherches, isolé des artistes spécialisés en d'autres branches que la sienne, isolé aussi de la pensée commune du peuple dont il fait partie, même s'il se rattache à une école, même s'il en est le créateur incontesté. L'homme de génie, lui, est le produit direct d'un développement spirituel et social, le représentant d'un milieu, — et son œuvre exprime spontanément l'âme même d'une race. Son pouvoir consiste à réunir en un mouvement universel tous les mouvements des âmes isolées, à grouper en un grand rythme unique les rythmes particuliers de ses contemporains. Très souvent les émotions esthétiques suggérées par des artistes de talent paraissent à la foule plus aiguës que celles que provoque l'œuvre d'un créateur de génie, œuvre qui est, elle, moins mouvementée parce que plus ordrée, moins pittoresque parce que plus une. Combien d'artistes, dès qu'ils ont à exprimer des émotions complexes, ne perdent-ils pas le sens inné de l'ordre ! Combien aussi ne possèdent le sens de l'ordre que parce qu'ils n'ont pas d'imagination ! Il est plus facile de raisonner que d'imaginer. Des qualités estimables de logique dans l'enchaînement des idées ne remplacent pas les successions rapides d'émotions spontanées, créant des images étincelantes que leur course violente culbute les unes sur les autres, formant de leurs fortuits groupements des combinaisons toujours renouvelées. Dans nos écoles on ne cherche pas assez à développer les qualités d'imagination des enfants, et tout au contraire, on les réprime, grâce à une continuelle insistance sur l'obligation d'analyser, de coordonner, de classer et d'étiqueter. Dans nos conservatoires on exige avant tout des étudiants une soumission absolue aux règles consacrées, la propreté de technique, la propreté d'écriture, la propreté d'imagination. Ah, sans doute tout désordre ne s'affirme-t-il pas en beauté. Sans doute un des devoirs de l'école est-il de clarifier le jugement, d'ordrer l'esprit, de développer les facultés de logique et d'analyse. Mais encore ne faut-il pas placer la charrue devant les bœufs ! A quoi bon savoir construire si, futur créateur, l'on ne possède pas de matériaux de construction; connaître toutes les méthodes de classement si, futur artiste, l'on n'a pas d'images à classer ? Une composition musicale désordonnée mais révélant des qualités de vie passionnelle n'est-elle pas supérieure à une tâche d'harmonie correcte et sans originalité. La vraie originalité résulte de la possession d'un certain nombre d'images personnelles et non de celles d'une quantité de procédés pittoresques d'expression. Avant d'enseigner les moyens de s'exprimer esthétiquement, ne faut-il pas placer le futur artiste devant la nature et devant la vie et lui apprendre à scruter leurs rythmes, à s'en pénétrer, à s'y identifier, puis seulement ensuite à les traduire ?

S'il est possible, après avoir analysé les œuvres des maîtres musiciens au point de vue du phrasé et du nuancé, de déduire de l'observation et de la comparaison des passages expressifs certaines règles générales d'interprétation, il ne saurait être question d'attribuer à ces règles le caractère de *lois* d'expression, ni de les imposer aux élèves comme telles. Dans un grand nombre de cas, l'application stricte de principes généraux de style, assurera aux passages à nuancer une interprétation expressive *correcte*. Mais, en matière d'art et de sentiment, la correction ne suffit pas; il importe que l'artiste interprète la musique d'une façon personnelle, qu'il cherche à l'exprimer sincèrement en se laissant guider par son instinct naturel, qu'il y mette de son individualité et de son âme. L'unique loi de nuancé qui ne puisse être discutée est celle des *contrastes*. Elle préside à la rédaction de toutes les règles d'expression musicale. Mais il va sans dire que ces règles ne peuvent suppléer à un manque de tempérament musical et que le devoir du maître est avant tout de faire épanouir ce tempérament chez ses disciples, de cultiver leur sens esthétique et de développer leur personnalité par tous les moyens en son pouvoir. Il aura donc soin à chaque exposition d'une règle nouvelle, de bien insister sur le fait que cette règle est, dans la pratique, sujette à de nombreuses exceptions, et qu'une bonne interprétation musicale ne dépend pas uniquement du cerveau mais aussi et surtout de l'âme; il incitera ses élèves à lui proposer d'autres interprétations et les discutera sérieusement, même si elles lui paraissent erronées, de façon à ne pas les décourager et à éveiller et entretenir en leurs esprits le désir de nuancer d'une façon personnelle. Sans doute le sentiment esthétique ne se développe-t-il qu'assez tard chez les enfants et est-il indispensable de leur formuler à cet égard quelques règles générales, mais le maître leur dira que telle de ces règles peut être détruite par une autre, que l'interprétation de tel passage mélodique varie selon la nature du passage qui le précède ou de celui qui le suit, de même qu'au point de vue instrumental, le doigté d'une gamme change selon son point de départ ou d'arrivée. En un mot, le maître enseignera aux enfants l'art du nuancer et du phraser de la même façon dont le professeur de contrepoint — non pédant et vraiment artiste — enseigne l'art d'écrire une fugue classique, en indiquant que les règles et formules consacrées ne sont rien si elles ne sont vivifiées par le sentiment artistique, par l'amour et par la recherche du beau.

Loin de moi du reste l'envie de restreindre la place accordée dans les programmes d'écoles de musique à l'étude de la technique de l'art, de l'analyse des styles et des procédés d'écriture. Il est nécessaire au musicien de connaître tous les secrets du métier, et avant de parvenir à l'invention personnelle, il faut avoir appris à imiter et à reproduire. Mais les qualités d'invention ne sont pas toutes de nature créatrice. Une éducation bien comprise doit fournir à l'élève les moyens de deviner le meilleur parti à tirer des lectures et des analyses, à se créer soi-même des sentiers en la forêt de la science, au lieu de suivre les chemins battus. Certes, les études musicales classiques sont-elles indispensables, mais la manière dont elles sont trop souvent conduites dans les conservatoires ne convient qu'à ceux qui se connaissent déjà, qui savent déjà se conduire, et en lesquels l'éducateur a fait naître l'instinct personnel de développement et la divination des procédés particuliers à chaque tempérament. Combien de facultés imaginatives ne s'éveillent que tardivement parce que les maîtres n'ont jamais réclamé de leurs élèves que l'exécution de formules et ont favorisé chez eux l'imitation volontaire, puis involontaire, des procédés de composition à nous légués par des ascendants d'une autre essence que la nôtre, — au lieu de leur faciliter des recherches instinctives et élémentaires, suscitées en eux par la conscience de leur présente situation physique et sentimentale. L'on écrit beaucoup sur l'art au lendemain même de la guerre, comme si vraiment la guerre elle-même pouvait influer immédiatement sur l'art. Ce qui déterminera un nouveau style, c'est notre attitude *après* la guerre et la façon dont nous chercherons, au moment de reconstruction, de réparation, à réagir contre les impressions passées, à nous débarrasser de toute empreinte antérieure, à nous épurer, à nous vider de doctrines toutes faites et d'imaginations comme de créations automatiques, pour devenir capables d'exprimer irrésistiblement, chacun à notre manière mais solidairement aussi, nos sentiments nouveaux, — enfin dégagés des formes périmées et des éducations surannées et pénétrés jusqu'aux moelles de la conscience aiguë du présent et de la prescience de l'avenir.

Une des premières préoccupations de l'éducation future devra être de dégager les rythmes naturels de l'individu de toutes les influences susceptibles d'en entraver la libre expansion, de restituer à l'enfant la possession complète de son tempérament. Un appel constant devra être fait à son imagination; son système nerveux devra acquérir la souplesse nécessaire pour que la richesse des images créées n'engendre pas un état d'hypersensibilité. Le corps plein de force motrice à haute pression devra être préparé à réaliser toutes les conceptions de l'esprit, et après chaque réalisation, à garder une réserve suffisante de potentiel. Beaucoup de parents ont actuellement peur de voir se développer chez leurs enfants l'imagination créatrice. Ils ont peur de les voir devenir *artistes*, persuadés qu'ils sont que l'on n'est pas artiste sans « un brin de folie ». Et quand cela serait ! La folie n'est-elle pas le commencement de la sagesse ? Les artistes vivent à certains moments dans des contrées inconnues qu'ils créent et retransfigurent constamment et dans lesquelles il peut bien leur être permis parfois d'errer et de se perdre, tandis que les « bourgeois » n'ont aucun mérite à ne s'égarer jamais, puisqu'ils n'arrivent pas à sortir du connu, et sont — sans le savoir — prisonniers de leur manque d'imagination. Les artistes créateurs possèdent cependant des qualités de mémoire et de précision qui leur vaudraient l'estime des bourgeois si ceux-ci soupçonnaient leur existence. Un peintre, par exemple, se souvient de chaque détail des images qui ont frappé son œil; son esprit les classe, les groupe et les combine, et transforme chaque élément positif de mouvement en formes idéalisées, pénétrées d'émotion et de sentiment. Mais l'important est que ce soit la sensibilité qui serve de point de départ à son œuvre. Or, beaucoup de gens chez nous se « gendarment » encore contre les émotions artistiques, et ont peur de déchoir en se laissant aller à leur sensibilité naturelle. Notre peuple ne deviendra foncièrement artiste que grâce à une éducation de tempérament et de la sensibilité. La grâce et le naturel, pour trop d'ignorants, ne sauraient être le produit que de l'inconscience. Or, en art, le naturel est presque toujours le résultat de toute une série d'éliminations, de sacrifices, de transpositions et de changements de mise en place qui, tous, relèvent directement de la conscience. L'ordre, la symétrie, l'art des préparations et de l'équilibre, qui constituent l'harmonie de l'œuvre achevée, dépendent de la façon dont l'artiste sait subordonner chacun des éléments rythmiques du thème à traiter à la synthèse de ces éléments, à l'unité rythmique. Le rythme est l'essence animée du sentiment, l'impulsion primitive du mouvement sous la forme même que lui imprime la première poussée des émotions. Le rythme élémentaire — pour demeurer en état d'animer l'œuvre d'un mouvement continu harmonieusement réglé — a besoin du concours de la mesure en toutes ses subdivisions. Rythmique et Métrique sont à la base de l'œuvre d'art. « Les atomes — dit Emerson — dansent en cadence, ils suivent les lois harmonieuses qui font de la substance la plus commune de la nature, un miracle de beauté aux yeux de notre intelligence. La science, loin de dépouiller la nature de son charme mystérieux, nous révèle ainsi, partout, des harmonies cachées. »

Il est toujours intéressant de deviner la personnalité d'un artiste sous les formes diverses qu'engendre sa fantaisie, de la voir se modifier selon les états momentanés de son instinct esthétique, de la suivre en les expériences successives que lui dicte son tempérament. Mais ce n'est pas le déploiement de certains procédés originaux d'expression qui peut donner à l'œuvre d'art une valeur humaine; cette valeur dépend de la recherche sincère et de l'amour profond et désintéressé du beau. Combien d'artistes n'arrivent à progresser que grâce à l'impulsion d'un désir égoïste de développement du « soi » et n'aiment la nature que pour les possibilités qu'elle leur procure d'affirmer leur vision personnelle et de donner un cours varié à leur fantaisie ! Les grands créateurs, eux, oublient — dès qu'ils sont en face de la beauté — tout ce qui n'est pas cette beauté elle-même. Ils s'appliquent uniquement à exprimer les émotions qu'elle leur suggère. Ils s'effacent devant elle, s'en font les serviteurs passionnés et fidèles. Ils cherchent à se sacrifier à elle, à s'élever à son niveau; ils lui ouvrent tout grand leur cœur frémissant pour qu'elle y pénètre tout entière. Qu'importent les procédés et les méthodes, qu'importent la nature des instincts sensoriels harmonisés ou sauvages, qu'importent la technique et la science, si l'amour n'est pas là, l'amour de la vie dans la beauté et de la beauté dans la vie ? Oui, sans doute, il existe des lois qui permettent à l'artiste de donner une forme parfaite aux images que lui dicte son intuition; il existe des principes fondamentaux d'ordination des lignes, de juxtaposition et de mélange des couleurs et des sonorités, mais dans l'œuvre accomplie, rien ne doit transparaître de toute cette science. Seule, l'émotion du rythme — c'est-à-dire la vérité expressive, le principe d'idéal, l'essence créatrice, l'harmonie fondamentale de la nature — doit se révéler immédiatement, ainsi qu'un reflet direct, spontané et fidèle du Beau.

Le propre du peintre est de se diffuser dans les choses qu'il voit, et ses œuvres doivent constituer une expansion apparente de tous les sentiments de curiosité ardente pour les rythmes de la vie et de la nature qui animent sa personnalité artistique. Cette préoccupation continuelle des mouvements dans la peinture est bien faite pour intéresser les musiciens. Les peintres doivent posséder comme eux l'art d'associer et de dissocier les mouvements, d'accentuer les unissons, de créer des contrepoints, de traiter symphoniquement les sentiments humains et de choisir pour leur expression les gestes et les attitudes propres à leur orchestration.

« Le rythme est partout »; tous les artistes en sont persuadés, mais il importe
que ce principe consacré ne reste pas une simple phrase de constatation. Seul le rythme
peut assurer l'unité des facultés humaines, et constituer cette *éthique individuelle* —
si je puis m'exprimer ainsi — dont la possession nous révèle nos pouvoirs divers et
fait de l'organisme humain comme une collection d'idées, de sensations et de proprié-
tés, comme une harmonie vivante d'existences indépendantes, volontairement asso-
ciées.

L'imagination créatrice s'est, dans tous les domaines de l'art, localisée — dans
les années d'avant-guerre — en des recherches d'effets fantaisistes sans corrélation
avec la vie normale, ou bien est-ce cette vie même qui a perdu à tel point ses rythmes
naturels que l'artiste n'est plus capable de « rythmiser » naturellement son œuvre ?
Des recherches s'imposent aux jeunes générations tendant à créer des mentalités plus
nettes, plus attentives aux lois de l'instinct, et cependant plus disciplinées, ainsi que
des tempéraments à la fois plus riches en énergie et mieux conscients de leur pleine
existence. L'éducation musicale, par exemple, ne se bornera plus désormais à orner
les esprits de connaissances de syntaxe et de vocabulaire, mais à développer des
moyens spontanés d'expression, ainsi que l'art de les combiner et de les harmoniser,
grâce aux nécessaires éliminations et sacrifices qui constituent le style. La musique
doit redevenir enfin un langage naturel, une manifestation vivante des pensées et des
émotions. Et pour cela, une part plus grande doit être réservée dans les études au
développement des qualités d'effusion, de propulsion et de répercussion qui sont la
caractéristique des moyens sonores d'expression.

Les jeunes musiciens de demain doivent chercher à réaliser des progrès dans l'art
d'ordonner les plans, de poursuivre les lignes et de déterminer et ordonner les allures.
Et ces progrès dépendent, eux aussi, d'une orientation nouvelle, encore à créer, dans
la manière de remplacer les classiques développements thématiques par imitations,
marches d'harmonie et doubles vitesses, à jamais tués par Debussy, — par une architecture satisfaisant à la fois aux besoins de la fantaisie émotive et aux exigences de
l'ordre. Tous les jeunes peintres d'aujourd'hui sont unanimes dans leur désir et leur
volonté de renoncer aux artifices de la décoration et du camouflage, pour noter tout
ce qui est invariable et permanent dans la forme, tout « ce qui dure dans le temps »,
— pour harmoniser des éléments justement proportionnés, pour ne choisir que des
sujets directement inspirés par la sensibilité et ne retenir des sensations que l'essentiel,
complètement et clairement réalisé [1].

C'est le même idéal que chercheront à poursuivre les jeunes musiciens en s'appli-

_____

[1] A signaler l'intéressant ouvrage d'OZENFANT et JEANNERET. *Après le cubisme*, dans l'édition des Commen-
taires.

quant avant tout à canaliser les émotions, à réduire le rôle de l'imitation stricte et facile, des éléments exceptionnels, accidentels et pittoresques, à renoncer à tout effet de pure technique tranchant sur la valeur réellement humaine de la conception, — et à spiritualiser la musique par tous les moyens susceptibles de la clarifier. Tous seront d'accord pour renoncer momentanément, dans un but de retour aux émotions élémentaires et à la simplicité d'expression, à tout développement de nature intellectuelle et didactique, ainsi qu'à tous les procédés esthétiques dictés uniquement par la fantaisie de l'instant et non par une sensibilité latente se modifiant de la façon la plus naturelle, avec souplesse et élasticité.... Mais il semble que ces conceptions nouvelles ne puissent être réalisées que grâce à une unification des facultés spirituelles et corporelles qui ne saurait exister sans une étude très poussée des mouvements dans le temps et l'espace, et sans une culture affinée du sens musculaire.

Seule, en effet, cette étude peut communiquer à l'esprit le sentiment de la durée, un des éléments musicaux les plus intimement liés à la sensibilité. Car seul le sens de la motilité est capable de nous révéler les lois selon lesquelles les modifications d'acuité des sonorités s'unissent aux modifications de leur durée et de leur dynamisme. Seule enfin, la possession d'un sens musculaire intégral peut permettre à l'auditeur de substituer à l'état émotif « de l'heure » celui qu'est appelé à créer immédiatement en lui la sensibilité motrice du compositeur, et mettre en même temps ce dernier à même de ne s'exprimer qu'à l'aide de moyens naturels, sans laisser les spéculations d'ordre purement littéraire ou mathématique empiéter sur le domaine des sensations physiques purifiées. En entendant l'œuvre musicale, l'auditeur doit se dire : « Cette musique, c'est toi-même ! » Et il ne peut ressentir cette collaboration à l'œuvre entendue que si celle-ci s'adresse effectivement à lui, au moyen d'expériences de part et d'autre sincèrement ressenties et de sacrifices librement acceptés.

Or, le sens musculaire est encore si imparfaitement développé soit chez l'auteur, soit chez l'interprète, que celui-ci — principalement le pianiste — méconnaît généralement toute puissance d'expression de la durée musicale, et que le premier, dans beaucoup de cas, ne perçoit pas l'imperfection de la plupart des réalisations agogiques. Le style *rubato* sévit actuellement à tel point chez les virtuoses du piano que tous les rapports intimes existant entre l'énergie dépensée (accentuations) et les formes temporelles des sonorités (valeurs) s'en trouvent dénaturés. Le pianiste, quand il joue sans accompagnement d'orchestre, s'est habitué à modifier à sa guise cet enchaînement et cette alternance des durées et des accentuations qui constituent le rythme musical, et se prive par cela même, d'une infinité de moyens variés d'expression. La constante fantaisie du *rubato* est à l'imagination ce qu'est au vol plané de l'aigle, le volètement bourdonnant de la mouche contre les vitres.

En effet, ce n'est pas seulement l'expression esthétique produite par les nuances de durée prévues par le compositeur qui se trouve détruite, — mais encore la dynamique elle-même, puisque les nuances d'énergie et de durée sont inséparables. La fantaisie dans la répartition des durées sonores n'a d'action esthétique que par contraste, à certains moments, avec une interprétation ordrée, scrupuleusement respectueuse des rapports de longueur établis entre les sons, de même qu'un *crescendo* et un *diminuendo* d'énergie n'ont de valeur esthétique que par comparaison avec un état de *piano* ou de *forte*, et qu'une modulation n'acquiert une valeur émotive que si elle établit un contraste avec un état tonal déterminé et persistant.

En quels termes sévères les critiques les plus indulgents ne jugeraient-ils pas un pianiste poussant ses qualités de fantaisie jusqu'à saupoudrer de dièses et de bémols une mélodie notée en do majeur, à corser les accords de notes de remplissage ou à majoriser les thèmes mineurs ? Pourquoi cependant pourrions-nous citer tant de critiques choisis parmi les plus sévères, qui jamais ne signalent ni ne condamnent l'inobservation constante, par la majorité des pianistes, des nuances d'ordre temporel ? C'est là une contradiction que peut seul expliquer l'état d'ignorance, en lequel trop de musiciens se trouvent encore actuellement, des lois physiques qui régissent le nuancé agogique. Cette ignorance est heureusement destinée à disparaître d'ici quelques années, car beaucoup d'esprits musicaux avancés commencent à se douter de l'importance des fonctions à la fois actives et réceptives de l'appareil moteur, et de l'existence de lois naturelles régissant les rapports du mouvement et de la sonorité, — éléments essentiels se renforçant mutuellement en vue de l'expression musicale des émotions humaines.

L'on est habitué à noter rapidement des impressions fugitives, à esquisser des œuvres au lieu de les parachever, à enregistrer des rythmes au lieu de les ordonner. Le culte du détail pittoresque prime celui de l'ordonnance. Il faut que les éducateurs se rendent compte que si le rythme joue un rôle prépondérant dans l'art, en unissant toutes les manifestations du beau et en les animant du même frisson de vie, il doit jouer un rôle aussi dans l'éducation générale en ouvrant de larges voies de communication entre tous les mouvements spirituels et corporels qui animent l'individu, et en lui créant une âme nuancée, en laquelle s'associent harmonieusement les vibrations combinées des vouloirs et des pouvoirs. « Seule l'âme peut conduire le corps, coursier tantôt poussif, tantôt rétif et sauvage, dans les voies que l'esprit lui trace. »

# X

# LA RYTHMIQUE ET LE GESTE DANS
# LE DRAME MUSICAL ET DEVANT LA CRITIQUE

## (1910-1916)

## Le soliste.

Depuis que Richard Wagner renouvelant Gluck, a préconisé pour le théâtre lyrique la trinité classique composée du Verbe, du Geste et de la Musique, et qu'il s'est appliqué à décrire le mode idéal d'interprétation de ses œuvres et à tracer comme Grétry, le plan d'une école lyrico-dramatique, le monde des critiques et des dilettantes s'est déclaré satisfait, et il paraît désormais acquis, pour la plus grande gloire du théâtre contemporain, que le mouvement sonore, le mouvement corporel et le rythme verbal se sont unis définitivement pour créer un Art analogue à l'orchestique grecque, et que tout va pour le mieux dans le meilleur des mondes.

Il vaudrait pourtant la peine de se demander s'il suffit qu'une œuvre lyrique contienne les trois éléments classiques pour que ces éléments s'unifient ? Une analyse même peu fouillée des œuvres lyriques modernes — y compris celles de Wanerg

— et des interprétations sur nos meilleurs théâtres prouverait aux plus optimistes que l'unité classique n'a pas été réalisée et qu'elle ne peut l'être dans les conditions actuelles de l'éducation musicale.

Si nous voulons unifier le verbe, le geste et la musique, il ne suffit pas, en effet, que la musique soit intimement alliée au verbe, ni que le verbe et le geste se fusionnent. Il faut encore que les mouvements corporels et les mouvements sonores, l'élément musical et l'élément plastique soient étroitement unis. Or si nous considérons soit l'œuvre, soit l'interprétation théâtrale de nos jours, nous nous rendons compte que jamais cette dernière union ne s'y trouve réalisée.

Alors que l'expression verbale, l'interprétation poétique du texte demandent des gestes précis et définitifs, l'expression musicale qui constitue l'atmosphère de l'œuvre théâtrale, exige également de l'acteur un état corporel de soumission absolue au rythme qui la réalise. Chacun des mouvements rythmiques musicaux doit trouver dans le corps de l'interprète un mouvement musculaire adéquat; chacun des états d'âme exprimés par la sonorité doit déterminer sur la scène une attitude qui le caractérise. Chaque nuance orchestrale, chaque *crescendo, diminuendo, stringendo,* ou *rallentando* doit être ressenti par l'interprète et exprimé s'il y a lieu. Je dis s'il y a lieu, car il va sans dire que, de même que chaque intention du texte poétique ne demande pas pour chaque mot un geste approprié, de même chaque rythme musical ne nécessite pas une réalisation corporelle, mais il est indispensable qu'il crée une attitude intérieure, qu'il développe en l'esprit de l'interprète une image à son empreinte et qu'il pénètre en son corps, qu'il fasse vibrer tout son organisme, si l'on veut vraiment que l'unité rêvée soit réalisée, si l'on veut animer la musique des frissons de la vie. Or, regardons sur la scène de nos premiers théâtres lyriques, observons le jeu des acteurs tout en écoutant l'orchestre et nous nous apercevrons bien vite qu'il existe un mur entre l'orchestre et la scène, que la musique orchestrale semble un simple accompagnement au chant ou à l'attitude des acteurs et qu'elle ne pénètre pas en eux, qu'elle ne les marque pas à son empreinte. La musique s'élève, s'enfle, grossit, se déchaîne en grandioses sonorités : le geste ne suit pas le *crescendo* ou n'en donne pas l'illusion au spectateur. La musique s'apaise, s'endort, susurre et murmure comme dans un rêve : l'attitude sur la scène révèle une tension musculaire qui est *fortissimo* ! Et même les rythmes musicaux qui caractérisent non pas des mouvements de l'âme, mais de simples déplacements corporels, mouvements de marche, de course, arrêts brusques, soubresauts, etc., ne sont pas réalisés sur la scène ou le sont mal, ce qui est encore pire. Oh, sans doute existe-t-il des chanteurs de théâtre qui sentent la nécessité de cette unité du geste et de la musique et qui cherchent à exprimer les rythmes sonores par des rythmes musculaires. Mais ils n'y parviennent pas, faute d'une éducation spéciale qui le leur permette, de même qu'une technique spéciale des doigts permet seule au musicien de s'exprimer par le moyen d'un instrument.

Tout musicien n'est pas forcé de réaliser corporellement les rythmes musicaux, mais il est évident qu'un chanteur de théâtre ne peut pas, s'il veut être un artiste complet, se passer de cette faculté. Malheureusement, si son éducation est incomplète, celle du public l'est encore davantage et c'est pourquoi tant de chanteurs arythmiques ont du succès quand même. Il ne peut en être toujours ainsi, une évolution s'accomplit actuellement dans les mentalités, l'analyse des rapports du temps et de l'espace est un sujet de préoccupation chez beaucoup d'esthéticiens, et les temps ne sont pas éloignés où l'arythmie d'un chanteur lui sera autant reprochée qu'un manque de justesse dans l'émission des sons....

Avant de mettre son corps au service de l'art, il convient de perfectionner le mécanisme de ce corps, de développer toutes ses facultés et de corriger ses défauts. Il ne suffit même pas que ces facultés s'exercent normalement d'une façon instinctive, comme c'est le cas chez beaucoup d'individus bien doués. Il faut encore qu'elles deviennent conscientes et ne dépendent pas d'un état nerveux momentané. Bien plus, il est indispensable que le système nerveux lui-même soit éduqué et réglé de façon que le cerveau ait une entière liberté de contrôle sur les mouvements musculaires. Il faut que tous les mouvements corporels, marche, gestes et attitudes aient été étudiés non seulement sur une surface plane, telle que le plancher de la scène, mais sur des plans différents, sur des inclinaisons de terrains de divers degrés, tels que praticables et escaliers [1], de façon que le corps prenne connaissance de l'espace, que ses manifestations plastiques s'adaptent facilement à toutes les conditions matérielles dictées par l'action et puissent imposer ensuite au peintre la conception et la réalisation du décor. Il faut enfin que l'organisme devienne un résonateur musical tellement vibrant et d'une telle fidélité qu'il puisse transposer en attitudes et en gestes spontanés toutes les émotions esthétiques provoquées par les rythmes sonores.

Dans sa « Mise en scène du drame wagnérien » (p. 44-45) Adolphe Appia, prophétisant en 1895 la collaboration de la Rythmique à l'œuvre dramatique, cite deux détails significatifs de la mise en scène du troisième acte de la Walkyrie :

_____

[1] C'est Adolphe Appia qui dès les débuts de la Rythmique m'a donné l'idée des évolutions sur escalier, et c'est le peintre russe Salzmann qui imagina pour mes exercices un très ingénieux jeu de plots permettant de construire vite et facilement toute une série d'escaliers et de praticables. De réputés metteurs en scène tels que Reinhardt, Grandville Baker et Gémier adoptèrent plus tard nos procédés, mais seul Gémier m'a paru les utiliser d'une façon vraiment mouvementée et vivante. Maintenant l'on voit des escaliers sur toutes les scènes, mais les régisseurs ne savent pas les utiliser et les acteurs ne savent ni évoluer ni s'y situer avec aisance. Appia écrit : « Les marches d'escalier, par leurs lignes droites et leurs arêtes, maintiennent le contraste nécessaire avec les lignes sinueuses des évolutions et les courbes du corps, mais, étant praticables, elles offrent au corps une certaine _complicité de l'espace_ qui peut devenir un véritable élément d'expression. »

« Wotan arrive dans un terrifiant cyclone, qui s'apaise dès qu'il touche au sommet. Les Walkyries ont caché Brunhilde au milieu d'elles, et cherchent à fléchir leur père. L'ensemble musical est très court, mais à l'incomparable polyphonie doit correspondre un spectacle qui la rende, en quelque sorte, sensible à l'œil, sans pourtant que les filles du dieu se séparent les unes des autres. C'est un léger contre-point, dont les entrées successives marquent la supplication timide d'une façon tout individuelle ; et chaque *Walkyrie devra souligner son entrée, suivant sa partie, d'un pas en avant,* « Zu uns floch die Verlogte ». Les dernières mesures s'épanouissent, irrésistibles : l'entrecroisement des voix se marquera de même, dans le sens de la notation musicale, et de manière à ce que tout le groupe, tendu vers Wotan puisse *se redresser et reculer sur l'accord sec* qui ramène la parole cassante du dieu. On ne saurait pousser trop loin dans cette scène, la minutieuse recherche d'évolutions musicales.... »

Il semble facile de faire évoluer les artistes selon ces indications, mais hélas, il n'en est pas ainsi. La compréhension la plus claire de cette mise en scène par l'acteur, n'en assure pas la réalisation. Pour faire d'une façon *qui paraisse naturelle,* un pas en avant sur tel accent musical, il faut avoir fait préalablement toute une série d'exercices de marche et d'arrêt de marche qui ont pour but d'assurer les divers genres d'équilibre corporel, de pose des pieds et d'innervation musculaire des jambes, nécessaires à l'interprétation des diverses durées sonores en toutes leurs nuances de rapidité ou de lenteur, de pesanteur ou de légèreté. — La marche de l'acteur doit être calquée sur le mouvement musical, et le rythme des pas doit épouser tout naturellement le rythme des sons. Le plus parfait musicien peut être totalement incapable d'effectuer un *rallentando, accelerando* ou *rubato* de marche adéquats aux accélérations, rallentissements ou fluctuations fantaisistes des sonorités. Et de même lui sera-t-il impossible de quitter cette attitude dans un temps donné, par exemple sur une « noire » ou sur une « croche », s'il n'a pas étudié l'anacrouse plastique, c'est-à-dire les lois de la préparation des mouvements. — Puis ce seront les mouvements de bras qui seront étudiés dans *tous les degrés de rapidité ou d'énergie,* d'abord les mouvements simultanés des deux bras dans le même sens, puis les mêmes mouvements effectués par l'un des deux bras dans un sens donné et par l'autre dans le sens contraire, — puis enfin des mouvements opposés simultanés, un bras se mouvant par exemple angulairement et l'autre circulairement. Dans cet ordre d'exercices, les mouvements en apparence les plus simples sont en réalité d'une exécution très difficile. Lever entièrement un bras en seize mesures d'un *adagio* tandis que l'on abaisse l'autre à moitié *dans le même temps,* nécessite une connaissance parfaite des nuances d'innervation musculaire, et, de plus, une longue pratique pour que cette double action produise sur le spectateur une impression de naturel et d'aisance. Pour un être exercé à établir les rapports entre

es mouvements dans le temps et l'espace, la vue d'un geste se terminant avant ou
après la chute du rythme musical constitue une véritable souffrance esthétique. Ce
n'est que lorsque les bras sauront agir dans tous les sens avec facilité que leurs mouvements seront alliés et combinés avec les mouvements des jambes. Il existe un nombre
infini de combinaisons de tous genres dont l'étude amènera fatalement l'harmonisation des habitudes motrices et, par conséquent, la grâce corporelle, car la grâce n'est
pas autre chose que l'aisance et le naturel. Ceux-ci sont assurés par une connaissance
si approfondie des ressources physiques, que l'esprit n'a plus à se préoccuper des effets
corporels, mais uniquement à pénétrer le corps de son pouvoir et de sa volonté d'expression.

Le lien entre les mouvements des bras et ceux des jambes est le mouvement
respiratoire. Les chanteurs n'utilisent guère leur diaphragme que pour assurer au
fonctionnement de leur larynx le souffle nécessaire, et cependant la respiration est
non seulement un agent précieux d'équilibre et d'accentuation corporelle, mais encore
un moyen très puissant d'expression dramatique; et outre les mouvements précipités
de respiration costale dont se servent si fréquemment les cantatrices lyriques pour
indiquer leur émotion devant l'objet aimé, il existe une quantité d'autres mouvements
du torse, provoqués par le souffle, qui sont les compléments obligatoires des mouvements des bras, des jambes et de la tête. Celle-ci doit aussi être soumise à des exercices
particuliers, et cela d'autant plus que les exercices vocaux ne sont pas favorables à
la souplesse du cou. — Mais la maîtrise des mouvements corporels ne constitue qu'une
virtuosité sans but si ces mouvements ne sont pas mis en valeur par l'expression du
regard. Un même geste peut exprimer dix sentiments différents selon que l'œil l'éclaire
d'une façon ou d'une autre. Les rapports des mouvements corporels et de la direction
du regard doivent donc faire aussi l'objet d'une éducation particulière, mais celle-ci
ne pourra être entreprise que lorsqu'à la suite d'exercices répétés, la musique sera
entrée en communication immédiate avec l'organisme, lorsque les vibrations sonores
éveilleront dans les tissus et dans le système nerveux des vibrations analogues, et que
le corps, devenu récepteur des émotions musicales, saura instantanément les transformer en émotions plastiques et les réaliser d'une façon esthétique. Le mécanisme
corporel n'est rien s'il n'est mis au service d'une sensibilité exercée; l'étude de la traduction des rythmes musicaux en mouvements corporels amène forcément le développement de la sensibilité.

\*<br>\* \*

Le jour où les interprètes sauront exprimer avec leur corps toutes les nuances
de l'orchestre, il arrivera fatalement qu'après une période inévitable d'hésitation et

9

d'incompréhension, les spectateurs finiront par apprécier l'unité lyrico-plastique réalisée et sentiront la nécessité de s'initier par une éducation identique aux nouvelles nuances d'interprétation. Les temps sont proches où la quasi-antinomie qui subsiste encore entre les rythmes physiques et les rythmes sonores choquera les spectateurs autant qu'une fausse note dans un chœur ou un manque de mesure dans l'orchestre. Les mentalités évolueront, les jugements se transformeront, la conception des soi-disant exigences scéniques se modifiera, et l'on arrivera avant peu à ne plus pouvoir comprendre comment il fut possible un jour de laisser subsister un tel abîme entre la scène et l'orchestre, entre les réalisations corporelles et les conceptions musicales ! Et les compositeurs abandonneront les formes dramatiques actuelles pour en adopter de plus conformes à la vérité et à la nature. Ils ne permettront plus à leur imagination de donner à des expressions de geste, de regard ou d'attitude une forme musicale dont le rythme et le mouvement ne pourraient pas être réalisés plastiquement. L'habitude les entraîne à considérer toute musique sans paroles comme exprimant des sentiments intérieurs. Leur imagination leur suggérerait souvent des interprétations plus claires s'ils demandaient à celles-ci de leur rendre visibles des gestes ou des jeux de physionomie peints par la musique, au lieu de les garder emprisonnés dans l'individu. Il faut que la dynamique musculaire rende les rythmes musicaux visibles, et que la dynamique musicale rende les rythmes plastiques musicaux. Il faut que le geste précise la réalité des émotions sonores et en éveille l'image.

Et pour cela il convient par conséquent d'éduquer nos corps pour le rythme et par le rythme. Que nous soyons irréprochablement bâtis, cela n'est même pas nécessaire ; l'essentiel est que nos mouvements soient harmonisés, que nos bonnes habitudes motrices soient stylisées : l'essentiel est que nous soyons artistes. Nous avons tous des muscles, nous avons tous une raison, nous avons tous de la volonté, et par conséquent nous sommes tous égaux devant le rythme. L'important est de socialiser nos mouvements et d'établir entre eux et la musique une communion intime.

Mais il est indispensable, si nous voulons éduquer nos corps, que nous ayons appris à les connaître, et c'est pour cela que, sans partager les idées de certains esthètes qui, au point de vue du vêtement, prêchent un retour intégral aux usages de la Grèce antique, je préconise pour les études artistiques plastiques le retour à la quasi-nudité dans les exercices privés. La nudité est non seulement un moyen de contrôle indispensable pour l'expression corporelle, mais aussi un élément du sens esthétique et un incitateur au respect pour le corps que professaient les grands philosophes grecs. A mesure que s'amoindrit l'idée de sexe dans la fièvre artistique et grâce à la volonté de se consacrer entièrement à la beauté et à la vérité d'expression, à mesure que nos corps se pénètrent de sentiment, nous sentons que ce serait

« commettre un péché contre l'esprit » que de ne pas respecter la nudité du corps. Et une fois que les chanteurs dramatiques auront appris à connaître le mécanisme admirable de leurs mouvements et l'alliance étroite de leur corps et de leur intelligence, de leur pensée, de leur volonté et de leur instinct esthétique, ils triompheront complètement de tous les préjugés qui sont encore emmagasinés en eux, grâce à l'éducation et grâce à l'hérédité. Ils considéreront leurs corps comme un moyen d'élévation physique, — comme un instrument d'art pur et de beauté. Il ne faut plus que les bourgeois ricanent en voyant Isadora Duncan danser les jambes nues. Il faut que les critiques exigent désormais du jeune Siegfried qu'il renonce à l'ignoble maillot rose, et des Filles du Rhin qu'elles adoptent l'authentique costume des Ondines. Et tous, purifiés par l'art, verront, dans le corps, le collaborateur de la conscience, un réalisateur de la volonté et de l'imagination en actes nobles et sains, et ils le vénéreront comme un instrument de sagesse, de beauté, d'art et de pureté ! Il ne faut pas que l'interprète d'art sorte de lui-même pour aller à l'art et à la beauté, il faut qu'il force la beauté et la vérité à descendre en lui, à y demeurer en permanence, à devenir une partie intégrante de son organisme, à ne faire qu'un avec lui. Tels sont les bienfaits que j'attends de la culture rythmique que je préconise, et à la suite de laquelle, auteurs et acteurs rejetteront avec dédain le manteau doré des conventions scéniques, recouvreront la virginité des sensations plastiques, allieront en leur art la sensibilité du musicien et celle du sculpteur et du peintre, et s'affranchiront — grâce à une éducation rationnelle, aux principes purs comme la Nature et la Vérité — de la tyrannie des virtuosités inexpressives, des gestes mensongers et des perversions intellectuelles.

*  *  *

### La critique.

Les progrès de l'art de la *gestique* sont malheureusement retardés par l'ignorance de la plupart des critiques d'art ou de musique touchant les pouvoirs d'expression du corps humain ! Sans doute est-il possible d'apprécier équitablement les mérites d'une symphonie sans forcément être capable de jouer soi-même de tous les instruments d'orchestre, — et de reconnaître le mérite d'un chanteur ou d'un pianiste sans avoir étudié le piano ou le chant. Sans doute aussi, de bonnes facultés visuelles, intellectuelles et artistiques peuvent-elles suppléer à l'absence de connaissances techniques quand il s'agit de juger le geste humain, individuel ou collectif. Mais les jugements de personnes peu au courant des ressources multiples de l'organisme humain n'auront jamais qu'une valeur subjective et ne pourront influer directement sur l'éducation du public et des artistes. Un critique musical peut évidemment intéresser le public en rendant compte de l'impression que lui produit telle ou telle orchestration, alors qu'il ne connaît qu'approximativement le mécanisme de chaque instrument, — mais il ne pourra indiquer le pourquoi des défectuosités qui le choquent que s'il sait reconnaître le timbre et la nature des différents agents de sonorité, s'il est au fait des lois naturelles qui régissent l'art de grouper les instruments, d'associer et de combiner leurs registres — et s'il connaît les principes essentiels de la construction musicale.

Or, le geste humain et son orchestration obéissent à des principes élémentaires de nature dynamique, rythmique et agogique, qu'il faut absolument connaître si l'on veut formuler sur leur valeur artistique une opinion motivée. Tout ce qui, dans les œuvres et les interprétations, est créé directement par l'émotion et le tempérament, ne peut susciter que des jugements d'une valeur très relative. Par contre, nous pouvons analyser tout ce qui est dicté par des qualités précises d'intelligence, d'esprit de développement, de sentiment de la forme, d'intuition des effets dynamiques ou rythmiques. Mais, bien entendu, pour être en état d'analyser, il convient de ne pas ignorer la matière traitée. Autant l'opinion subjective d'un artiste créateur de grande valeur peut nous intéresser, au point de vue psychologique, autant nous restons indifférents au mode de ressentir d'un esprit négatif, d'un critique n'ayant jamais apporté à l'art aucune contribution personnelle. Par contre, nous nous intéresserons aux analyses que suggère une réelle connaissance des choses.

Tout corps humain renferme de plus nombreuses possibilités d'orchestration (enchaînement, juxtaposition, opposition de gestes et d'attitudes et de déplacements sur place et en marche) que le corps symphonique le plus complexe. En quelle mesure, de quelle façon cet orchestre humain peut-il et doit-il allier ses rythmes à ceux de l'orchestre sonore ? Voilà la question à laquelle il faudrait être en état de répondre.

Il n'existe sans doute aucun critique musical qui puisse trouver légitime que les clarinettes jouent en un autre ton que le reste de l'orchestre, qu'un pianiste exécute sa partie en un *concerto* dans un autre style que celui qu'adoptent les instruments qui l'accompagnent.... Mais nous ne voyons pas deux critiques sur cent qui fassent une remarque sur les divergences de style, de mesure, de phraser et de nuancer qui existent entre les mouvements d'un ensemble de danseurs, ou d'un soliste s'appliquant à traduire une œuvre musicale ayant une vie propre.

Non seulement leur œil est si habitué aux constants mouvements des bras, arrondis, mous, ondulés et sinueux, qui constituent l'unique ressource expressive des danseurs de ballet, que tout geste énergiquement accentué, tout effet de dynamique musculaire leur paraît anti-esthétique — mais encore leur esprit a si délibérément accepté la désharmonie des mouvements corporels et des rythmes sonores que leur oreille cesse d'entendre la musique dès que leur œil s'astreint à suivre le spectacle, et vice-versa! Il

leur semble tout naturel que sur la scène le corps humain cherche sans cesse à nier les
lois de la pesanteur, que l'ambition du danseur soit d'imiter l'oiseau au lieu de transfigurer l'homme, de créer le pittoresque et le factice au lieu d'ennoblir et de styliser
les gestes de la vie naturelle. Nous repensons encore avec effarement et tristesse à
telles interprétations (du reste très pittoresques au point de vue pictural) d'œuvres
classiques et modernes applaudies par de bons musiciens, qui ne percevaient pas
l'abîme créé par les danseurs entre les symphonies orchestrale et corporelle ! La vérité
est que les musiciens ne soupçonnent pas ce dont le corps humain est capable, et que
ni leur vue, ni leur sens musculaire ne sont suffisamment formés pour les avertir des
erreurs de style commises ou des nuances irrespectées. Le malheur est que beaucoup
de critiques se figurent posséder la science infuse et considèrent le mouvement corporel comme un agent d'expression artistique d'ordre si secondaire qu'ils n'hésitent pas
à prêcher *ex cathedrà* sur des textes dont ils ne soupçonnent pas la portée. « — Il n'y
a guère d'esprits, — nous a dit Vauvenargues, — qui soient capables d'embrasser à
la fois toutes les faces de chaque sujet et c'est là, à ce qu'il me semble, la source la
plus ordinaire des erreurs des hommes. »

Chaque fois que nous assistons à un spectacle de danse, nous restons stupéfiés
devant l'incohérence de jugement des spectateurs et les contradictions de leurs sentiments. Tel qui hait au concert les effets acrobatiques de technique instrumentale,
les applaudit chez le danseur. Tel qui ne peut supporter les transcriptions et arrange-
ments d'œuvres consacrées, admet de la part des artistes de ballet les pires travers-
tissements des œuvres musicales dansées. Tel autre qui se plaint de l'insuffisance des
nuances de toucher chez certains pianistes, supporte sans défaillir la vue des gestes
non nuancés, outrés et fiévreux des chanteurs d'opéra. D'aucuns qui ont un jugement
sûr dès qu'il s'agit d'apprécier la représentation picturale ou sculpturale des formes
humaines, se pâment d'aise devant les afféteries et les anormales dislocations des
corps vivants et animés. Certains critiques encore, et ce sont les pires, ont le goût à
tel point perverti et faussé par la connaissance des conventions et artifices de la chorégraphie usuelle, qu'ils ne remarquent plus le ridicule des effets de danse factices et
exagérés, et ne sont pas sensibles aux efforts des artistes férus de progrès qui cherchent
la rénovation de la danse dans l'expression simple et naturelle des sentiments. Une
fois que les critiques professionnels ont écrit à propos d'un artiste de la danse qu'il
a de la grâce, du maintien, de l'équilibre et du tempérament, ils se figurent avoir tout
dit ! Ils ne se donnent même pas la peine de se rendre compte du degré de respect de
l'interprète pour la pensée musicale qu'il a à traduire. Il faut cependant attacher
autant d'importance aux procédés d'interprétation plastique qu'à ceux d'exécution
musicale !

Mais, là aussi, que de divergences de jugement ne constatons-nous pas chez les critiques musicaux ? Selon que la nature les a créés « rationnels », « affectifs » ou « imaginatifs », et que des psychologues, tels le Dr Charles Odier, les puissent classer en techniciens et idéatifs d'une part, sentimentaux et émotifs purs de l'autre (ou sous-classer les imaginatifs en *rationnels*, *sentimentaux* ou *moteurs*), — les œuvres et les exécutions sont perçues et analysées par eux d'une quantité de façons différentes. Fort heureusement, la portée d'une critique musicale ne dépend pas de la nature de ses conclusions, mais de la simplicité et de la sincérité d'attitude du musicien qui écoute.

Il n'existe pas d'art inférieur, mais il est des façons inférieures de pratiquer l'art de la critique. Le devoir de s'instruire, de progresser, d'évoluer, s'impose à tout homme qui veut consacrer sa vie à juger publiquement les œuvres et les interprétations artistiques. Malheureusement, trop peu de critiques d'art se doutent du sérieux et de l'importance de leur mission. Un grand nombre d'entre eux considèrent leur éducation comme terminée et leurs facultés de jugement comme définitivement formées. Certains estiment que leur tâche consiste uniquement à rechercher des tares dans les œuvres de tous genres que leur présentent les artistes et à les signaler rageusement au public, alors qu'ils devraient s'appliquer à pénétrer l'essence des œuvres et à reconnaître en quelle mesure elles peuvent, malgré leurs défauts, servir au développement de l'art. Selon La Rochefoucauld, « un bon esprit voit toutes choses comme elles doivent être vues. Il leur donne le prix qu'elles méritent et il les fait tourner du côté qui leur est le plus avantageux.... » Il existe peu de bons « esprits » de ce genre dans le royaume de la critique. Dire : « Telle œuvre me plaît ou me déplaît », sans expliquer les raisons de son plaisir ou de son déplaisir, c'est le droit incontestable d'un public musicophile même peu instruit; mais les critiques ont le devoir impérieux de chercher les intentions des auteurs et de les indiquer à leurs lecteurs sans trop insister sur leurs préférences personnelles. Et c'est ainsi que Robert Schumann restera le modèle des critiques, lui qui révéla au monde le génie de compositeurs tels que Berlioz, dont les tendances étaient contraires aux siennes, et que les articles de l'écrivain contemporain, Camille Mauclair, à la fois critique et créateur, désintéressé et enthousiaste, homme de principes et de primesaut, sont lus avec respect par les artistes de tendances les plus diverses, et exercent sur les progrès de l'art une influence en tous points bienfaisante.

Le procédé qui consiste à flétrir une conception artistique parce qu'elle ne répond pas aux exigences de notre propre tempérament n'est acceptable que de la part de ceux qui n'ont pas la mission de rapprocher de l'art les dilettantes peu au courant des diverses formes musicales, et de leur parenté avec les formes multiples de la vie sentimentale. Mais, tous ceux des critiques dont les analyses visent à constituer une œu vre durable d'éducation et de prosélytisme, doivent chercher à comprendre le pourquoi de certains moyens expressifs qui ne les émeuvent point, analyser le caractère de celui qui les a créées, étudier d'autant plus sérieusement une œuvre qu'elle leur paraît le plus étrangère et ne hasarder de jugements définitifs qu'en toute connaissance de cause. Il est très facile d'énoncer une opinion hâtive, selon l'éducation personnelle reçue, selon les particularités de son mode particulier de réceptivité artistique. Mais cette façon rudimentaire de renseigner le public ne peut être cultivée que par des « reporters » d'art, non par des analystes consciencieux et sensitifs, soucieux de se renseigner sur l'état d'âme des créateurs. Malheureusement, chez les trois quarts des faiseurs d'articles musicaux, l'instruction dogmatique, les connaissances acquises dans les bibliothèques, le désir d'étonner le public par un certain étalage d'érudition ou par de faciles paradoxes, remplacent les qualités nécessaires à tout critique sérieux et consciencieux, ces qualités qui, toutes, résident dans l'amour même de toute tentative artistique, dans la curiosité des moyens individuels d'expression, dans le désir de se pencher longuement sur les essais de forme nouvelle pour y chercher l'essence même des sentiments qui les inspirèrent, et de sortir de leur personnalité pour aller à la rencontre des tempéraments différents du leur.

Ah certes ! si nous ne pouvons respecter l'opinion de ceux qui se font esclaves d'une école ou d'un style, et condamnent toutes les formes qui ne leur sont pas familières, nous n'approuvons pas non plus ceux qui font de l'éclectisme à outrance et s'acharnent à découvrir de la beauté là où elle n'est pas. Mais nous sommes forcés de constater que, le plus souvent, certains ne parviennent point à découvrir la beauté dans des œuvres antipathiques à leur individualité sensorielle, parce qu'ils n'ont pas le désir de la découvrir et qu'ils ne possèdent pas la beauté en eux-mêmes. L'instinct n'est pas tout ; les facultés et la volonté d'analyse peuvent modifier toutes les conceptions instinctives de celui qui a pour tâche de renseigner le public sur la production musicale classique ou contemporaine. Comme l'a dit, à peu près, l'avisé et artiste Jean Huré : « L'art du critique est de reconnaître la beauté partout où elle 'se cache et sous les formes les plus diverses. » Et avant lui Leonardo da Vinci avait écrit : « L'amour est le fils de la connaissance. »

Il importe avant tout du reste que la majorité des critiques se mettent d'accord sur les qualités essentielles requises par l'art de la danse et sur le principe même qui doit animer les techniques les plus différentes. Il s'agit toujours d'une pénétration réciproque des rythmes et des sentiments sonores et plastiques, d'un échange continuel d'effluves psychiques et de répercussions sensorielles. La diversité des moyens extérieurs d'expression dépend uniquement de la nature des personnalités, mais tous les artistes danseurs, si divers que puissent être leurs modes de réalisation corporelle, doivent être pénétrés du même esprit, dès qu'ils cherchent à interpréter *de la musique*. L'âme de celle-ci se révèle par un rayonnement dont le degré d'intensité sera le même chez tous les interprètes dignes du nom d'artistes. Mais de même qu'un foyer de lumière agit sur l'œil d'une façon différente selon les résistances diverses de l'atmosphère, selon les divers modes de tamisage et de réverbération créés par les obstacles divers qui s'interposent entre nos yeux et lui, — de même l'action rayonnante de la musique animée revêt pour les spectateurs des aspects différents, créés par la diversité des agents physiques de réceptivité du danseur, qu'il s'agisse des différences de construction de ses membres ou de celles qui dépendent de son système nerveux ou de son tempérament. Pour le spectateur habitué à scruter les divers mécanismes corporels, les différents types de gestes et d'attitudes importent peu. Quelles que soient les variations de la fantaisie dans la matérialisation des idées et des sentiments musicaux, le spectateur saura reconnaître si ceux-ci sont les vrais inspirateurs de l'action corporelle, s'il y a vraiment fusion et non juxtaposition, re-création et non imitation, synrythmie sincère ou vulgaire synchronisme, réceptivité spontanée ou adaptation raisonnée. Toute œuvre musicale comprend une part d'inspiration et une autre de développement thématique et de construction architecturale. Ce dernier élément dépend des techniques intellectuelle et physique, et peut être réalisé différemment par les interprètes danseurs, selon que leurs aptitudes ou leurs savoirs leur ont forgé des techniques différentes. Mais la part d'inspiration qui a présidé à la création de l'œuvre musicale doit se retrouver dans la transposition des rythmes musicaux en mouvements spatiaux; le même souffle doit animer l'expression sonore et l'expression corporelle. Un danseur de l'ancienne école de ballet saura révéler l'âme de la musique aussi fidèlement à l'aide des procédés traditionnels auxquels ses membres sont accoutumés, qu'une Isadora Duncan à l'aide de son immobilisme, ou un Sakharoff à l'aide de sa polymotilité, *si cette âme a également passé en chacun d'eux.*

Et le spectateur vraiment artiste ne devra pas davantage se laisser influencer par ses sympathies personnelles pour tel ou tel procédé technique d'expression, que l'auditeur d'une œuvre de musique pure par ses goûts particuliers, en ce qui concerne les harmonies, la forme des développements et l'orchestration. Il va sans dire que nul n'est maître de ses préférences ou antipathies, mais celles-ci ne doivent jouer aucun rôle dans une appréciation générale touchant la valeur intrinsèque et la sincérité de la manifestation artistique que l'on critique. Toutefois, la maîtrise de la technique étant une condition *sine qua non* de la mise au point d'une œuvre, il convient de ne pas confondre l'individualisme des procédés de technique d'un artiste avec cette insuffisance des moyens d'expression qui constitue, hélas, le style personnel de beaucoup d'artistes de second ordre ! L'inspiration ne suffit pas à créer de toutes pièces une œuvre d'art, car la pensée la plus géniale peut être dénaturée par l'infériorité des moyens qui servent à l'extérioriser. C'est pourquoi un artiste ne doit jamais se figer dans ses procédés de technique et que son devoir est de prendre contact avec tous ceux que ne lui dicte pas sa propre nature. Il en est de même du critique dont l'esprit d'analyse doit pouvoir s'adapter à toutes les formes du style.

Car la connaissance de l'art ne réside pas en des études plus ou moins approfondies. Elle n'est possédée entièrement que par ceux que l'éducation du goût et du tempérament a rendus capables de vibrer aux émotions élémentaires, en dépit même de la nature des plans de construction des œuvres, de leurs modes harmoniques ou tonals, ou de leurs procédés rythmiques. L'on ne peut juger ni connaître une œuvre que si on la possède, si on se l'est incorporée physiquement et psychiquement.

La preuve en est que telle interprétation d'une œuvre pianistique qui nous est inconnue peut nous paraître révélatrice d'un grand talent d'interprétation chez un pianiste, alors que son exécution d'œuvres que nous avons étudiées et jouées nous-mêmes nous déçoit ou nous déconcerte. Ce fait est significatif. Beaucoup de chefs d'orchestre peu admirateurs d'une œuvre symphonique finissent par s'y intéresser, et y découvrir des beautés lorsqu'ils l'ont fait répéter longuement à leur orchestre. Ne serait-il pas, dès lors, à prévoir que tels critiques qui, après une première audition, décrètent que telle œuvre est insuffisante au point de vue de la forme, changeraient d'avis s'ils se donnaient la peine d'en étudier consciencieusement la partition, ou même de se renseigner sur le caractère de l'auteur ? Mais voilà, on tient à rester subjectif et l'on s'en fait honneur, oubliant trop souvent que nous ne pouvons admettre la subjectivité exclusive de certains jugements que de la part d'individualités puissantes, capables de produire. Hélas ! combien de critiques ne sont que des ratés, qui s'imposent une manière négative parce qu'ils ne peuvent, en créant, affirmer leur puissance vitale ! De deux choses l'une : ou le critique est capable de faire œuvre de vie personnelle et, dès lors, il est en droit de dire ses préférences et de juger d'après son tempérament ; ou bien il n'est qu'observateur et éducateur et, dans ce cas, son devoir est d'étudier, de comparer, d'analyser et d'exposer sans conclure. Il faut, pour conquérir le droit de présenter au public des jugements arbitraires, être très sûr de soi-même, avoir une ligne de conduite inflexible, ne jamais commettre l'erreur de modifier ses jugements selon l'amitié que l'on porte aux œuvres et aux artistes qui vous sont proches, et contrôler sans cesse l'état de son propre esprit et de son tempérament. « Dionysius, nous raconte Rabelais, se mocquait des grammairiens qui ont soing à signaler les maulx d'autrui et ignorent leurs propres ; des musiciens qui accordent leurs fleutes et n'accordent pas leurs mœurs ; des orateurs qui étudient à dire justice, non à la faire. »

Si les critiques dramatiques et musicaux, au lieu de se borner à constater l'abaissement de l'art de la gesticulation (gestique) dans le drame lyrique, se donnaient la peine d'analyser les rapports de cette gestique avec la rythmique musicale, ils constateraient qu'il existe, outre des gestes individuels, des gestes *collectifs*, et que, sans l'étude particulière de ces derniers, aucune mise en scène comportant des mouvements de chœur, ne peut revêtir un caractère musical vraiment artistique.

\* \* \*

### La foule.

Les personnalités composant un chœur, fussent-elles toutes douées d'un talent transcendant de comédien, ne produiront jamais d'effet dramatique sur le public, si elles agissent chacune pour leur compte individuel. Quarante personnes faisant chacune un geste différent, ne peuvent communiquer l'impression d'une pensée commune. Leurs gestes s'éparpillent dans l'espace. Il en est d'une foule actrice comme de l'œuvre dramatico-lyrique tout entière; chacun de ses éléments doit savoir fusionner avec les autres, et au besoin disparaître momentanément devant eux. Et le geste fait par une foule doit être le résultat d'une quantité de modifications presque imperceptibles d'une attitude fixe, imposée à tous les participants. Dans le drame parlé moderne, tous les individus d'une foule peuvent évoluer librement et gesticuler à leur fantaisie selon un rythme complexe pour donner l'impression d'une fête, d'une grève ou d'une bataille.... et nous citerons comme chefs-d'œuvre du genre les étonnantes mises en scène de M. F. Gémier, dans le *Marchand de Venise* et *Antoine et Cléopâtre*. Mais dans le drame lyrique, la foule a un autre rôle à jouer. Elle exprime les sentiments d'une communauté, et des émotions générales dont l'expression nécessite une stylisation spéciale.

Cette éducation esthétique d'une foule mouvementée, cette étude des lois qui créent le geste en commun, l'attitude et l'évolution collectives, éducation qui fait forcément partie du programme de toute méthode de Rythmique — mériterait d'être prise en considération par tous ceux de nos jeunes gens suisses qui sont gymnastes, chanteurs ou sportsmen. Plus qu'en tout autre pays, en effet, les spectacles populaires comportent la participation de nombreuses figurations, et l'heureuse influence de ces « festspiels » (pour employer le terme alémannique) n'est plus à démontrer; depuis longtemps nos psychologues, nos éducateurs et même nos théologiens l'ont reconnue.

\* \* \*

Dès le XII^me siècle, les Suisses organisaient des spectacles de la Passion auxquels acteurs et public se rendaient en cortège, en chantant et en dansant. Ces spectacles avaient lieu primitivement à l'Eglise, puis ils furent transportés en plein air. En certains cas les assistants y participaient librement et l'on nous cite telle scène où Pilate, conspué par deux cents acteurs, avait peine à échapper aux fureurs du public.

Au XVᵐᵉ siècle, les collèges organisaient des fêtes dramatiques sous l'influence du drame latin et humaniste de Térence, et les jeux de la Passion se multipliaient. A Lucerne principalement, où ils nécessitèrent le concours de plusieurs centaines de figurants, — à Einsiedeln, où l'assistance chantait avec les choristes, — à Berne, où le poète et peintre Nicolas Manuel faisait jouer des pantomimes et des pièces de carnaval, — à Zurich, où Josias Murer, dans son *Siège de Babylone*, et Halzwarth, dans son *Saül*, faisaient évoluer « toute une armée ! » L'on y mettait en scène, en effet, des batailles réglées et le livret de *Saül* indique au dernier acte que « le peuple satisfait devait cesser de combattre, se coucher et s'endormir en un mouvement d'ensemble. » Il y avait donc déjà à cette époque une Rythmique des foules. Les indications de scène sont à cet égard significatives. Les trompettes sonnent, le peuple se bat, attaque, se retire, discute, chuchote, prête serment, danse et forme cortège, jouant ainsi dans l'œuvre un rôle aussi important que celui des solistes.

Ces traditions ne se sont pas perdues, car si les collèges musicaux ont périclité et si les mystères sont, à partir du XVIIIᵐᵉ siècle, devenus de plus en plus rares, tous les cantons, d'autre part, ont créé à l'occasion des centenaires d'entrée dans la Confédération, de grands spectacles patriotiques d'une vie et d'une beauté extraordinaires. La nature aussi a inspiré de grandes manifestations dramatiques populaires telles que l'inoubliable Fête des Vignerons. Et nous nous rendons compte ainsi que notre pays possède un instinct naturel pour l'art de grouper les foules et de les faire vivre en scène. En plein air, sous l'éclat du soleil, dans le cadre merveilleux que leur constituent un paysage mouvementé et un ciel multiple, sur des scènes où la nature fournit elle-même à l'espace toutes les gradations de hauteur, de profondeur et d'épaisseur — les cortèges évoluent, les danseurs font la ronde, les citoyens s'agenouillent pour chanter des hymnes, sans qu'une science particulière de mise en scène soit absolument nécessaire. Mais dans un local fermé, il en est autrement, et le cadre d'un espace facticement créé, exige des conditions de mouvement et de groupement toutes particulières. Nos artistes suisses, s'ils entreprennent la tâche intéressante d'étudier les rapports de l'espace mesuré, rythmé et éclairé, avec les rythmes de la musique et du mouvement corporel — peuvent faire entrer l'art dramatique suisse dans une voie toute nouvelle. Les œuvres sont là, seule la technique théâtrale fait défaut. L'impressionnant dernier tableau de *Guillaume le Fou*, de Chavannes, n'a pas produit à la Comédie l'effet qu'il devait produire, parce que le metteur en scène avait considéré le groupe des paysans suisses comme une réunion d'hommes isolés possédant chacun sa personnalité — au lieu de le traiter comme un individu, comme une entité, comme une synthèse....

Quels sont les moyens les plus simples à employer au théâtre, pour mettre la foule à même d'exprimer les sentiments et émotions des œuvres lyriques, grâce à une stylisation de gestes collectifs, rythmiquement réglés dans l'espace ?

*  *  *

Nous avons tous admiré, dans nos fêtes de gymnastique, le superbe tableau animé, formé par des centaines de jeunes gens se mouvant en mesure, aux sons de la musique. La simultanéité et le synchronisme des gestes produisent un effet à la fois émouvant et esthétique. Et cependant les gymnastes ne cherchent pas, à l'aide de leurs mouvements d'ensemble, à accomplir une œuvre d'art ou de sentiment. Leurs seuls buts sont la discipline et l'hygiène. Ils cultivent le mouvement pour lui-même et ne pensent pas à le considérer comme un moyen d'expression des sentiments.... Sur la scène, dans le drame lyrique, la foule des figurants cultivent aussi le geste collectif, mais elle le met au service d'une idée. Son rôle est double. D'abord, elle prend part à l'action dramatique, puis encore (comme dans le drame d'Eschyle) elle commente la pensée du poète ou exprime les sentiments du public, crée un lien entre la scène et l'auditoire. Lorsqu'elle joue un rôle actif dans l'œuvre, ses mouvements constituent des gestes d'action. Lorsqu'elle joue le rôle de confidente des héros, ou de révélatrice des vérités religieuses ou philosophiques contenues dans le drame, son geste devient essentiellement musical.

Le geste collectif d'action peut être tout simplement la répétition, par chaque choriste, d'un mouvement individuel réglé d'avance, ou même la réunion de nombreux gestes individuels non harmonisés. Mais si la foule a à faire un geste musical destiné à indiquer une situation, à créer une atmosphère, il faudra que les gestes individuels soient stylisés et que tous les mouvements des choristes renoncent à toute personnalité pour se subordonner à l'ensemble. En d'autres termes, le metteur en scène aura à orchestrer les mouvements divers des acteurs de façon à obtenir l'unité du geste collectif. Avant d'étudier les lois d'après lesquelles cette orchestration peut s'effectuer simplement, clairement et naturellement — de façon à ce que les mouvements d'ensemble, tout en étant stylisés, conservent un caractère foncièrement humain — il convient d'étudier d'abord les lois qui établissent l'harmonie du geste individuel.

*  *  *

Aucun mouvement corporel n'a de valeur expressive en lui-même. L'expression par le geste dépend de l'enchaînement des mouvements et du souci constant de l'harmonie et de la rythmique dynamiques et statiques. La statique est l'étude des lois de l'équilibre et des proportions, la dynamique (du geste), celle des moyens d'expression. Selon l'expression de François Del Sarte, l'harmonie dynamique est fondée sur la concomitance du rapport qui existe entre tous les agents du geste. De même qu'il existe en musique des accords consonants et des dissonants, de même y a-t-il en mimique des dissonances et des consonances de gestes. Les mouvements « consonants » sont produits par la coordination parfaite entre les membres, la tête et le torse, agents fondamentaux du geste. Il en sera exactement de même lorsqu'il s'agira d'harmoniser les divers éléments moteurs d'une foule.

Une foule peut agir seule en scène, ou conjointement avec un soliste. Seule, elle exprimera une action affirmative ou négative, hésitante ou contraire. Vis-à-vis du soliste, elle sera un élément soit d'opposition, soit d'acceptation, soit encore de discussion (c'est-à-dire un mélange d'acceptation et de résistance).

Dans le mouvement collectif d'une foule, il y a à étudier le déplacement, l'attitude et l'enchaînement des attitudes. De même que chez l'individu les déplacements d'un bras ou d'une jambe deviennent inesthétiques dès qu'ils sont accompagnés de mouvements inutiles des épaules ou d'intempestifs jeux de physionomie, de même aussi les changements de gestes, d'attitudes, de marche ou de course d'un groupement d'hommes n'agiront d'une manière harmonieuse sur le spectateur que grâce à un renoncement complet à tout geste individuel nuisant à la ligne générale. La foule doit être considérée, par le metteur en scène, comme une entité, comme un seul individu aux membres multiples. La simultanéité même des gestes individuels n'est pas en état de révéler la pensée collective d'une foule. C'est ainsi que cinquante personnes étendant lentement les bras, ne produisent qu'un effet de renforcement de lignes. Il faudra, pour que le spectateur éprouve la sensation que c'est bien le peuple tout entier qui tend les bras, que le geste de chaque acteur isolé continue le geste commencé par un autre et le transmette ensuite à son voisin à l'aide d'un mouvement continu.

Si, à un moment donné, le chœur entier se doit déplacer dans un mouvement d'impulsion, un unique pas fait par tous les choristes ne nous donnera pas la sensation que c'est une foule qui avance. Il faudra que les derniers choristes ne se déplacent point, que d'autres ne fassent qu'un petit pas, d'autres un plus grand, et certains encore plusieurs de suite, de sorte que l'espace entier reste occupé et que, par conséquent, le groupement s'allonge.

Au point de vue dynamique, il en est de même. L'impression d'un déploiement commun d'énergie ne dépend pas de la plus ou moins forte dépense musculaire de chaque individu isolé. L'effet de *crescendo* pourra être obtenu sans aucun accroissement des énergies particulières, grâce à un simple resserrement du groupe (action analogue à celle du raccourcissement d'un muscle) ou au contraire à l'aide d'un élargissement qui lui laisse occuper une plus grande partie de l'espace. D'une façon générale, tous les effets dynamiques seront obtenus par des modifications de rapports spatiaux et tous les effets pathétiques par l'interruption de symétries persistantes. Qu'un seul assistant se soulève légèrement au milieu d'un groupe de gens agenouillés et l'impression produite sera plus forte que si tous se lèvent en même temps. L'effet sera décuplé si, cependant qu'il se lève, les autres personnes agenouillées s'inclinent vers la terre. De même que tout geste d'un bras ne doit sa signification complète qu'à l'opposition d'une autre partie du corps, de même celui d'une collectivité a-t-il besoin du contraste fourni par des attitudes opposées bien réglées. Un corps qui avance donne une plus forte impression de direction en avant si synchroniquement d'autres corps reculent.

Voilà pourquoi la polyrythmie doit jouer un rôle très important dans la mise en scène des foules. Non seulement la polyrythmie dans le chœur, mais celle qui contrepointe les gestes d'un soliste par ceux d'un groupement de choristes, qui oppose des mouvements continus et lents à des mouvements vifs et saccadés, qui enchaîne en canon les gestes et les pas, qui règle l'opposition des attitudes et des déplacements. L'étude des rapports entre le geste théâtral et l'espace démontre la nécessité de renoncer aux décors peints créant des espaces fictifs, et de recourir plus souvent aux praticables, plans inclinés et escaliers [1] qui permettent au corps de varier les attitudes, les recherches d'équilibre et de groupement. Mais il ne suffit pas de fournir aux acteurs des espaces plus variés et plus propices aux mouvements corporels. L'essentiel est de leur donner l'éducation spéciale que nécessite l'utilisation de ces espaces. Cette éducation devra régler les rapports de l'espace et de la durée, et c'est pourquoi elle devra être essentiellement musicale, puisque la musique est le seul art qui enseigne les nuances du temps. Le chœur doit reproduire les rythmes élémentaires de la musique, les périodes de défaillance voulue comme les moments culminants d'activité des émotions génératrices. Il donne une forme et fournit un cadre à l'expression individuelle des protagonistes. Dans un ensemble symphonique orchestral, toute liberté est offerte par le compositeur aux musiciens solistes de traduire les pensées dominantes de l'œuvre, mais leur expansion lyrique est sans cesse réfrénée et stylisée grâce à la nécessité où ils sont de respecter les limites imposées à l'ensemble et de ne pas nuire à l'équilibre de l'interprétation. Nous l'avons dit, c'est le chœur qui crée le milieu en lequel évoluent les acteurs. Ceux-ci peuvent évidemment garder toute leur indépendance d'ac-

[1] Voir page 127, même chapitre.

tion individuelle, mais à condition qu'ils s'appliquent à adopter ce milieu que leur imposent les conditions esthétiques et sentimentales de l'œuvre. D'autre part, toutes les individualités groupées constituant la foule doivent sacrifier leur façon personnelle de s'exprimer pour ne pas nuire à l'impression générale. Le rôle de la foule est d'établir constamment des rapports et des contrastes entre la vie imaginée des héros du drame et la vie normale et le rythme intérieur des spectateurs.

L'éducation spéciale à imposer aux choristes, pressentie par Appia il y a vingt ans déjà, et complètement réalisée pas nous depuis, cherche à donner aux acteurs la souplesse qu'il leur faut pour s'adapter instantanément à tous les rythmes exceptionnels dictés par l'inspiration, ou ce que l'on pourrait appeler la « musique » du tempérament des auteurs. Les acteurs acquerront en outre le sentiment constant que leur rôle consiste à s'incorporer à une action commune et à s'incliner devant des nécessités dramatiques dominant leur personnalité. Cette éducation devrait également être imposée aux chefs d'orchestre, aux régisseurs et aux spécialistes de la décoration et de l'éclairage. Le groupement de toutes ces individualités s'impose; tous leurs efforts doivent concourir à l'impression d'ensemble, à l'unité du style dramatique, et leurs conceptions ne sauraient sans danger rester indépendantes et isolées.

\*  \*  \*

Au théâtre, la lumière ne joue généralement qu'un rôle pittoresque d'imitation d'effets de nature et ne s'associe guère qu'à la peinture décorative. Son action, exercée conjointement à la musique pour modifier selon la situation les conditions de l'espace, pourrait cependant fournir au jeu des acteurs, de nouvelles et variées possibilités d'expression. Renonçant à certains moments à son rôle habituel qui consiste à imiter les clartés diverses du jour et de la nuit, elle participerait directement au drame, en soulignerait les péripéties sentimentales, les élans et les reculs, imprégnant l'espace décoratif de son essence émotive. Nous verrions ainsi une foule d'abord parquée dans une obscurité relative entrer petit à petit dans la zone de lumière; différents éléments de cette foule se répartir dans les endroits diversement éclairés de l'espace, et des gestes collectifs commencés dans une ombre crépusculaire s'achever dans l'éclat triomphal du jour.

La lumière est sœur de la musique. Fortifier les *crescendo* de l'une par l'accroissement de l'autre, harmoniser tous leurs modes de nuancer, de phraser et de rythme, c'est communiquer aux spectateurs — grâce aux vibrations sonores et lumineuses combinées — un maximum de sensations esthétiques, et aux acteurs, grâce aux modifications pathétiques de l'espace où ils se meuvent, des moyens insoupçonnés d'expression. Mais à la condition, cela va sans dire, que ces acteurs n'emploient pas ces moyens nouveaux d'une façon machinale, et qu'ils soient de vrais artistes. Car l'art, ce n'est pas un moyen particulier d'expression et de traduction de la vie, c'est la « vie elle-même et la façon de la ressentir ». Le développement du sentiment et du tempérament n'entre malheureusement dans aucun programme actuel d'éducation artistique. C'est là une grave erreur et nous trouvons vraiment étonnant que si peu d'artistes et de critiques sachent la reconnaître. En ce qui nous concerne, Il est certain que si nous désirons ces réformes avec ardeur, c'est parce que (à l'encontre de telle maxime de La Rochefoucauld), nous « connaissons parfaitement ce que nous désirons ! »

# XI

# COMMENT RETROUVER LA DANSE ?

## (1912)

⚜

Il n'a jamais été parlé de la danse, depuis Lucien jusqu'à Gœthe et Théophile
Gautier, que d'une façon dithyrambique, en des termes aériens et vaguement évocateurs de rêves ailés et surhumains, en lesquels les formes corporelles affranchies
des lois de la pesanteur planent et flottent au-dessus des réalités de l'existence. Ce
n'est pas en ces termes que je veux parler aujourd'hui de la danse; il s'agit pour moi
de préciser en quelles limites l'art de danser peut se rapprocher, de par sa conception
même et par des moyens purement humains soumis aux lois physiologiques, de l'art
actuellement en plein développement auquel il est étroitement apparenté : la musique.

Il existe et il existera certainement toujours des êtres d'exception qui, naturellement doués et pour la musique et pour la plastique vivante, possédés par la joie de
vivre et, d'autre part, pénétrés de la profonde impression de beauté qui se dégage des
émotions humaines, sauront rendre visibles les rythmes sonores et recréer plastiquement la musique sans études spéciales et grâce seulement à leur intuition naturelle,
à la subordination inconsciente de leurs facultés physiques à leurs facultés imaginatives et émotives. Ceux-là sont des prédestinés et peuvent à la rigueur se passer de toute
éducation.

Mais nous connaissons de nombreux individus poussés vers l'art chorégraphique
par un goût naturel pour la plastique expressive, — et souvent simplement pour le

10

mouvement corporel, — qui se vouent à la danse sans posséder la totalité des nombreuses facultés nécessaires à la pratique de cet art si complet, si profondément humain. Pour ceux-là, l'éducation actuellement donnée aux danseurs est absolument insuffisante. C'est la possibilité de relever le niveau des études chorégraphiques qui me préoccupe et intéresse plus spécialement, car c'est du relèvement de ce niveau, et, conséquemment, de la mentalité des danseurs, que dépend avant tout la renaissance de la danse.

C'est d'une façon technique que je désire m'occuper en cette étude des conditions d'être et des possibilités de renaissance de l'art chorégraphique et l'on ne m'en voudra pas de délaisser en la circonstance les métaphores et les lyrismes de convention.

\*   \*   \*

*La danse est l'art d'exprimer les émotions à l'aide de mouvements corporels rythmés.* Ce n'est pas le rythme qui rend ces mouvements expressifs, mais en les ordonnant, en les stylisant, c'est-à-dire en en « altérant consciemment les rapports » [1], il les rend artistiques; et dès l'antiquité la plus reculée, nous voyons les danses accompagnées par des musiques dont le but est de régler rythmiquement les gestes, les évolutions et les attitudes. Sans doute, cet accompagnement musical n'est-il pas rigoureusement indispensable et je l'indiquerai plus nettement tout à l'heure; mais, si nous admettons que l'art de la danse comporte une fusion de la sonorité rythmée et du mouvement, — de même que, dans l'art lyrique, nous voyons s'unifier le verbe et la musique, — il convient de déclarer que l'état de décadence en lequel se trouve la danse de nos jours tient autant au développement exagéré de la virtuosité corporelle aux dépens de l'expression qu'à la négation absolue du principe de l'unité de la plastique corporelle et du rythme musical [2].

Dans la danse théâtrale telle qu'elle sévit encore sur les scènes lyriques les plus importantes, les mouvements corporels ne tendent jamais à exprimer des sentiments ni à transposer des mouvements sonores. Ils ne s'harmonisent que rarement avec la musique qui est censée les susciter et les animer, et les membres qui les exécutent ne sont pas même harmonisés entre eux. Les bras se désintéressent complètement de ce que font les jambes, ou plutôt ils ont l'air de se refuser à les suivre dans l'orien-

(1) H. TAINE.
(2) Les études du ballet dit « classique », ont pour but l'acquisition d'un certain nombre d'automatismes, de nature acrobatique, qui peuvent s'enchaîner de diverses manières. Le rôle du maître de ballet consiste à les adapter aux musiques de styles divers qu'ils ont pour mission de faire interpréter. A partir du jour où les danseurs ont passé leur dernier examen, leur technique est considérée comme achevée, et tout développement artistique s'avère inutile. Pendant toute leur carrière, ils présenteront au public les exercices de virtuosité qu'on leur a fait étudier à l'école et qui constituent ce que l'on est convenu d'appeler *l'art chorégraphique.*

tation de leur marche. Ils ne sont là que pour l'équilibre et semblent appartenir à un corps différent. Quant aux jambes, leur rôle semble consister à nier la pesanteur du corps. L'on comprend qu'en éliminant de leur dessin la représentation de certaines contractions musculaires, les peintres parviennent à détruire l'impression de pesanteur dans le but déterminé de donner au spectateur l'illusion de l'immatérialité (dans des ascensions de saints ou des envols d'anges, par exemple). Mais les danseurs, sans s'en douter, matérialisent d'autant plus le corps qu'ils cherchent à le rendre moins pesant, en multipliant les sauts et les bondissements. Ceux-ci, en effet, ne peuvent être effectués que grâce à de très énergiques efforts de contraction. L'immatérialisation d'un corps ne peut être rendue dans la danse que par la gradation des « diminuendo » dynamiques dans d'autres membres que les jambes, car celles-ci, pendant la danse bondissante, ne peuvent pas être autrement que contractées. L'immatérialisation ne peut en outre paraître telle au public que si le danseur est sincèrement et entièrement pénétré de pensées dégagées de toute matérialité. Or les facultés spirituelles ne peuvent jamais se développer normalement et complètement chez un danseur qui se spécialise en l'exercice de mouvements restreints, et particulièrement en celui des mouvements réalistes du saut.

Une pensée complète, une association d'idées et de sentiments, un état d'âme ne peuvent être traduits que par un corps entièrement animé par cette pensée. De même que dans le drame lyrique la vocalisation sans objet, celle dont le seul but est la virtuosité, produit sur les artistes d'aujourd'hui une impression d'insincérité et d'à quoi bon, — de même les mouvements corporels non inspirés par le besoin d'extérioriser des sentiments ou de traduire une musique sincèrement vécue, ne constituent au théâtre que de ridicules acrobaties. Si la danse et la mimique s'avèrent sur nos scènes modernes un art délibérément inférieur (dans la pantomime les gestes ne servent qu'à exprimer des sentiments conventionnels et des actes réalistes), c'est qu'elles se sont spécialisées dans le domaine des effets de pure technique. Peu importe la variété de ces effets, peu importe même le souci de certains danseurs de les produire synchroniquement aux cadences mesurées de l'orchestre. Ce n'est pas la mesure qui assure l'originalité d'expression de la musique, c'est le rythme. Et les danseurs non artistes auront beau mesurer exactement avec leurs pas les phrases musicales, ce n'est pas la musique elle-même qu'exprimera leur danse mais uniquement ses formes extérieures désormais privées d'impulsion et de vie. La vitesse et la lenteur des mouvements sonores ou corporels ne deviennent expressives que lorsqu'elles sont représentatives d'un état de concentration ou d'excitation créé par des images motrices intellectuelles et animiques. Une marche lente ou une course légère ne peuvent produire une impression esthétique que si l'allure générale de l'interprète indique au spectateur les rapports entre les mouvements qu'il voit et l'état concentré d'esprit et d'âme qui les a provoqués. La marche ou la course peuvent être influencées en leur vitesse par des causes immatérielles, mais l'attitude générale du corps tout entier en sera pareillement influencée, ce qui prouve l'insincérité de la plupart des pas de danse, pour lesquels seuls les muscles des jambes sont mis en action et dont les effets sont analogues aux « traits » de vaillance, aujourd'hui à juste raison proscrits de la littérature musicale instrumentale.

* * *

Il n'est du reste plus nécessaire de nos jours d'entreprendre le procès du ballet du théâtre : ce procès est déjà jugé et perdu. Le public ne s'intéresse plus à la chorégraphie, les artistes ne la considèrent plus comme un art, mais il est à déplorer que ni les artistes, ni le public ne connaissent en somme les vraies raisons de leur mépris. On les voit s'extasier encore sur les mérites de quelques danseurs de renom et cela semblerait prouver que c'est surtout dans l'infériorité de la moyenne des danseurs que leur paraît résider la décadence de l'art chorégraphique. Le désaccord qui existe entre la métrique et la rythmique musicale, et la façon dont elles sont réalisées plastiquement ne frappe que très peu d'artistes. Le mur qui sépare l'orchestre de la scène leur paraît normal. Les remarquables essais de reconstitution des danses grecques par Isadora Duncan leur paraissent suffisants pour réformer l'art du ballet, car ils ne s'aperçoivent pas que ces danses ne sont pas inspirées par la musique et peuvent se passer entièrement d'elle. D'autres encore — et parmi eux des artistes et critiques notables — conservent, ou affectent de conserver, une confiance inébranlable en des traditions chorégraphiques qui sont en complet désaccord avec leurs principes musicaux, basés sur une recherche sincère d'expression naturelle. En un mot, le public du ballet d'aujourd'hui me paraît, être vis-à-vis de la danse, dans la même situation qu'un public d'opéra qui ne s'apercevrait pas :

1º que les rythmes du texte chanté ne correspondent absolument pas aux rythmes musicaux qui sont censés les mettre en valeur, et

2º que les chanteurs chantent dans un autre ton que l'orchestre et dans une mesure différente.

Contre le manque d'union existant entre la poésie et la musique, Wagner s'est élevé jadis avec conviction, et, grâce à ses œuvres, une révolution s'est accomplie. Il faut également que les artistes conscients de l'abîme qui s'est creusé sur la scène entre le langage corporel et les rythmes sonores, vouent tous leurs efforts à faire remarquer au public la cause réelle de l'infériorité artistique dont il est instinctivement choqué, et à lui prouver que si la danse actuelle n'est plus un art, c'est parce que les lois de l'esthétique sonore et plastique n'y sont plus respectées.

Car la musique des sons et celle des mouvements ont, l'une et l'autre, comme but d'exprimer pour les hommes qui nous entourent les sentiments qui nous possèdent.

La musique qui est en nous et qui est formée par nos rythmes naturels, par les émotions qui déterminent en nos âmes les sensations particulières à chaque tempérament, cette musique peut prendre des formes différentes selon les facultés réalisatrices des individus. Dans la danse, il faut qu'elle se transpose à la fois en sons et en mouvements. — La musique sonore règle, ordre, stylise la plastique qui, sans elle, serait livrée à l'anarchie des mouvements. De plus, elle renforce son expression grâce à son pouvoir excitateur. D'autre part, la plastique rend les sons visibles et leur ajoute un élément d'humanité.

Dans le ballet moderne, musique et danse sont séparées, car les études chorégraphiques et musicales sont spécialisées. Elles le sont même depuis si longtemps qu'il existe très peu de musique de ballet pouvant être dansée et très peu de rythmes corporels usités dans la danse qui puissent inspirer aux compositeurs une musique originale. Les danseurs et les compositeurs de ballet s'ignorent. Il n'existe plus aucun rapport entre les rythmes dans le temps et ceux dans l'espace [1].

S'il est admis que les mouvements corporels doivent être réglés par des rythmes musicaux, il importe que ces rythmes soient susceptibles d'être réalisés corporellement. Si nous examinons les musiques de ballet actuelles, nous nous rendons compte que les durées musicales y sont généralement beaucoup trop courtes pour que les jambes et les bras puissent les exprimer synchroniquement, d'où la constatation première que nos compositeurs de ballet ne connaissent pas l'instrument pour lequel ils écrivent, et qu'ils imaginent pour le corps des musiques quelconques dont la plus grande partie ne peuvent être réalisées. Ils accumulent les procédés techniques musicaux pour dissimuler leur manque de connaissances du corps humain et de ses moyens d'expression.

D'autre part, nous observons sur scène que lorsque, dans l'œuvre musicale, il est des passages susceptibles d'être exprimés par les mouvements du corps, les danseurs

(1) Si l'on signale cet état de choses à des peintres, ils vous répondent avec une apparente logique que l'important pour eux est la *vue* de mouvements harmonieux, et non l'*audition* d'une musique aux harmonies adéquates, — et que du reste, cette juxtaposition d'éléments différents leur parait nuisible à l'unité de l'impression plastique. Assurément ! s'ils ne possèdent pas un sens musical normal ! — Et rien ne me parait plus légitime que l'existence d'une plastique vivante se passant de musique et tirant toutes ses ressources du seul corps humain. Mais le malheur est que les danseurs non musiciens, incapables d'interpréter la musique qu'ils choisissent pour, soi-disant, les inspirer, — ne songent pas à se passer d'elle et persistent à la parodier. De deux choses l'une, ou ils considèrent la musique comme un simple régulateur de leurs mouvements et dans ce cas, ils n'ont qu'à faire régler ceux-ci par n'importe quel instrument de percussion, — ou bien, se doutant qu'elle est un animateur et un inspirateur d'essence supérieure, ils se livreront sincèrement à ses impulsions et nous épargneront désormais le spectacle révoltant de sa prostitution.

ne cherchent même pas à conformer ces mouvements aux rythmes de la musique et
se contentent d'y adapter une interprétation conventionnelle. D'où cette seconde
constatation, que les interprètes du ballet ne connaissent pas les lois du rythme sonore,
en leur connexion avec celles du rythme plastique, et se trouvent, vis-à-vis de la musique, dans la situation de ménétriers de village, capables de répéter par cœur des airs
qu'on leur a serinés, mais qui, ignorants des lois du langage musical et placés dans un
orchestre, chercheraient à adapter tant bien que mal les airs qu'ils connaissent à la
musique qu'ils sont chargés de lire et qu'ils ne connaissent pas. Il ressort nettement
de ces deux constatations que, si nous voulons provoquer une résurrection de la danse
artistique, il faut qu'une éducation spéciale mette les danseurs à même de comprendre la musique qu'ils ont à réaliser plastiquement, et assure aux compositeurs la connaissance des lois de l'équilibre et du mouvement corporels en toutes leurs nuances.
Ce n'est qu'ensuite qu'il pourra être question d'exprimer rythmiquement et plastiquement les émotions, car ce n'est qu'une fois en pleine possession des multiples
signes d'un langage que nous pouvons employer efficacement ces signes à révéler nos
sentiments à autrui.

* * *

L'art du rythme musical consiste à différencier les durées du temps, à les combiner en leur succession, à ménager entre elles des silences et à les accentuer consciemment ou inconsciemment selon les lois physiologiques. L'art du rythme plastique des-
sine le mouvement dans l'espace, traduit les durées longues par des mouvements
lents, les courtes par des rapides, ménage des arrêts dans leurs diverses successions,
et exprime les accentuations sonores en leurs multiples nuances par des renforcements
ou des allègements de la pesanteur corporelle, au moyen des innervations musculaires.

L'élève danseur devra donc (et par le terme de danseur je désigne tout interprète
de la musique à l'aide de mouvements corporels, le chanteur lyrique aussi bien que le
chef d'orchestre) l'élève danseur devra subir une double et parallèle éducation grâce
à laquelle il arrivera à comprendre la musique, à être ému par elle, à se faire une idée
juste des rythmes qui l'inspirent, puis à les traduire plastiquement en respectant leur
style, c'est-à-dire les altérations apportées par le compositeur aux rapports des rythmes entre eux. Ce sont en effet ces altérations qui expriment son émotion, et toutes
les nuances dynamiques et pathétiques qui créent la vie sentimentale dans la musique
doivent être rendues par le danseur à l'aide des *modifications apportées par sa sensibilité à la régularité des mouvements musculaires.* Or, ces modifications ne s'opèrent
pas sans des études spéciales et voici les exercices qui me paraissent indispensables

pour donner à l'artiste la conscience de ses mouvements et la possibilité de les varier et de les combiner sans efforts et d'une façon artistique.

Et tout d'abord il s'agit de rendre le danseur capable de marcher en mesure dans n'importe quel mouvement, ce qui n'est pas aussi facile qu'on pourrait le croire. Les danseurs ne savent pas marcher lentement, ils perdent l'équilibre et toute la virtuosité de leurs jambes ne s'affirme que dans des mouvements très vifs. Si vous avez observé de près Isadora Duncan, qui cependant répudie tout effet de virtuosité ou de pure technique et qui cherche le naturel en art, vous aurez remarqué que dans les *adagio*, elle marche rarement en mesure, qu'elle ajoute à chaque instant un ou plusieurs pas involontaires au nombre de pas prescrits par la phrase musicale. Cela tient à ce qu'elle ne sait pas régler le transfert du poids du corps d'une jambe sur l'autre dans toutes les variétés d'allure. Elle ne respecte pas les lois de la pesanteur qui, au point de vue plastique corporel, créent les lois de l'équilibre. Le seul art dans l'espace que nous connaissions, l'architecture, se base sur les lois de la pesanteur et de l'équilibre. Le corps humain doit également s'y prêter et ce sont les diverses innervations musculaires qui sont chargées de les réaliser. Les danseuses de théâtre, elles, ne savent pas marcher lentement; vous avez tous, comme moi, dû les voir, après leur variation, rentrer dans la coulisse en se dandinant, telles des canards. C'est que les études chorégraphiques déforment le jeu naturel de leurs articulations. Dans les exercices de marche mesurée qui constituent pour moi l'A B C de l'éducation chorégraphique, il faut que l'élève apprenne à régler l'harmonie des muscles actifs et de leurs antagonistes depuis le *largo* le plus lent jusqu'à l'*allegro* vivace, à pratiquer l'*accelerando*, le *ritenuto* et le *rubato* de marche sans jamais perdre l'équilibre. De plus, les différentes manières de marcher doivent être directement inspirées par l'allure des phrases musicales et adaptées au *staccato*, *legato*, *portando*, etc., de la musique. Il existe en ce domaine autant de combinaisons que dans les changements de coups d'archet du violoniste, et la même comparaison nous servira à faire comprendre les exercices spéciaux et la pratique particulière que nécessitent les différentes manières de se mettre en marche et de s'arrêter brusquement ou lentement. Attaquer une phrase de violon par une anacrouse de trois doubles croches nécessite une autre pose d'archet, un autre genre de travail musculaire que l'attaque sur une ronde jouée *pianissimo* ou sur une noire jouée *forte* et suivie d'un silence. L'étude des arrêts de marche a d'autant plus d'importance que la cessation de mouvement est, dans la danse, un saisissant moyen de créer des contrastes, d'introduire la polyphonie dans l'expression des sentiments. Dans beaucoup de cas, la danse peut être comparée à un *concerto* pour violon et orchestre, en lequel le soliste dialogue avec les autres instruments et où tantôt l'un, tantôt l'autre des deux protagonistes se tait momentanément pour laisser parler l'autre.

Seulement, dans la danse, le discours se fait en deux langues différentes; à la phrase musicale répond une phrase plastique. L'essentiel est que l'émotion artistique et esthétique soit exprimée; la langue plastique ne le cède du reste pas en ressources variées à la langue musicale.

\*  \*  \*

Pour en revenir à nos exercices de marche, il va sans dire qu'ils ne seront pas seulement étudiés sur un plancher plat, mais également sur des surfaces en pente, semées de praticables, sur des escaliers de tous genres et de toutes dimensions. Du moment qu'il s'agit d'employer pour l'expression de sentiments humains le corps de l'homme tout entier, il serait profondément ridicule de le priver des occasions de se manifester librement en ses divers modes d'action. La marche de l'homme varie selon le terrain sur lequel il se meut; il convient donc que sur le théâtre, on lui offre l'occasion de se mouvoir sur différents genres de terrains [1]. N'avez-vous jamais vu danser les enfants sur des gazons en pente ? Connaissez-vous l'impression profonde causée par le spectacle d'une foule d'hommes escaladant péniblement la montagne ?

Les exercices préparatoires de marche devront être exécutés sans le secours des bras. Ceux-ci, en effet, sont réservés pour d'autres fonctions que celle de balanciers, auxquels les emploient les danseurs d'opéra. Ce sont les bras qui expriment les sentiments évoqués par la danse et je vous affirme que le nombre est infini des combinaisons de mouvements auxquels ils peuvent se plier et que les signes qui forment le langage des gestes sont presque aussi nombreux que ceux de la langue des mots articulés. L'étude des gestes, de leurs oppositions et de leurs combinaisons, n'existe pas dans la danse d'opéra où les bras ne servent qu'à maintenir l'équilibre corporel. Les danseurs de l'école Duncan ont des gestes plus variés, plus beaux et plus nombreux, mais ils sont souvent calqués sur l'antique, ils reproduisent des attitudes de statues grecques, ils ne sont pas constamment l'affirmation d'une personnalité, l'expression d'un sentiment spontané et sincère. D'autre part ils remplissent l'espace sans ordre ni logique, ils ne se font jamais attendre, ils sont toujours là, ils ne sont pas la conséquence fatale des nuances de sentiments dictés par la musique.

Puis enfin, ils ne traduisent pas la mentalité des hommes d'à présent.

Il importe dans l'étude de la diction, de mettre l'élève à même de moduler sa voix selon son tempérament, et non à l'imitation des nuances vocales imaginées par d'autres. Il en est de même dans l'étude du geste qui doit dépendre de la forme des membres, de la force et de la souplesse des muscles, des dispositions particulières des articulations. Pour vous donner une idée du nombre infini des combinaisons de gestes,

(1) Voir chapitre X. page 127.

supposez le bras gauche qui se lève et reste tendu au-dessus de la tête, verticalement. Eh bien, ce geste variera de forme et d'expression selon les diverses inclinaisons du torse et de la tête, selon les degrés d'innervation des bras, selon le degré de tension ou de flexion du coude ou du poignet, selon la position des doigts de la main ouverte et fermée, selon les déplacements du torse ou autres parties du corps. Puis, pendant que le bras gauche se lève, voici que le bras droit, lui, ou bien reste immobile, ou bien s'abaisse en mouvement contraire ou se dirige à droite, à gauche ou en arrière, en toutes les nuances de tension ou de flexion. Ces diverses combinaisons de bras prennent une signification totalement différente, selon que le regard de l'acteur se fixe sur le bras gauche ou sur le bras droit, sur le coude, sur le poignet ou sur les doigts. Elles produisent des impressions variées selon le degré de résistance des muscles antagonistes, selon la lenteur où la rapidité des mouvements (un bras peut se lever lentement, tandis que l'autre gesticule rapidement). Puis encore, pendant le geste unique du bras gauche qui se lève, il peut y avoir plusieurs gestes du bras droit, et chacun de ces gestes est placé sous une lumière différente selon les directions successives du regard. Enfin les diverses positions des jambes modifient, elles aussi, l'allure et la signification esthétique des gestes des bras. Selon que le poids du corps est sur la jambe portée en avant ou sur l'autre, selon son degré d'inclinaison, selon l'état de flexion ou de tension des jambes, voici que l'attitude générale change de portée ou de valeur. Or, chacune des modifications de détails de la position d'ensemble pouvant à son tour être combinée avec les autres altérations de l'attitude primitive, vous vous rendez compte, n'est-ce pas, que le vocabulaire des gestes ne manque pas d'une certaine variété ! Mais songez surtout, et c'est ici seulement qu'apparaît le côté artistique de la question, songez que, selon le sentiment qui provoque le geste, selon l'expression de la physionomie éclairée par l'attitude intérieure, chacune des variétés de gestes mentionnés plus haut revêt à son tour un caractère tout différent et reflète diversement les multiples nuances des émotions humaines.

*　*　*

Car le geste par lui-même n'est rien, sa valeur réside tout entière dans le sentiment qui l'inspire, et la danse la plus riche en combinaisons techniques d'attitudes corporelles ne sera jamais qu'un divertissement sans portée ni valeur, si son but n'est pas de peindre en mouvements les émotions humaines, en leur plénitude et leur entière vérité. Or, voyez nos ballets de théâtre modernes, considérez les sentiments mis en jeu par l'action et vous constaterez que la dignité humaine s'y trouve singulièrement rabaissée, qu'ils ne mettent en jeu que les émotions les plus mesquines et, surtout, que ces émotions sont toujours transposées du masculin au féminin, que les éléments de force, d'initiative, de courage, de combat, de révolution, y sombrent lamentablement au profit de la grâce sentimentale, mièvre et apprêtée. En effet, dans nos ballets contemporains, l'homme joue un rôle presque nul. Les suggestives oppositions de fermeté et de laisser-aller, de lutte et de consentement, d'amour imposé et de tendresse consentie, les luttes, les initiatives périlleuses, les marches lourdes et pesantes vers l'avenir, avec obstacles, résistances, remords et victoires sur soi-même, sont effacés de l'action et ne peuvent plus être représentées parce que le travesti s'est imposé (quel est donc cet art dramatique où Siegfried, Renaud et Tristan sont représentés par des femmes ?) parce que l'homme, conscient de la décadence de l'art chorégraphique n'ose plus danser virilement, n'ose plus affirmer sa beauté brutale ni manifester plastiquement ses qualités esthétiques innées, l'instinct de domination et le besoin de lutte. Quel spectacle plus répugnant que celui du danseur imitant les grâces féminines ? L'éternel conflit de l'homme et de la femme est la raison d'être de la danse nouvelle et celle-ci ne recouvrera son influence sociale et son caractère de vérité humaine que lorsqu'elle mettra en scène les deux éternels adversaires dont les oppositions et les réconciliations forment la base de tout drame artistique vécu.

Ah ! sans doute, une fois l'équilibre rétabli, les diverses nuances expressives ne se manifesteront-elles que chez les sujets susceptibles de s'émouvoir au contact de l'art et sous l'influence des sensations et de sentiments sincèrement éprouvés. Aussi convient-il qu'une part de l'éducation à laquelle nous voulons soumettre le danseur soit réservée au système nerveux; il faut que des exercices spéciaux enseignent aux nerfs à transmettre rapidement les ordres du cerveau aux membres chargés de réaliser ses volontés, et établissent, à l'aide du rythme, une circulation vive et ordonnée, — dans toutes les nuances de mouvements, — entre les divers agents de l'organisme. Il faut que se créent de nombreux mouvements automatiques que la volonté intelligente sache utiliser ou interrompre dans un sens artistique, en les combinant, opposant et superposant. Il faut aussi que les manifestations subconscientes de l'individu puissent s'épanouir sans surcharge nerveuse, sans atteinte portée à l'harmonie plastique. Il faut surtout que l'interprète plastique des émotions musicales soit capable de ressentir profondément ces émotions et qu'il y soit amené par une culture artistique et morale. Car de la part de celui que la musique ne pénètre pas et auquel elle ne dicte pas impérieusement ses volontés, toute recherche d'expression est un mensonge. — Voyez les admirables danseurs du ballet russe dont le tempérament fougueux, la grâce, la souplesse et les qualités rythmiques sont indéniables, — voyez-les dès que l'action l'exige, renoncer à leurs effets vertigineux de tournoiement et de bondissement pour exprimer le lyrisme d'une situation dramatique ! Leurs mouvements perdent immédiatement tout naturel et toute sincérité. Le sentiment est remplacé par du sentimentalisme, le naturel d'expression par la grandiloquence, chaque geste de passion, de honte, de désir, de souffrance est poussé au maximum d'intensité. Un *vibrato* constant anime leurs mouvements; une expansion continue y règne sans nuance; l'impudeur des émotions simulées s'y étale sans vergogne !... Est-ce à dire que ces danseurs manquent de science, de tact et d'intelligence ? Non pas. La raison de leur exagération d'attitudes et de gestes est le manque de communication intime entre leur sensibilité et la sensibilité du musicien. La musique n'agit pas directement sur leurs facultés sensitives et n'engendre pas irrésistiblement les moyens naturels de la réaliser corporellement; ils ne peuvent pas exprimer la musique parce qu'ils ne savent pas la *recevoir* !

L'interprète n'est un artiste véritable que s'il est capable non seulement de *donner*, mais — après avoir reçu avec soumission et joie le don merveilleux de l'œuvre — de créer à nouveau ce qu'il a reçu et de livrer aux autres, mystérieusement confondues, l'essence de l'œuvre et l'essence de lui-même.

Or, pour la plupart des danseurs de ballet, la musique n'est qu'un prétexte à des effets décoratifs de plastique animée. La beauté de leurs gestes est recherchée sans aucune autre préoccupation que celle d'employer leurs ressources corporelles d'une façon esthétique. Ils ignorent qu'aucune attitude ne peut produire une impression de sincérité et de beauté si elle ne résulte pas d'un état d'âme. La recherche de la grâce extérieure exclut toute beauté simple et naturelle. Celle-ci est la résultante d'un travail intérieur, physique et intellectuel, tendant à la recherche d'intérêts supérieurs et universels. Avant d'exprimer la musique, le danseur doit être capable de la vivre, de se livrer à ses vibrations d'une façon totalement désintéressée. Le corps n'est jamais si beau que lorsqu'il reflète la beauté de la pensée et les frissons spontanés de la vie. Wagner l'a dit : « C'est de la vie seule que peut naître un besoin réel d'art, et c'est elle seule qui peut fournir à l'art sa matière et sa forme ! »

L'artiste danseur doit se servir de son corps entier pour exprimer ses sentiments à travers ceux de la musique et inversement; il est donc indispensable non seulement que tous ses membres soient éduqués en conséquence, mais que sa sensibilité et son intelligence musicales aient été développées par l'éducation. Un enseignement particulier visant à éveiller le sentiment des rapports entre les mouvements de la musique et ceux des appareils musculaires et nerveux, devrait être imposé, non seulement aux danseurs, mais à tous les artistes qui cultivent plus spécialement le rythme, aux musiciens instrumentistes, aux chanteurs, aux metteurs en scène et aux chefs d'orchestre. Cet enseignement aura pour résultat de créer des êtres vibrants et sensibles, maîtres de leur tempérament et capables d'extérioriser et de styliser des sensations promptes et aiguës, et de comprendre et d'aimer la musique dont ils sont chargés de traduire les multiples émotions. L'artiste exécutant ne doit pas être un simple instrument, mais un être humain capable de communiquer en beauté ses sentiments — ou ceux d'autrui — à un entourage qu'il a pour mission d'émouvoir et de persuader. Les études actuelles des danseurs sont longues et pénibles. A quoi aboutissent-elles ? A faire exécuter par les jambes une quantité de petits mouvements rapides et laids, sans expression et sans nuance. A faire sauter les danseurs aussi haut que possible comme des grenouilles et à tourner sur place comme des toupies. Quant aux gestes des bras, nous l'avons déjà dit, les danseurs n'en font point; quant à l'expression de leur regard, elle ne peut exister, puisque les sujets ne sont point élevés dans le culte de l'émotion et de la pensée. Et même les danses acrobatiques, qui sont le triomphe de nos premières ballerines, ne sont-elles pas toujours dansées sur des surfaces planes ? N'avons-nous pas dit déjà que la spécialisation des exercices de virtuosité n'a même pas mis les danseurs à même d'évoluer sur des plans variés et sur des escaliers, ni de marcher lentement d'une façon gracieuse?

Ah ! que nous sommes donc bêtes, nous artistes, et nous public, de ne pas nous révolter contre les spectacles anti-esthétiques qui nous sont trop souvent offerts sur nos scènes lyriques ! Que nos compositeurs et nos chefs d'orchestre sont donc timides ou insouciants, de ne pas exiger des maîtres de ballet qu'ils apprennent la musique et l'enseignent à leurs danseurs ! Le fait est patent : La plupart des chorégraphes chargés d'interpréter la musique ne connaissent pas les notes et, s'il en est qui les connaissent, j'affirme en tout cas qu'ils ne vivent, ni ne comprennent, ni ne savent l'art musical dont ils ignorent totalement les rapports spéciaux avec l'art plastique.

Il n'existe pas sur nos scènes de ballet de polyrythmie plastique. L'art des oppositions de mouvements ou d'attitudes y est encore à l'état embryonnaire. La simultanéité des mouvements lents et des mêmes mouvements en double, triple ou quadruple vitesse n'y est jamais pratiquée. Les nuances résultant de la réunion d'un grand nombre de personnalités s'unissant pour l'expression d'un sentiment unique y ressortent imparfaitement, car les personnalités y sont incomplètement développées et bien souvent inexpressives.

Les corps eux-mêmes des danseurs les mieux doués et les plus parfaitement éduqués ne peuvent acquérir une puissance complète d'expression, car ils se meuvent dans une lumière factice, sans nuances ni vérité. Il est en effet impossible qu'ils s'affirment plastiquement sans le secours d'une lumière qui les révèle, qui les anime et qui crée dans l'espace une atmosphère, comme les sons créent l'ambiance musicale dans le temps.

Aucun jeu d'ombres naturel, aucune opposition de mouvements flous et d'attitudes durement silhouettées, aucun *crescendo* expressif d'obscurité et de lumière directement inspiré par la musique. Aucun rapport entre l'espace où se meuvent les danseurs et les rythmes qu'ils ont à réaliser, entre l'émotion du lieu et celle de l'action !

*  *  *

En un spectacle de danse auquel collaborent plusieurs arts harmonisés (plastique animée, musique, distribution décorative de l'espace) il faut surtout éviter de placer à côté de la fiction de la réalité, cette réalité elle-même. La réalité frappera toujours l'œil du spectateur plus fortement que la fiction, et rendra cette dernière insuffisante et ridicule. Et c'est ainsi que les trois dimensions réelles de l'espace ne peuvent, sur une scène de danse, supporter à côté d'elles la perspective imaginée créée par le peintre. La lumière réelle et vivante qui révèle les trois dimensions vivantes et réelles de la plastique animée, ne supporte pas le voisinage des effets imaginés de lumière de l'art décoratif. Et de même le rythme plastique vivant ne peut cohabiter un espace où serait installé le mouvement imaginaire et à jamais fixé de la statuaire et de la peinture. Les décors actuels sont les ennemis directs du rythme réel qu'exécute le corps humain dans les trois dimensions réelles de l'espace. Les décors à deux dimensions réelles et à profondeur fictive ne sont pas à leur place dans l'espace à profondeur réelle; l'éclairage qui supprime les ombres fait du tort aux valeurs réelles de la plastique et du mouvement. L'encadrement d'un spectacle de danse doit être de nature réellement plastique et la lumière, dont le but est de révéler les rythmes corporels de la façon la plus naturelle, doit tomber du ciel ou surgir de l'horizon.

Toutes les causes des mouvements expressifs de la plastique animée étant d'ordre imaginatif, il ne faut pas que la comparaison avec la réalité vienne compromettre l'illusion et détruire la nature imaginative des moyens d'expression. L'illusion doit être produite par l'action expressive seule dans le temps et dans l'espace, dans l'atmosphère musicale et dans la lumière. La fleur que cueille ce danseur est fictive et n'existe que dans son imagination ou dans la musique qui lui dicte le geste de cueillir : il ne faut pas qu'il y ait des fleurs naturelles ou artificielles sur le sol. Le parfum de cette fleur fictive n'existe pas; vous l'exprimez par les mêmes gestes que ceux que vous dicte la joie de respirer les senteurs de la vie : il ne faut pas que la scène soit arrosée de parfums ! [1] Les causes de votre joie, de votre tristesse, de votre défaillance, de votre énergie n'existent pas réellement en votre représentation scénique de vos passions, ou du moins elles n'existent qu'en vous, mais toutes les impressions qui ont formé vos pensées et vos sentiments s'expriment par votre attitude et par vos mou-

(1) Comme dans certains spectacles du style dada, nègre, ou consorts.

vements, par la proportion de leur durée, par celle de leurs accentuations, par l'ensemble des degrés de légèreté et de pesanteur de vos membres, par la collaboration de vos muscles, serviteurs de votre tempérament. Et dès lors ce sont vos moyens d'expression qui deviennent la réalité, et tout ce qui est sur la scène, et qui n'est pas espace et lumière, devient un mensonge. Tandis que la pantomime ne peut se passer d'objets réels, parce que tous les rapports entre l'homme et son entourage y sont spécialisés à l'infini, la danse expressive généralise les sentiments et les émotions, et les exprime en toute leur puissance élémentaire. C'est pourquoi les causes de ces sentiments perdent de leur intensité à être rendues visibles; leur petitesse rendrait invraisemblable et disproportionnée la grandeur lyrique de l'expression. La peur devant les dangers de la nature, par exemple, est éprouvée par toute l'humanité. Les dangers de la nature représentée par des moyens matériels dans le petit espace d'une scène de théâtre, ne supportent que la présence des individus et non celle de l'homme. L'art de la plastique animée (de l'*orchestique* grecque) est le produit de l'impression transformée en expression, et n'exprime exclusivement ni le concret ni l'abstrait. Le corps y sert toujours à exprimer la vie de l'âme. Par conséquent, les pensées et sentiments qui ne peuvent être entièrement extériorisés par ses forces motrices naturelles ne sont pas de son domaine, ils rentrent dans le domaine du théâtre conventionnel, dans celui de l'individualisation et de la spécialisation des circonstances et des formes de la matière, entourant l'individu.

La danse est à reformer entièrement, et dans ce domaine comme tant d'autres, il me paraît complètement inutile de chercher à améliorer ce qui existe. Il faut détruire de fond en comble l'art tombé et en réédifier un nouveau bâti, sur des principes de beauté, de pureté, de sincérité et d'harmonie. Il faut que le danseur et le public soient élevés dans le respect des formes corporelles : il faut que la courageuse et noble tentative d'Isadora Duncan et de ses disciples de recouvrer la pureté plastique en idéalisant la quasi-nudité des formes corporelles ne soit pas battue en brèche par les protestations des bourgeois hypocrites ou inintelligents. Il faut encore que les corps éduqués à la réalisation stylisée des sensations rythmées apprennent à communier avec la pensée et se laissent imprégner par la musique, qui représente en la danse l'élément psychologique et idéalisateur. Ah ! sans doute, sera-t-il possible un jour, quand la musique sera entrée profondément dans le corps de l'homme et ne fera plus qu'un avec lui, quand l'organisme humain sera entièrement imprégné des rythmes multiples des émotions de l'âme et n'aura plus qu'à réagir naturellement pour les affirmer plastiquement en une transposition qui n'en altère que les apparences, — ah, sans doute, sera-t-il possible de danser des danses sans les faire accompagner par des sonorités. Le corps se suffira à lui-même pour exprimer les joies et les douleurs de l'humanité, il n'aura plus besoin du secours des instruments pour leur dicter ses rythmes, car tous les rythmes seront encore en lui et s'exprimeront tout naturellement en mouvements et en attitudes. Mais d'ici là, que le corps accepte la collaboration intime de la musique ou, bien mieux, qu'il consente à se soumettre sans restriction à la discipline des sons en toutes leurs accentuations métriques et pathétiques, qu'il adapte ses rythmes aux siens, ou encore qu'aux rythmes sonores il cherche à opposer des rythmes plastiques, en un contrepoint fleuri jamais tenté encore, et qui établira définitivement l'alliance du geste et de la symphonie. Et que la danse de demain soit une danse d'expression et de poésie, une manifestation d'art, d'émotion et de vérité....

A

SUZANNE FERRIÈRE

# XII

# LA RYTHMIQUE ET LA PLASTIQUE ANIMÉE

## (1919)

*L'art du rythmicien se suffit à lui-même. — Analyse de l'art de la plastique vivante. — La conscience musculaire et le sens des attitudes. — Tableau des éléments communs de la musique et de la plastique animée. — Rythmes musicaux et rythmes intellectuels. — L'arythmie. — Amélioration possible des interprétations musico-corporelles. — L'enchaînement des attitudes. — L'après-midi d'un Faune, le ballet russe et le mouvement continu. — Expérience visuelle et expérience musculaire.*
*Classification des éléments communs à la plastique vivante et à la musique. — La dynamique. — L'agogique (division du temps). — La division de l'espace. — Les rapports de la durée et de l'espace. — Division du temps et de l'espace par rapport à la situation de l'individu dans l'espace. — L'enchaînement des gestes. — Les gestes au point de vue esthétique. — La valeur plastique et musicale du geste. — Les gestes de groupes. — Le rythme et la société.*

La Rythmique a pour but la représentation corporelle des valeurs musicales, à l'aide de recherches particulières tendant à rassembler en nous-mêmes les éléments nécessaires à cette figuration. Celle-ci n'est que l'extériorisation spontanée d'attitudes intérieures dictées par les sentiments mêmes qui animent la musique. Si l'expression de ces sentiments n'a pas une action directe sur nos facultés sensorielles et qu'il ne s'établisse pas un mouvement de rapprochement entre les rythmes sonores et nos rythmes corporels, entre leur force expulsive et notre sensibilité, notre extériorisation plastique deviendra une simple *imitation*. C'est ce qui différencie la Rythmique de tous les systèmes de callisthénie, de gymnastique harmonique et de danse. Tous les effets extérieurs d'une réalisation corporelle née de la connaissance de la gymnastique rythmique et de la musique, sont la conséquence fatale d'un état sentimental totalement vierge de désirs esthétiques. Ses manifestations satisfont à toutes les exigences de l'art, puisque l'art consiste à magnifier les idées et les émotions, à leur donner une forme ornée et stylisée tout en développant leurs qualités de vie et en les rendant susceptibles d'être communiquées à d'autres. Le Rythmicien est à la fois celui qui crée (ou recrée) l'émotion artistique, et celui qui l'éprouve. En lui la sensation humanise l'idée, et l'idée spiritualise la sensation. En le laboratoire de son organisme s'opère une transmutation qui fait du créateur à la fois l'acteur et le spectateur de son œuvre.

Si, une fois accomplie, la figuration corporelle des rythmes musicaux (grâce à la transformation en manifestations d'ordre musculaire de sentiments métaphysiques et inversement), — le rythmicien cherche à modifier ces effets de façon à ce que leur forme devienne extérieure et agisse d'une façon visuelle sur des spectateurs, l'expérience de la rythmique change de caractère et se transforme en manifestation à la fois esthétique et socialisatrice. Et les recherches de perfectionnement de l'interprétation, à l'aide du corps, des émotions et sentiments musicaux, entrent dans le domaine de cet art particulier, qu'en opposition aux arts figés de la peinture et de la sculpture, nous pouvons nommer *plastique animée* ou *plastique vivante*. Les études de rythmique mettent l'individu à même de ressentir et d'exprimer corporellement la musique pour sa propre satisfaction, et ses expériences constituent en elles-mêmes un art complet, en état constant de vie et de mouvement. Les études de plastique animée donnent aux moyens d'expression de la Rythmique une forme plus harmonieuse et plus décorative et stylisent les gestes et les attitudes au moyen d'éliminations successives [1].

Les études usuelles de ballet insistent sur l'harmonie et la grâce des mouvements corporels, sans aucune préoccupation de la part des danseurs de se placer dans un état d'esprit particulier, propre à déclancher irrésistiblement ces mouvements. L'éducation par et pour le rythme cherche avant tout à provoquer chez les élèves une sensibilité psycho-physique telle, qu'elle éveille en eux le besoin et crée le pouvoir spontané d'extérioriser les rythmes musicaux ressentis, de les interpréter n'importe comment, à l'aide de moyens quelconques, mais tous inspirés par une connaissance parfaite des rapports de l'espace, du temps et de la pesanteur. Le danseur conventionnel adapte la musique à sa technique particulière et à un nombre, en vérité très restreint, d'automatismes; le rythmicien *vit* cette musique, la fait sienne, et ses mouvements la traduisent tout naturellement. Les études de plastique animée lui apprendront en outre à choisir parmi ces mouvements, les plus expressifs et les plus capables de produire les effets d'ordre décoratif propres à communiquer aux spectateurs les sentiments et

(1) Nous avons dit souvent que l'on ne peut juger la Rythmique d'après la vue des mouvements qu'elle procure chez les élèves. En effet la Rythmique est une expérience essentiellement personnelle. La plastique animée est un art complet dont les manifestations s'adressent directement aux yeux d'un entourage, tout en étant directement éprouvées par les acteurs. Les impressions du Rythmicien peuvent agir par rayonnement sur quelques spectateurs particulièrement sensibles « à l'émotion du mouvement ». Tandis que le plasticien *cherche* à les faire éprouver par l'ensemble du public.

11

sensations qui les dictent. L'important est que les émotions, qui ont créé les rythmes sonores et le style en lequel ils ont pris forme (et aussi les préoccupations d'ordre géométrique et architectural qui ont déterminé les harmonies et les développements), se retrouvent en leur représentation plastique, et que le même frisson de vie anime la musique des sons et la musique des gestes.

Une fois les membres disciplinés, une fois les sens et l'esprit éveillés par la rythmique, une fois les résistances nerveuses éliminées et les forces diverses de l'organisme reliées par un courant continu et puissant, il importe que le sens musculaire, le sentiment de l'espace et de l'orientation, ainsi que celui des nuances de la durée, soient complétés par l'acquisition de qualités esthétiques et de ce sens spécial qui consiste à deviner l'effet que les mouvements effectués peuvent produire sur d'autres, et qui permet au plasticien de réaliser exactement avec ses membres les gestes et attitudes qu'il s'était imaginés. Il faut que placé devant un miroir, il retrouve, parfaitement plasticisé, l'ensemble de lignes et de courbes qu'il avait préconçu, car s'il ne suffit pas d'être musicien pour créer une belle œuvre musicale, il ne suffit pas non plus d'avoir le sentiment de la beauté et de l'émotion plastique, pour instaurer l'émotion et la beauté dans les formes extérieures du mouvement corporel. Si l'acuité des pouvoirs visuels et un sentiment décoratif développé permettent à un dessinateur de rendre graphiquement la beauté d'un corps humain en mouvement, ces qualités ne lui serviront à rien, dès qu'il s'agira de représenter ces mouvements à l'aide de son propre corps. Il lui faut encore, au moyen d'études spéciales, acquérir le sens *intérieur* de la ligne décorative et les facultés d'ordre, d'équilibre et de dynamisme, nécessaires à sa représentation animée.

Toute activité visuelle ou auditive débute par un simple enregistrement d'images et de sons, et les facultés réceptives des yeux et de l'oreille ne se peuvent changer en activité esthétique que lorsque le sens musculaire aura converti en mouvement les sensations enregistrées. Nous avons dit ailleurs, et souvent, que le mouvement est à la base de tous les arts, et qu'aucune culture artistique n'est possible sans une étude préalable des formes mouvementées et sans une éducation complète des facultés tactiles-motrices. C'est cette constatation qui nous a incité à faire précéder l'étude du solfège d'une éducation du système nerveux et musculaire, selon les lois de la mesure et du rythme; c'est elle aussi qui nous démontre la nécessité de ne laisser entreprendre des études de plastique animée (solfège corporel) qu'après des expériences réitérées en vue de l'acquisition d'un ensemble de qualités ayant pour résultante le sentiment de l'espace dans la durée, et de la durée dans l'espace, par le mouvement.

Il arrivera certainement un moment où la plastique animée sera entièrement musicalisée par l'étude des multiples éléments de nature agogique et dynamique qui constituent le langage expressif des sons. Elle cherchera alors la possibilité de créer des formes mouvantes à la fois décoratives et expressives, *sans le secours des sons,* à l'aide seule de sa *musique à elle.* Sans doute, ses moyens d'expression musicale ne seront-ils jamais complets sans le concours des groupements humains, car le problème consiste non seulement à donner au corps humain tous les moyens d'expression, de natures diverses, que possède l'art musical et de faire de ce corps l'instrument direct de la pensée et de l'émotion créatrices, — mais encore à harmoniser et à orchestrer plusieurs corps en mouvement.

Les éléments communs à la musique et au *ballet* moderne sont uniquement : « la mesure » et accessoirement et approximativement : « le rythme ». Les éléments communs à la musique et à la *plastique animée* sont :

| Musique. | Plastique animée. |
|---|---|
| Elévation des sons . . . . . . | Situation et orientation des gestes dans l'espace. |
| Intensité du son . . . . . . . | Dynamisme musculaire. |
| Timbre . . . . . . . . . | Diversité dans les formes corporelles (sexes). |
| Durée . . . . . . . . . | Durée. |
| Mesure . . . . . . . . | Mesure. |
| Rythmique . . . . . . . | Rythmique. |
| Silence . . . . . . . . | Arrêt. |
| Mélodie . . . . . . . . | Succession continue de mouvements isolés. |
| Contrepoint . . . . . . . | Opposition de mouvements. |
| Accords . . . . . . . . | Fixation de gestes associés (ou de gestes en groupes). |
| Succession d'harmonies . . . . | Succession de mouvements associés (ou de gestes en groupes). |
| Phrasé . . . . . . . . | Phrasé. |
| Construction (forme) . . . . | Distribution des mouvements dans l'espace et la durée. |
| Orchestration (voir timbre) . . . | Opposition et combinaisons de formes corporelles variées (sexes). |

\* \*
\*

Tous les éléments rythmiques de la musique ont été primitivement empruntés aux rythmes du corps humain. Mais à travers les siècles, la musique en varia et multiplia les types et les combinaisons jusqu'à les entièrement spiritualiser et à en oublier l'origine musculaire. De son côté, le corps s'en déshabituait, à mesure qu'augmentait dans l'éducation la prépondérance de la culture purement intellectuelle. Et c'est pourquoi la plupart des modèles rythmiques empruntés à la musique moderne, fût-elle de ballet, ne peuvent plus être traduits par le corps. Certaines musiques peuvent être superposées aux mouvements corporels mais non être interprétées par eux d'une façon vivante, mais non être pour ainsi dire *transposées* plastiquement. — Dans le ballet, les mouvements sonores se contentent d'être développés parallèlement aux mouvements corporels; la musique joue un rôle d'accompagnement et n'effectue pas une collaboration. Elle n'inspire, ne pénètre, ni ne vivifie les gestes, les mouvements et les attitudes. Et c'est pourquoi la danse dite « classique » ne constitue plus un art complet et ne peut contribuer au progrès de l'art. En effet, le danseur de ballet n'est en possession ni de rythmes intellectuels ni de rythmes corporels naturels, puisque sa virtuosité est faite d'automatismes combinés que sa sensibilité ne peut détruire pour les remplacer quand il le faudrait par des manifestations rythmiques primesautières. Quant au compositeur de ballet, il n'est en possession que de rythmes intellectuels qui sont, eux aussi, automatisés à tel point qu'il n'est pas capable d'arrêter un développement musical pour laisser un rythme spontané, d'origine corporelle, faire irruption dans la trame orchestrale. Le danseur et le musicien sont prisonniers de la mesure et ignorent les nuances de la durée comme les rapports dynamiques des sonorités et des mouvements corporels. Rythmique selon les conventions musicales, le compositeur est arythmique musculairement. Quant au danseur il est dans un très grand nombre de cas, arythmique musculairement ET musicalement, faute d'une éducation qui lui permette à la fois de rompre ses automatismes ou de les adapter aux modifications de la durée, et d'incorporer puis d'extérioriser avec souplesse les rythmes sonores. Je m'explique :

Etre *arythmique*, c'est être incapable de poursuivre un mouvement pendant tout le temps nécessaire à sa réalisation normale; c'est le presser ou le retarder quand il doit rester uniforme; c'est ne pas savoir l'accélérer quand il doit être accéléré, le ralentir quand il doit être ralenti; c'est le saccader et le morceler quand il doit être lié et vice versa; c'est le commencer trop tard ou trop tôt, le terminer trop tôt ou trop tard. C'est ne pas savoir enchaîner un mouvement d'une espèce à un mouvement d'une espèce différente, un mouvement lent à un mouvement rapide, un mouvement souple à un mouvement rigide, un mouvement énergique à un mouvement doux; c'est être incapable d'exécuter simultanément deux ou plusieurs mouvements con-

traires. C'est encore ne pas savoir nuancer un mouvement, c'est-à-dire l'exécuter
dans une gradation insensible du « piano » au « forte » ou réciproquement, et c'est
ne pas pouvoir l'accentuer métriquement ou pathétiquement aux endroits fixés par la
carrure ou suscités par l'émotion musicale. Or tous ces défauts dépendent sans aucune
exception soit de l'incapacité du cerveau à donner des ordres suffisamment rapides
aux muscles chargés d'exécuter le mouvement, — soit de l'incapacité du système nerveux à transmettre ces ordres fidèlement et calmement, sans se tromper d'adresse, —
soit encore de l'incapacité des muscles à les exécuter irréprochablement. L'arythmie
provient donc d'un manque d'harmonie et de coordination entre la conception du
mouvement et sa réalisation et du désordre nerveux qui, dans certains cas, est la conséquence de cette désharmonie et dans d'autres la provoque. Chez certains sujets le
cerveau conçoit normalement les rythmes, étant par hérédité pourvu d'images rythmiques nettes et claires, mais les membres, très capables d'exécuter ces rythmes, n'y
parviennent cependant pas, parce que le système nerveux est en désarroi. Chez d'autres sujets, ce sont les membres qui ne sont pas capables, par dégénérescence, d'exécuter les ordres cérébraux nettement donnés et les décharges nerveuses sans effet
finissent par détraquer le système nerveux. Chez d'autres sujets encore, nerfs et muscles sont en bon état, mais l'insuffisance de leur éducation rythmique empêche l'en-
registration claire, dans le cerveau, d'images durables. *Le but des études rythmiques
est de régulariser les rythmes naturels du corps et, grâce à leur automatisation, de créer
dans le cerveau des images rythmiques définitives.*

*      *      *

Il faudra sans doute de nombreuses années pour que se produise dans l'art musical une souhaitable renaissance du rythme [1], mais il est certain qu'un temps relativement court suffira pour faire servir l'éducation rythmique à l'amélioration des interprétations musicales dramatiques et chorégraphiques. Cette éducation rythmique est
tout d'abord indispensable pour amener les gens de théâtre qui s'y soumettront à
reconnaître que sans elle ils ne peuvent exprimer rythmiquement la musique d'une
façon satisfaisante. Car les neuf dixièmes des spectateurs d'une représentation lyrique
ne se rendent pas compte que l'orchestre et la scène vivent en état de constant antagonisme. En effet, les chanteurs et les danseurs superposent sans aucune mesure des
gestes et des attitudes à une musique qu'ils ne connaissent pas ou ne connaissent
qu'imparfaitement. Leurs pieds marchent quand ils ne devraient pas marcher, leurs
bras se lèvent quand ils ne devraient pas se lever; leurs corps agissent vis-à-vis
de la musique exactement comme se comporterait leurs gosiers s'ils émettaient des

(1) Voir chap. VII, page 93 : « La Rythmique et la composition musicale ».

sons faux ou pas mesurés, ou encore s'ils attaquaient la musique d'un autre opéra pendant que l'orchestre continue à jouer l'œuvre commencée ! Et ces défauts proviennent autant de la maladresse des membres mal entraînés au rythme que d'une mentalité insuffisamment éduquée et par conséquent ignorante des rapports intimes existant entre les mouvements dans l'espace et les mouvements dans le temps. Je défie du reste n'importe quel chanteur, fût-il génialement doué, d'interpréter plastiquement la musique la plus facile dans un sentiment rythmique exact s'il ne s'est pas soumis à une éducation spéciale ayant pour but d'identifier les actions musculaires avec les mouvements sonores[1]. Cette éducation devra être celle de tous les chanteurs lyriques de demain et devra être menée conjointement à l'enseignement du chant. Et les résultats en seront tels, j'en ai l'intime conviction, que le public de demain s'étonnera qu'il ait pu exister une époque où l'étude des rythmes corporels ne faisait pas partie de l'enseignement dramatique.

L'étude du rythme fera également partie du programme d'études du chef d'orchestre et du régisseur du théâtre, ainsi que du compositeur dramatique qui a besoin de connaître les ressources multiples de l'instrument si expressif qu'est le corps humain avant de songer à lui donner une musique à interpréter. Et les rapports des rythmes sonores et des rythmes plastiques seront de même enseignés aux danseurs dont l'art, pressenti par Grétry, Schiller, Gœthe, Schopenhauer et Wagner, s'ennoblira, deviendra plus humain en même temps que plus poétique et cessera enfin d'être ce qu'il est aujourd'hui : un simple divertissement des jambes, indépendant de toute idée intelligente, de tout sentiment esthétique et musical, de toute portée sociale et de tout intérêt artistique.

*  *  *

Mais la méconnaissance des rythmes musicaux n'est pas la seule cause de l'infériorité des manifestations artistiques où le corps s'affirme. Une autre erreur contribue à amoindrir en nos spectacles l'action souveraine du corps. Elle consiste à prendre pour modèles des mouvements corporels, des attitudes fixées par la peinture et la sculpture.

Je me suis souvent demandé jadis, à la vue de certains spectacles de danse frénétiquement applaudis par des spectateurs éminemment artistes, je me suis demandé pourquoi mon sentiment musical se trouvait parfois froissé, et pourquoi, malgré l'incontestable talent des interprètes, un sentiment de gêne s'éveillait en moi ainsi qu'une impression d'artificiel, d'apprêt et de manque de naturel ? Je voyais des peintres doués du jugement le plus sûr crier leur enthousiasme devant la splendeur

---

[1] La dissociation des mouvements du larynx et de ceux des membres est encore plus difficile à obtenir que celle des bras, des jambes et de la tête.

des attitudes, le raffinement des gestes, la belle harmonie des groupements et la hardiesse des acrobaties; et tout en constatant ces qualités, en m'inclinant devant tant de sentiment artistique, tant de sincérité, d'ingéniosité et de science, je n'arrivais malgré tous mes efforts à ressentir aucune émotion esthétique, me blâmant de ma froideur, m'accusant d'incompréhension et de béotisme....

Ce fut à une représentation de *l'Après-midi d'un Faune* de Debussy, que me fut révélé, il y a quelques années, le pourquoi de mes hésitations et de mes résistances. Un cortège de nymphes entrait lentement en scène et tous les huit ou douze pas s'arrêtait pour laisser admirer d'adorables attitudes imitées des vases grecs. Or les danseuses continuant leur marche dans la dernière attitude prise, attaquaient l'attitude suivante, au moment du nouvel arrêt de marche, sans aucun mouvement de préparation, donnant ainsi l'impression hâchée que produirait au cinématographe une série de gestes dont on aurait supprimé des pellicules essentielles. Et, je compris que ce qui me choquait était le manque de liaison et d'enchaînement entre les attitudes, l'absence de ce mouvement continu que nous devrions constater en toute manifestation vitale animée par une pensée suivie. Les attitudes exquises des nymphes grecques se succédaient sans être reliées les unes aux autres par une activité d'essence véritablement humaine. Elles constituaient une série de tableaux du plus artistique effet mais qui se privaient volontairement de tous les avantages que procure le temps — la durée; — j'entends la *continuité*, les possibilités de lent développement, la préparation aisée et l'aboutissement quasi fatal et inévitable du mouvement plastique dans l'espace, tous éléments essentiellement musicaux et qui, seuls, permettent d'assurer la vérité et le naturel à l'alliance des gestes et de la musique.

Instruit par cette observation, j'analysai dans le même sens les mouvements de plusieurs danseurs du plus haut mérite et je remarquai que les plus musiciens d'entre eux, tout en s'appliquant à modeler les contours de la musique de la façon la plus scrupuleuse, ne respectaient pas davantage que les nymphes dont je viens de parler, le principe de la continuité du mouvement et du « phrasé » plastique. J'entends que dans le jeu de leurs membres le point de départ était l'attitude et non le mouvement lui-même.

Les musiciens me comprendront. Dans les compositions contrapuntiques, les lignes de la polyphonie ne sont pas brodées sur un canevas formé d'accords déterminés, fixés et enchaînés à l'avance. Non, ce sont les accords tout au contraire qui dépendent des contours et dessins de la mélodie. L'oreille ne les ressent et les analyse comme tels que lorsque les voix arrêtent leur mouvement et font, comme l'on dit, des *tenues*. En plastique animée il en doit être de même. Les attitudes sont des temps d'arrêt dans le mouvement. Chaque fois que dans la suite ininterrompue de

mouvements qui constitue ce que l'on pourrait appeler la « mélodie plastique », chaque fois qu'intervient un signe de ponctuation et de phrasé, un arrêt correspondant
à une virgule, un point-virgule ou un point dans le discours parlé, le mouvement
devient d'ordre statique et est perçu comme attitude.

Mais la perception authentique du mouvement n'est pas d'ordre visuel, elle est
d'ordre musculaire, et la symphonie vivante des pas, des gestes et des attitudes enchaînées est créée et réglée non par l'instrument d'appréciation qui est l'œil, mais par
celui de création qui est l'appareil musculaire tout entier. Sous l'action de sentiments
spontanés et d'irrésistibles émotions, le corps vibre, entre en mouvement, puis se
fixe en attitudes. Ces dernières sont le résultat direct des mouvements qui les séparent,
alors que dans l'art chorégraphique de nos jours, le mouvement n'est qu'un pont
reliant entre eux deux attitudes différentes. Il existe donc, dans l'art chorégraphique
tel qu'on le comprend actuellement au théâtre, une confusion entre l'expérience
visuelle et l'expérience musculaire. Les danseurs [1] choisissent dans les chefs-d'œuvre
de la statuaire ou de la peinture des modèles à leurs attitudes, s'inspirent des fres-
ques grecques, des statues ou des tableaux, sans attacher d'importance au fait que
ces œuvres elles-mêmes sont le produit d'une stylisation spéciale, d'une sorte de
compromis entre les rapports des mouvements, d'une série d'éliminations et de sacrifices qui ont permis aux auteurs de donner l'illusion du mouvement en opérant syn-
thétiquement. Or, s'il est nécessaire que les arts plastiques privés de la collaboration
du temps expriment une synthèse en fixant une attitude corporelle, il est contre la
vérité et le naturel que le danseur prenne cette synthèse comme point de départ de
sa danse et qu'il cherche à recréer l'illusion du mouvement en juxtaposant des séries
d'attitudes et en les reliant les unes aux autres par des gestes, au lieu de retourner à
la source de l'expression plastique qui est le mouvement lui-même.

Sans doute les spécialistes des arts visuels ont-ils le droit de se contenter de la
danse actuelle, qui, dans la magie des couleurs, dans les contrastes saisissants des
lumières et avec le concours quasi immatériel des envols d'étoffes lourdes ou légères,
satisfait aux besoins décoratifs les plus raffinés et procure à l'œil des jouissances
rares et pittoresques; mais ces jouissances sont-elles aussi d'ordre spirituel et émotif ?
Sont-elles bien le produit direct de sentiments profonds et sincères, et si complètement
qu'elles puissent satisfaire notre besoin de plaisir esthétique, nous imprègnent-elles
de l'émotion génératrice de l'œuvre ?

Le mouvement corporel est une expérience musculaire et cette expérience est
appréciée par un sixième sens qui est le « sens musculaire » et qui règle les multiples

(1) Dans plusieurs de ses interprétations plastiques, Isadora Duncan livre instinctivement son corps au mouvement continu, et ces interprétations sont les plus vivantes et les plus suggestives.

nuances de force et de vitesse des mouvements corporels d'une façon adéquate aux émotions inspiratrices de ces mouvements, de façon à assurer au mécanisme de l'organisme humain la possibilité de styliser ces émotions et de faire ainsi de la danse un art complet et essentiellement humain.

Il est certain que la Rythmique, elle, part de l'expérience musculaire et que les Rythmiciens assistant à des exercices exécutés par leurs confrères, ne les apprécient pas uniquement avec les yeux, mais bien avec leur organisme tout entier. Ils entrent en communion intime avec le spectacle auquel ils assistent; ils éprouvent en le voyant une joie d'essence toute spéciale : ils ressentent le besoin de se mouvoir, de vibrer à l'unisson de ceux qu'ils voient évoluer et s'exprimer corporellement ! En un mot, ils sentent s'éveiller et palpiter en eux une musique mystérieuse qui est le produit direct de leurs sentiments et de leurs sensations. Cette musique de la personnalité pourrait suffire à régler les mouvements humains si les hommes n'avaient pas perdu ce sens de l'ordre et des nuances dans l'expression corporelle, sans lequel la rénovation de la danse n'est pas possible. Il n'existe pas une tradition des mouvements corporels, et comme nous l'avons vu, les danseurs modernes empruntent aux beaux arts une culture de l'attitude qui substitue des expériences intellectuelles à une sensation spontanée et fait passer la danse à un rang secondaire dans le domaine des arts. Il n'existe qu'un moyen de restituer au corps la gamme complète de ses moyens expressifs, c'est de le soumettre à une culture musicale intensive, de le mettre en possession de tous les éléments d'ordre dynamique et agogique dont il dispose, et en état de ressentir toutes les nuances de la musique des sons pour les exprimer musculairement. Une éducation spéciale donne la liberté à la musique emprisonnée en l'âme de l'artiste et c'est cette musique individuelle qui, allant au-devant de celle qu'il doit interpréter et se mêlant intimement à elle, lui communique un surcroît de vie, si bien que tous les rythmes individuels de tous les interprètes d'une œuvre chorégraphique finissent par créer une émotion collective qui n'est autre chose que la genèse du style. Comme l'a dit Elisée Reclus : « Le peuple dont nous sommes tous, se meut en un rythme constant; en chacun de nous la musique intérieure du corps, dont la cadence résonne dans nos poitrines, règle les vibrations de la chair, les mouvements du pas, les élans de la passion, même les allures de la pensée, et quand tous ces battements s'accordent, s'unissent en une même harmonie, un organisme multiple se constitue, embrassant toute une foule et lui donnant une seule âme.... »

*  *  *

Ce n'est pas ici le lieu d'analyser en détail tous les éléments indiqués plus haut, comme étant communs à la musique et à la plastique, ni d'indiquer tous les exercices susceptibles d'éveiller en l'esprit le sentiment de la fusion de ces deux arts en apparence si différents. Je renvoie le lecteur désireux de se familiariser avec ces études particulières à mon livre de Plastique animée [1] et me bornerai à établir quelques rapports essentiels entre les deux éléments musico-plastiques les plus importants.

1º *La dynamique proprement dite*, c'est-à-dire l'étude des nuances de force.

2º *La division du temps* (agogique), c'est-à-dire l'étude des nuances de vitesse. Cette division du temps se complète de :

3º *La division de l'espace*, ces deux conceptions ne pouvant se différencier dans la définition du mouvement.

Il va sans dire que la dynamique du mouvement s'allie étroitement à l'agogique et que les nuances de force sont souvent inséparables de celles de vitesse ou de lenteur. Mais pour plus de clarté, nous envisagerons chacune de ces deux notions isolément dans le petit essai de classification qui va suivre. Cette classification n'a aucune prétention à être définitive ni à embrasser la totalité des questions rentrant dans le domaine de la plastique. Elle a simplement comme but d'exposer d'une façon aussi claire que possible, quoique purement théorique, les éléments primordiaux de la plastique vivante dans leurs rapports avec la musique. Ces deux arts, plastique et musique, étant essentiellement d'ordre dynamique, il est naturel qu'une étude de nuances des mouvements soit basée sur la musique. Nous appellerons donc *mouvement musical* tout mouvement obéissant aux lois dynamiques qui régissent la musique.

## DYNAMIQUE

L'action de la dynamique dans la musique est de varier les nuances de force et de douceur, de lourdeur et de légèreté des sons soit sans transition, par l'effet d'oppositions subites, soit progressivement, par *crescendo* et *decrescendo*.

L'instrumentiste chargé d'interpréter des nuances dynamiques musicales devra posséder le mécanisme nécessaire pour produire le son en ses divers degrés de force, pour l'enfler et le diminuer selon les intentions de l'auteur. Si l'instrument choisi pour interpréter la musique est le corps humain tout entier, il importe que ce corps ait acquis la connaissance parfaite de toutes les possibilités musculaires et soit capable de les réaliser consciemment. Pour cela une étude approfondie de la technique s'impose, en ses rapports avec la dynamique musicale : une étude de différenciation des articulations, dont chacune doit pouvoir jouer isolément; une étude de contraction et de décontraction musculaire du corps entier ou d'un seul de ses membres, ou

(1) Exercices de plastique animée, Jobin & Cie, éditeurs, Lausanne.

encore de deux ou plusieurs membres agissant avec des nuances musculaires contraires, — une étude enfin d'équilibre, d'assouplissement et d'élasticité.

Dans la plupart des systèmes de gymnastique hygiénique et sportive, la dynamique se passe du concours de l'agogique, c'est-à-dire que les mouvements sont étudiés d'une façon intrinsèque, sans que les maîtres accordent une influence suffisante aux modifications apportées par les différences de durée à la préparation des actes musculaires. Comme on le verra dans le paragraphe suivant, « division de l'espace par rapport à la division du temps », ce n'est que par des exercices spéciaux que l'on peut provoquer pour chaque acte corporel la préparation exacte qui en doit assurer la parfaite exécution.

La préparation exacte des mouvements et leur enchaînement dépendent d'une bonne harmonisation du système nerveux. Et il ne suffit pas d'être bon gymnaste pour être bon rythmicien et plasticien. L'étude de la dynamique corporelle doit donc être complétée par la connaissance des lois de l'agogique (division du temps) et par celles de la division de l'espace.

*　*　*

## DIVISION DU TEMPS (« AGOGIQUE ») ET DIVISION DE L'ESPACE

L'action de l'agogique dans la musique est d'apporter des variations dans la durée du temps et de nuancer les sons dans tous les degrés de vitesse ou de lenteur, soit d'une façon métrique (division mathématique de chaque son en fractions ayant la moitié, le tiers, le quart, le huitième, etc., de sa durée, etc.), soit d'une façon pathétique (*points d'orgue, rubato, accelerando, rallentando*, etc.).

De tous les organes d'expression agogique, les doigts de l'instrumentiste sont les plus qualifiés pour interpréter les notes rapides, plus qualifiés que le poignet, conducteur de l'archet, et que les pieds de l'organiste agissant sur les pédales. Quant à l'organe le plus apte à exécuter des sons très lents, c'est l'appareil respiratoire permettant l'émission des sons vocaux ou de ceux qu'émettent les instruments à vent. L'instrument musical par excellence, le corps humain tout entier, est capable plus que tout autre d'interpréter les sons dans tous leurs degrés de durée, les membres légers se mouvant dans la rapidité et les membres lourds dans la lenteur. Il atteindra des degrés de lenteur inusités en musique grâce à un souple enchaînement de gestes, d'attitudes et de déplacements, — et de plus pourra, grâce à des mouvements dissociés de ses divers membres, interpréter n'importe quelle polyrythmie.

L'unité pour la division du temps est la même dans le mouvement corporel que celle usitée dans la musique. En ce qui concerne la division de l'espace, nous emploierons un principe général dont l'application sera laissée à l'initiative et à la fantaisie du maître.

Nous avons vu que la plastique animée part du mouvement et non de l'attitude. Notre alphabet sera par conséquent composé de signes représentant non pas l'attitude elle-même, mais le passage d'une attitude à une autre. Le corps étant placé dans la station debout peut être considéré comme l'axe, en ce qui touche les mouvements du torse et de la tête, d'une sphère imaginaire que nous divisons en neuf rayons. Chacun de ces rayons (c'est-à-dire la distance existant entre le centre et n'importe quel point de la circonférence) peut être subdivisé en un nombre X de crans. La sphère elle-même peut être divisée en huit segments horizontaux *(plans)*.

Chacune de ces divisions est considérée comme un point de repère, comme l'aboutissement d'une direction de mouvement, mais effectivement c'est le parcours entre le point de départ et n'importe lequel des points de repère que chacun des points indiqués doit représenter. Cependant, nous aurons aussi l'occasion d'utiliser les neuf degrés d'orientation comme *lignes de mouvements* et c'est ainsi que l'avant-bras pourra former la ligne 8 tandis que le bras formera la ligne 3, etc., et que nous pourrons orienter différemment le torse, la tête et les bras dans chacun des huit plans horizontaux. Si nous ajoutons que nous avons en outre huit façons d'exercer les articulations des bras, l'on comprendra que le nombre des combinaisons soit incalculable.

Quant à l'espace à parcourir avec les jambes, il se divisera aussi en huit plans, et l'espace parcouru par la cuisse se levant jusqu'à l'horizontale en neuf rayons.

Une fois le corps mis en marche, nous adoptons cinq pas de longueurs différentes, et nous créons ainsi un grand nombre de combinaisons de mouvements et attitudes nouvelles, car chaque pas fait en avant ou en arrière ou de côté modifie la position du corps vis-à-vis d'un geste de bras *fixé* dans un point de l'espace. Pour nous faire nettement comprendre, supposons que le bras étant étendu de côté horizontalement, l'index soit fixé sur un point de la paroi. Le fait de faire un pas en arrière détermine une attitude en avant du bras, un agenouillement détermine une ligne oblique, etc. Or, le point fixe d'espace n'est pas nécessairement *solide*, et dans tous nos exercices d'orientation dans l'espace, le corps évolue autour d'un point *invisible et imaginé*.

## DIVISION DE L'ESPACE
### EN SES RAPPORTS AVEC LA DIVISION DU TEMPS

Un geste exécuté dans un temps X nécessite une force musculaire donnée. Cette force musculaire est le résultat des rapports entre l'action des muscles synergiques et des muscles antagonistes, c'est-à-dire que si le geste accompli dans une certaine durée de temps doit effectuer le même parcours dans un temps plus court, l'action des muscles antagonistes diminue et celle des muscles synergiques s'accroît, et vice versa (que le mouvement se fasse en force ou en douceur, les proportions restent les mêmes). Il s'agit donc d'obtenir de ses muscles une sorte de compromis entre ces deux actions contraires dès que l'on veut se fixer sans raideur en une attitude, et de régler exactement leurs rapports, de façon à exprimer par des mouvements, les nuances du temps et de la pesanteur.

La plupart des élèves commençants font leurs gestes ou leurs pas un peu trop tard ou un peu trop tôt. Dans le premier cas qui est le plus fréquent, ce défaut vient de ce que les muscles antagonistes ont une activité trop grande; dans le second cas cette activité est insuffisante.

## DIVISION DU TEMPS ET DE L'ESPACE

### PAR RAPPORT A LA SITUATION DE L'INDIVIDU DANS L'ESPACE

1º Dès que nous considérons non plus un corps qui se meut, mais plusieurs corps se mouvant à la fois, nous sommes obligés de tenir compte des rapports de ces corps les uns vis-à-vis des autres. L'élève doit adapter ses mouvements à ceux de ses voisins et de ne pas perdre de vue l'ensemble. Les mouvements deviennent plus perfectionnés et se simplifient. Les nuances d'énergie de chaque corps isolé n'exercent aucune influence sur la nuance générale que doit effectuer le groupe entier. C'est ainsi qu'un groupe d'hommes peut produire une impression de *crescendo* par élargissement (les hommes s'écartant les uns des autres), et aussi par resserrement (les hommes se rapprochant et donnant ainsi l'impression d'un muscle qui se contracte). Et vice versa.

2º A ce même domaine appartient l'étude de l'évaluation de l'espace à parcourir : l'espace dans lequel le corps se meut lui sert de cadre, et les mouvements doivent s'adapter à la dimension de ce cadre. Les exercices de l'évaluation de l'espace dépendront en outre du tempo et du genre de rythme des mouvements.

3º Il sera nécessaire également d'imposer aux élèves des travaux de composition (développements et enchaînements de figures géométriques), pour habituer leur esprit à concevoir des ensembles dans un espace donné et pour leur apprendre à les utiliser dans un but décoratif.

## ENCHAINEMENT DES GESTES

Les rapports réciproques des éléments constitutifs de la plastique animée forment le *phrasé* du mouvement.

En musique, la phrase est un assemblage d'éléments s'appelant les uns les autres. Elle possède en elle-même un sens plus ou moins complet. Dans la plastique animée nous dirons de même que « tout ensemble de gestes logiquement enchaînés constitue une phrase ». Autrement dit, si deux gestes sont la conséquence l'un de l'autre, ils forment une phrase.

Prenons comme exemple le mouvement que fait le bûcheron. Pour que ces deux gestes : lever les bras et les laisser retomber, ne forment qu'une phrase, il faut que le premier geste soit la préparation du deuxième et que le deuxième soit le résultat fatal du premier. Il suffit qu'il y ait une interruption, si courte et si imperceptible soit-elle, entre ces deux gestes pour qu'ils ne constituent plus une mais deux phrases, sauf, cela va sans dire, quand l'interruption n'implique pas un repos et que le corps reste pour ainsi dire en suspension. (Nous reviendrons sur ce cas un peu plus loin.) Du moment qu'il y a interruption de mouvement, il faut une volonté pour recommencer à se mouvoir, et cette volonté ayant comme caractère principal d'être indépendante des mouvements précédents, peut se manifester à n'importe quel moment, sans préoccupation du mouvement précédent. Elle n'en est donc pas le résultat nécessaire.

Nous appelons *anacrousique* l'action qui ne dissimule pas sa préparation, de telle sorte que cette préparation visible a l'air d'être l'action même. Le résultat fatal de cette préparation est soumis à la loi de la pesanteur. Par exemple : les mouvements du bûcheron, du paveur, du forgeron, l'action de se tirer, de se pousser, etc.

Et nous appelons *crousique* toute action dont la préparation est dissimulée, de telle sorte que le résultat de cette préparation semble être le début même de l'action. Le mouvement spontané qui constitue l'action elle-même, produit un mouvement involontaire moins accentué qui en est le résultat fatal : la réaction. Par exemple : les actions de ramer, faucher, raboter, tourner une roue, tirer de l'arc, lancer une pierre, etc. Il va sans dire que la plupart des actions peuvent être à la fois crousiques et anacrousiques, c'est-à-dire que la réaction du mouvement prépare l'action suivante.

## ENCHAINEMENT DES GESTES AU POINT DE VUE ESTHÉTIQUE

*La valeur plastique du geste.* Il est un autre point de vue que nous devons envisager dans les actions crousiques et anacrousiques, c'est le « point de départ » de la phrase corporelle.

L'action volontaire doit être localisée, c'est-à-dire que la volonté du mouvement à accomplir doit se concentrer en premier dans telle ou telle autre partie du corps ou du membre qui se meut, de façon d'abord à répartir l'effort et à éliminer toute action musculaire inutile au mouvement, puis à orienter cet effort.

Dans les mouvements des métiers, cette localisation est en général inconsciente. Ainsi, soulevons la hache du bûcheron : si elle est lourde, le point de départ du mouvement se trouve dans les reins qui, en faisant le premier effort, permettent aux bras de soulever la hache plus facilement que si l'effort partait de la main même. Si la hache est légère, c'est la main tenant l'instrument qui fait l'effort volontaire et entraîne fatalement le reste du bras. C'est cette localisation qui donne au mouvement sa valeur plastique. Ce principe est à la base de tout enchaînement esthétique des mouvements. Mais dès qu'il y a enchaînement, la localisation n'est pas une nécessité matérielle et son emploi devient beaucoup plus complexe. Ainsi reprenons le geste de lever le bras : le geste peut être effectué de façon à donner l'impression que l'acte volitif qui le détermine a son point de départ soit dans la respiration, soit dans le bras, soit dans l'avant-bras, soit dans la main, et que les parties du corps où la spontanéité du premier mouvement ne s'est pas manifestée, sont entraînées fatalement au mouvement par l'acte préparatoire localisé.

Si le mouvement à effectuer n'a pas une signification pathétique ou intellectuelle nettement caractérisée, il s'enchaîne en général des membres lourds aux membres légers.

Le tronc étant la partie la plus lourde du corps et celle qu'animent en premier les émotions, grâce à l'action du diaphragme, il en résulte que l'animateur le plus important et le plus fréquent de tous les mouvements est la respiration.

L'acte de respirer est à la base de toute manifestation de vie, et tant esthétiquement que physiologiquement, la respiration joue dans la plastique animée un rôle de toute première importance. (Voir dans le volume de la Rythmique le chapitre consacré aux divers modes de respiration; voir aussi le petit volume de notre méthode, intitulé *La respiration et l'innervation musculaire*, avec planches anatomiques.) L'on peut dire d'une façon générale que, même dans les cas où ce n'est pas l'acte respiratoire qui engendre le mouvement, la phrase commence avec l'expiration et que l'expiration la termine.

Les mouvements peuvent avoir cependant leur point de départ dans d'autres parties du corps. Le torse, les bras, les jambes, les hanches, les mains, les épaules peuvent à leur tour donner l'impulsion première au mouvement. Et une fois une attitude prise avec point de départ dans un membre quelconque, la respiration aura encore à jouer le rôle intéressant qui consiste à modifier l'intensité du geste arrêté.

## LA VALEUR PLASTIQUE ET MUSICALE DU GESTE

Chaque fois que notre volonté consciente a choisi un point de départ pour un mouvement à effectuer, nous avons un commencement de phrase. — Nous avons déjà dit que la caractéristique d'une phrase est d'être un assemblage d'éléments qui s'appellent les uns les autres et qui aboutissent à un repos. Mais ces éléments peuvent s'enchaîner d'une façon plus ou moins suivie. Tout comme la phrase littéraire peut être formée de différentes propositions, séparées par des virgules ou par n'importe quel signe de ponctuation, de même la phrase plastique peut être formée aussi de propositions indépendantes les unes des autres, séparées par des arrêts. Ces arrêts ne sont pas considérés comme des fins de phrases parce que le corps reste en suspens, sous pression; l'on sent qu'il va venir une suite, mais le moment du mouvement suivant n'est pas fatalement indiqué.

Ces points de suspension, cette ponctuation de la phrase plastique, correspondent aux accentuations de la musique et mettent en valeur le point culminant de la phrase musicale. Ces points culminants, ces points « rythmiques » selon l'expression de Mathis Lussy [1], sont des aboutissements de *crescendo* et *diminuendo* dont la ligne ascendante ou descendante est plus ou moins brusque ou lente, complexe ou simplifiée. Ils dépendent non seulement de la dynamique, mais encore de la succession harmonique des sons. La phrase corporelle devient à ce moment absolument de la même nature que la phrase musicale, et, tout en s'exprimant grâce à ses moyens techniques particuliers, elle se modèlera selon la phrase musicale et ne fera qu'un avec elle. Nous trouverons, chez les compositeurs classiques surtout, une quantité d'exemples de périodes musicales pouvant être phrasées corporellement.

\* \* \*

Toutes les indications ci-dessus concernent les mouvements corporels d'un seul individu. Restent encore à analyser les oppositions d'attitudes et de gestes de deux ou plusieurs corps mis en mouvement, de deux ou plusieurs groupes d'individus, d'un soliste et d'un groupe, etc., etc. Une foule de combinaisons se présentent qui, réunies, enchaînées, forment ce que l'on pourrait appeler *l'orchestration* des mouvements humains. La dynamique en est toute différente de celle d'un seul appareil musculaire et l'orientation dans l'espace d'un ensemble de plasticiens modifie l'orientation des gestes de chaque plasticien isolé. Une polyrythmie nouvelle naît, faite à la

---

[1] *Le rythme musical.* Heugel, éditeur, au Ménéstrel, 2 *bis* rue Vivienne, Paris.

fois de mouvements et de lignes et dont les manifestations sont, plus encore que la polyrythmie d'un seul corps mis en mouvement, de nature à nous faire sentir que la plastique animée et la musique sont deux arts de même nature, pouvant et devant se vivifier l'un l'autre, même s'ils ne sont pas créés l'un pour l'autre. En essayant d'exprimer avec le corps l'émotion éveillée par la musique, nous sentons cette émotion pénétrer notre organisme, devenir plus personnelle et plus vivante de par le fait qu'elle fait vibrer les fibres les plus intimes de notre être. En prenant peu à peu possession avec son corps des lois dynamiques et rythmiques de la musique, l'élève deviendra plus musicien et sera capable d'interpréter sincèrement et spontanément les intentions des compositeurs, sur n'importe lequel des instruments choisis. Le fait de marcher, courir et « danser » des fugues de Bach ne constituera pas un crime de lèse-majesté envers l'homme de génie profond qui les composa expressément pour le clavecin, — car cette interprétation corporelle n'a pas la prétention en notre esprit de compléter la pensée de leur auteur et de substituer aux moyens d'expression choisis par lui, des modes d'interprétation arbitraires. Non, il ne s'agit là que d'une étude d'ordre intérieur, substituant à l'analyse purement cérébrale de l'œuvre l'expérience des sensations de l'organisme tout entier. Mener de front les voix différentes, dissocier les polyrythmies, réaliser les strettes, opposer les nuances dynamiques contraires, deviendra pour l'élève chose toute naturelle. Tous les détails de la structure du « phraser » et du « nuancer » lui sembleront clairs, parce qu'expérimentés par le corps et devenus organiques. En un mot, il aura la musique en lui, et son interprétation instrumentale en deviendra plus convaincue, plus spontanée, plus vivante et plus individuelle.

D'un autre côté, les facultés rythmiques et dynamiques du corps s'ouvrent, dès qu'elles prennent leur point de départ dans la musique, le seul champ de développement possible. En effet, la musique est le seul art basé directement sur la dynamique et la rythmique qui soit capable de styliser les mouvements corporels, tout en les imprégnant de l'émotion qu'elle dégage et qui l'inspire. Une fois le corps musicalisé et imprégné de rythmes et de nuances, la plastique animée redeviendra peu à peu un art supérieur se suffisant à lui-même.

*  *  *

Il importe aussi qu'elle fournisse au peuple l'occasion d'extérioriser ses vouloirs esthétiques et ses désirs instinctifs de beauté, en des évolutions et combinaisons de gestes, marches et attitudes constituant de véritables fêtes plastiques, musicales et rythmiques. Quel beau spectacle que celui d'un millier d'hommes ou d'enfants exécutant en mesure le même mouvement de gymnastique ! Mais quel plus sublime spectacle encore que celui d'une foule organisée en groupes distincts, dont chacun prend part d'une façon indépendante à la polyrythmie de l'ensemble ! L'art vit surtout par les contrastes et ce sont les contrastes qui constituent ce que l'on appelle en art les valeurs. Dans un spectacle plastique, l'émotion esthétique sera produite par les oppositions de lignes et les contrastes de durées. Et ce sera une émotion puissante et véritablement humaine parce qu'elle sera directement inspirée par le mécanisme de notre vie individuelle dont nous retrouverons l'image en les évolutions rythmiques de tout un peuple.

J'ai dit plus haut que le rythme est à la base de tous les arts; il est aussi à la base de la société. L'économie corporelle et spirituelle n'est pas autre chose qu'une coopérative. Et le jour où la société sera organisée dès l'école, elle sentira d'elle-même le besoin d'extérioriser ses joies et ses douleurs en des manifestations d'art collectives, telles que les pratiquaient les Grecs de la belle époque. Elles nous offriront des spectacles bien ordonnés qui seront l'expression même des vouloirs esthétiques populaires, et où divers groupes évolueront à la manière des individus, d'une façon métrique mais personnelle, c'est-à-dire rythmique, car le rythme c'est la « personnalité stylisée ». Il y a de si belles choses à créer dans le domaine du mouvement rythmique de la foule ! Si peu de gens se doutent que ce domaine est en partie inexploré et qu'un peuple peut évoluer avec ordre et en beauté sur la scène sans présenter l'aspect d'un bataillon de soldats, qu'il peut contrepointer le dessin musical, de cent façons différentes, par les gestes, les marches et les attitudes, tout en donnant aux spectateurs l'impression de l'unité et de l'ordre. Nul doute que les générations d'enfants instruits dans le rythme ne se préparent et ne nous préparent pour demain des jouissances esthétiques insoupçonnées [1]. La joie d'évoluer rythmiquement et de donner tout son corps et toute son âme à la musique qui nous guide et nous inspire est une des plus grandes qui puissent exister. En effet, elle est créée par la possibilité de communiquer aux autres ce que l'éducation nous a donné ! N'est-ce pas une jouissance d'ordre supérieur que de pouvoir traduire librement et à sa manière les sentiments qui nous agitent et qui sont l'essence même de notre individualité; que d'extérioriser sans contrainte nos douleurs et nos joies, nos aspirations et nos vouloirs, que d'allier euryth-

(1) Qu'il me soit permis, à titre d'indication et pour prendre date, de mentionner mon *Festival vaudois* de 1903 où, à Lausanne, sous la direction de Firmin Gémier, 1800 choristes ont évolué selon les principes qui me sont chers, bien avant les grands spectacles de Reinhardt. Puis encore, les Festspiels de mon Institut de Hellerau où pour la première fois, en 1911, j'ai réussi à réaliser dans « Orphée » et autres œuvres, une polyrythmie des foules sur escaliers en plans inclinés. Puis le spectacle de la *Fête de Juin* en 1914, à Genève, où en dehors de la mise en scène des actes dramatiques par Gémier, toutes les parties lyriques de mon œuvre (poème d'Albert Malche et Daniel Baud-Bovy) ont été interprétées par 200 Rythmiciens chargés d'exprimer plastiquement la symphonie orchestrale et chorale sur surface plane, gradins et escaliers monumentaux.

miquement nos moyens d'expression à ceux des autres pour grouper, grandir et styliser les émotions inspirées par la musique et la poésie ? Et cette jouissance n'est pas de celles que l'on peut considérer comme factices, occasionnelles et anormales, non; cette jouissance fait partie intégrante des conditions d'existence et de progrès de notre individu. Elle contribue à l'amélioration des instincts de race et provoque l'épanouissement des qualités d'altruisme nécessaires à l'établissement d'une vie sociale naturelle.

## XIII

# LE DANSEUR ET LA MUSIQUE

## (1918)

*Le bourgeois et la danse. — Ignorance du public. — Le sens musculaire. — La danse et l'imita-
tion de la plastique figée. — Les qualités d'émotion et de style. — Les nuances de force et de
souplesse et leurs rapports avec celles de la durée. — Les oppositions de gestes. — Les « silences ». — La construction d'une danse. — L'espace et l'orientation. — Les techniques conventionnelles. — La danse et la pensée musicale. — La musique intellectuelle et la musique
« vivante ». — Littérature chorégraphique. — Création d'un style musico-plastique nouveau.
— Les compositeurs de demain.*

Les manifestations chorégraphiques se multiplient depuis quelques années dans
tous les pays et le public paraît y prendre goût. Cela nous paraît de bon augure.

Jadis un bon bourgeois de province se serait cru perdu si ses amis avaient pu le
voir assister, en sa ville, à un spectacle de danse. Commencerait-il à se douter aujour-
d'hui que la danse est — ou du moins pourrait être — un art aussi pur, aussi expressif que les autres ? Sans doute le snobisme est-il pour beaucoup dans l'intérêt qu'il
lui témoigne. Mais le culte du sport y est aussi pour quelque chose. A force de faire
de la gymnastique hygiénique l'on finit par s'intéresser à la gymnastique esthétique.
Malheureusement celle-ci a besoin pour contribuer aux progrès de l'art plastique de
bénéficier d'autres encouragements que ceux qu'on lui octroie bénévolement dans les
milieux sportifs et mondains.

En matière chorégraphique, l'on a dit souvent que c'est du Nord que nous vient
la lumière. Or le public des spectacles de ballet à Moscou ou à Pétrograde ne nous a
jamais semblé rechercher qu'un simple divertissement oculaire et ce n'est certainement pas pour céder à ses instances que certains danseurs russes de talent ont cherché
à imprimer à leur art une orientation nouvelle. Il est en effet certainement le public
le plus frivole, inconsistant et retardataire que nous ayons jamais rencontré, — le

plus incapable, assurément, de considérer la danse comme autre chose qu'un divertissement frivole. En d'autres pays, en Suède, en France, en Suisse, en Allemagne, en Angleterre, le public en juge autrement. Il devine en la danse un moyen supérieur d'expression, et il lui est désagréable de ne pouvoir ni savoir motiver la satisfaction qu'il éprouve devant ses diverses manifestations. Il n'y a qu'à se mêler à quelques groupes de spectateurs dans les entr'actes ou à la sortie d'un théâtre pour se rendre compte qu'ils éprouvent une douloureuse gêne à ne pas savoir s'il leur faut aimer ou détester le spectacle qui leur est offert et céder ou non, à leur première impression. La lecture de la chronique de leur journal les mettra à l'aise le lendemain matin et asseoira définitivement leur jugement. Ils ne se doutent pas que la majorité des critiques — si érudits et si artistes soient-ils en d'autres domaines — n'en savent pas davantage qu'eux en matière de danse. Les journalistes les moins au courant de l'art des mouvements se croient autorisés à diriger l'opinion sur ce sujet. Quant aux spécialistes du théâtre et du ballet, ils ont le goût à ce point faussé par leur extrême familiarisation avec les routines consacrées, qu'ils se trouvent encore moins capables que d'autres de différencier les essais sincères de rénovation de quelques artistes férus d'expression et de naturel, — des vouloirs prétentieux de tant de chercheurs de succès immédiats.... [1]

C'est qu'il n'est guère possible de juger aucun art sans posséder une certaine connaissance des phases de son évolution et des lois de sa technique expressive. Comment pourrons-nous émettre aujourd'hui un jugement motivé sur l'art chorégraphique en l'état de décadence où il se trouve, et reconnaître les mérites des réformes nouvelles, si nous n'éprouvons pas personnellement le désir de ces réformes et ne faisons aucun effort individuel pour rechercher et préciser le pourquoi de notre désir, pour fixer avant tout la nature et les ressources de cet art il y a quinze ans encore en plein déclin ?

Pour analyser la peinture et la musique, nos yeux et nos oreilles — si mal éduqués soient-ils — suffisent pour nous offrir les points de comparaison nécessaires à toute tentative sérieuse d'objectif jugement. Mais pour apprécier pleinement le mouvement humain stylisé, il est besoin, en outre, d'un sens spécial, le sens musculaire, complété par ce que certains savants ont dénommé le sens kinesthésique, stéréognostique ou encore sens de l'espace, et que le professeur L. Bard, de Genève, vient de décrire avec une haute sagacité sous le nom de sens « de la gyration ». Ni la gymnas-

---

(1) Il est significatif que des critiques musicaux n'ayant reçu aucune éducation oculaire, se reconnaissent le droit de juger des spectacles musico-plastiques destinés à intéresser en même temps l'œil et l'oreille, — et d'autre part que des plasticiens non musiciens ne craignent pas de donner leur opinion sur des manifestations artistiques dans lesquelles la musique joue un rôle important. Il paraît cependant tout indiqué que le droit d'émettre un jugement public sur des spectacles conçus de façon à réaliser l'alliance étroite des beaux-arts, de la musique et du mouvement corporel, ne doive être conféré qu'à des individualités capables d'apprécier et d'analyser d'une façon compétente chacun des éléments isolés de cette combinaison artistique.

tique usuelle, ni le sport, ni les leçons dites de grâce et de maintien ne suffisent à nous le faire acquérir, car les mouvements qu'ils enseignent sont sans relation directe avec les multiples nuances de l'agogique (variations de la durée) et de la dynamique. D'autre part, notre appréciation naturelle des attitudes, des lignes et des gestes humains est faussée par une éducation conventionnelle restrictive de toute manifestation corporelle spontanée et aussi par une longue accoutumance aux routines théâtrales.

L'observation des attitudes fixées par la statuaire grecque s'est imposée à de nombreux artistes danseurs, désireux d'un renouvellement des formes, et se complète par des essais de reconstruction animée des chefs-d'œuvre que l'œil du public pourra désormais comparer avec les originaux. Mais il ne faut pas oublier que les figures isolées des anciens sculpteurs sont toutes directement inspirées de l'art si complexe de l'orchestique; cet art qui, selon Lucien et Platon, consistait à « exprimer toutes les émotions à l'aide du geste ». Le fait de fixer, de styliser les moments suprêmes de la danse et de la gesticulation détruit la continuité du mouvement et interrompt l'enchaînement des attitudes [1]. Il ne suffit donc pas au danseur moderne de reproduire certaines attitudes décoratives classiques qui, dans l'orchestique grecque, indiquaient simplement des temps d'arrêt, — pour ressusciter, rythmer la vie qui animait les danses anciennes. Et il ne suffit pas non plus à un public soumis à une éducation rationnelle du mouvement de voir les chorégraphes lui présenter, comme ils le font aujourd'hui, une série de beaux motifs plastiques et de gracieuses attitudes illogiquement et artificiellement enchaînées. Il réclamera d'eux, outre l'émotivité nécessaire [2], ces qualités de style et de composition d'ordre et de développement de contrastes et de nuances que requièrent les manifestations de tout art complet et vivant.

Tout public vraiment musicien saura reconnaître si le virtuose qui lui soumet une interprétation s'est livré à une analyse suffisante de l'œuvre jouée, pour en rendre l'idée et les sentiments généraux — ou s'il s'est contenté d'en étudier l'un après l'autre — et isolément — les divers passages, sans se préoccuper d'en animer l'enchaînement d'un frisson continu de vie organique.

Le spectateur d'une interprétation plastique devra de même exiger du danseur des qualités générales de composition et de gradation dans les développements et ne pas se contenter de ces successions d'effets isolés et de « moments » sans cohésion, en lesquels se résume malheureusement trop souvent le travail des danseurs de la nou-

(1) Voir chap. XII, page 167, lignes 13 et suivantes.
(2) Chose curieuse ; Quantité d'artistes qui exigent de la musique ou de la peinture des qualités d'émotion nuancée et de sentiment se déclarent satisfaits en assistant à des interprétations de danse dont l'émotion — volontairement ou non — est totalement absente.

velle école. Une composition chorégraphique doit, en effet, être aussi ordonnée qu'une composition musicale ou picturale. La vie et l'émotion y doivent être stylisées, et cette stylisation dépend de la mise en place et en valeur et de la proportion des éléments expressifs autant que de leur intensité. Or, dans une conception de plastique animée, l'exécutant doit non seulement être possesseur de toutes les ressources de la technique corporelle, mais encore savoir les employer à bon escient, subordonner les effets particuliers aux effets d'ensemble, combiner ceux-ci et les opposer, ou encore en modifier et même éliminer certains éléments, selon les lois éternelles dont l'emploi (spontané ou raisonné) crée le style.

La signification du geste d'un bras ne se précisera entièrement que selon les attitudes opposées ou parallèles de la tête, de l'autre bras, des jambes et du torse, selon les actions diverses de l'acte respiratoire, selon les variations d'équilibre créées par le déplacement du poids corporel, — selon le temps aussi que nécessite son déploiement. Mais pour un spectateur non éduqué toutes ces nuances n'existent pas [1]. L'important pour lui est que le bras soit rond, et de forme jolie. De même qu'un auditoire aux facultés auditives non exercées, n'apprécie pas les modulations mélodiques et harmoniques et les divergences des rapports sonores, de même le spectateur sans éducation visuelle suffisante, ne peut-il se rendre compte que de la portée générale d'un geste et se trouve-t-il incapable d'en situer l'allure dans l'espace et d'en « ressentir » la plus ou moins grande intensité musculaire. Il me souvient, aux représentations d'Isadora Duncan au Châtelet, d'avoir entendu des gens connus pour leur intelligence artistique (!), discuter uniquement sur les formes corporelles, et en particulier sur les pieds nus de la danseuse, — tels les auditeurs d'un récital de piano qui n'analyseraient que les qualités de l'instrument et non celles de l'interprète !

Devant le spectacle du nuancé de gestes de certains danseurs, tels les Sakharoff, le spectateur non éduqué s'écriera volontiers : « Mais c'est tout le temps la même chose ! » sans s'apercevoir qu'en réalité ces artistes font jouer devant lui toute la gamme des variations d'un geste unique. Et il applaudira chez d'autres danseurs une gesticulation trop riche et insuffisamment pourvue de temps d'« arrêt », ce qui est le défaut de maint débutant vibrant et enthousiaste.... Et voilà désormais notre attention attirée sur le rôle important que jouent en une interprétation plastique l'élimination des mouvements inutiles, l'installation des « silences », la répartition des effets expressifs en des régions localisées de l'organisme, le contrepoint, le phrasé, la polyrythmie des mouvements associés ou l'harmonisation des mouvements synergiques....

Un autre facteur trop négligé d'unité et d'ordonnance plastique réside en la con-

(1) Voir chap. XII, pages 174 et 175.

naissance des relations entre les mouvements et déplacements corporels, et l'espace qui les environne. Telle danseuse applaudie, dont le souvenir s'impose à notre mémoire comme celui d'un oiseau voletant éperdument autour d'une chambre étroite pour chercher une issue, ignorait sans doute, que la danse d'un soliste doit être composée avec le même souci des lignes et des directions spatiales que celle d'un groupe évoluant, bataillon de soldats ou de danseuses. Selon le mode de « construction » d'une danse, l'œil du spectateur enregistre une impression d'ordre ou de désordre, d'harmonie ou d'anarchie décoratives. Les évolutions ne peuvent se faire au hasard de l'instant et de l'inspiration, de même que dans le contrepoint musical, les lignes polyrythmiques ne peuvent, sans danger, suivre un chemin irrégulièrement tracé de modulations et de rythmes. Il n'est pas indifférent en musique que les rappels de thèmes — dans la forme du « Rondo » par exemple — se fassent en tel ton ou dans un autre; l'intérêt des reprises du refrain réside dans la façon dont l'auteur sait préparer son retour dans la tonalité initiale. Et c'est ainsi qu'en l'interprétation *plastique* d'un rondo, la nécessité s'impose que les attitudes ou mouvements traduisant le thème musical en langage corporel, s'effectuent au moment de sa reprise, dans un endroit déterminé de l'espace. Il importe que l'espace dont dispose le danseur soit par lui utilisé en toute connaissance de cause et que les évolutions s'y situent d'une façon prévue et non arbitraire, adéquate à la construction et aux proportions de l'œuvre à interpréter. Tel enchaînement de mouvements et de déplacements d'équilibre ou d'évolutions a pour conséquence fatale une « résolution » (pour employer le langage musical), un aboutissement, au centre ou dans un des angles de l'espace, sur une surface plane ou sur un plan incliné ou gradué. Une attitude transportée de l'un des points de l'espace à un autre, gagne ou perd en force expressive. Selon son orientation, selon la plus ou moins grande longueur du parcours de son transport, elle peut changer totalement de signification. L'agencement prémédité des lignes joue dans l'appréciation rétrospective d'une danse, par la mémoire visuelle, un rôle dont peu de danseurs paraissent soupçonner l'importance.

Mais nous n'avons, jusqu'ici, analysé que le côté essentiellement plastique du problème. C'est celui qui frappe, du reste, le plus directement le public et les critiques, et c'est celui qui semble préoccuper uniquement les danseurs. Il semble vraiment que certaines transpositions musicales que nous imposent trop souvent d'illustres inconnus devraient soulever l'indignation et susciter les protestations de tous les connaisseurs d'art. Il est des cas où ceux-ci ne devraient pas garder le silence. Mais ce qui choque uniquement la majorité des soit-disant connaisseurs, c'est le côté *extérieur* des interprétations. Un danseur n'a cependant pas le droit d'ignorer et de mépriser la musique qu'il choisit comme prétexte à ses évolutions. Il existe des rapports étroits entre la sonorité et le geste — et la danse qui s'appuie sur la musique doit s'inspirer de ses émotions autant, et peut-être davantage, que de ses formes rythmiques extérieures.

* * *

Un abîme sépare les mouvements de l'orchestique grecque de ceux du ballet de nos jours. Et cependant il est incontestable que la plupart de ces derniers se sont à l'origine inspirés des plus pures traditions classiques. Mais l'esprit qui animait les danses anciennes s'est desséché, la vie les a quittées. Seules leur ont survécu quelques attitudes et positions fondamentales, mais combien restreintes et systématisées! Les diverses tenues des bras, par exemple, les si nombreuses positions symétriques et dissymétriques qui mettaient en valeur toutes les ressources de la gesticulation, ont été remplacées par une seule position arrondie qui n'est d'ailleurs plus de nature expressive ni mimétique, mais relève uniquement de la gymnastique. Il en est de même en ce qui concerne les positions des jambes, de la tête et du torse. Une technique spéciale s'est créée par contre, qui développe considérablement les fonctions de bondissement au détriment de la marche expressive, et remplace les recherches d'équilibre naturel à l'aide de lents ou rapides déplacements corporels, par de brusques arrêts sur les pointes. La danse est devenue «saut» et les bras n'ont plus que des fonctions de balanciers. Il en est résulté une déformation corporelle qui empêche le danseur familiarisé dès son jeune âge avec les procédés du ballet traditionnel, de cultiver d'une façon aisée et naturelle la marche lente, les divers dynamismes brachiaux et, d'une façon générale, les manifestations expressives les plus simples de la danse « à la Duncan ». L'on ne peut servir Dieu et Mammon.

Il y a, du reste, dans les évolutions dites de ballet souvent de la grâce et du pittoresque, et nous avouons les goûter parfois avec un grand plaisir. Mais ce spectacle ne s'adresse qu'aux yeux et nous ne pouvons attendre de lui ni émotion, ni expression musicales.

C'est pourtant la musique qui est à la base de la danse la plus conventionnelle et nous serions en droit de demander à ses interprètes que ses éléments de phrasé, de nuancé, de durée et de dynamisme fussent respectés par eux dans la limite du possible. Danser en mesure ce n'est pas tout. L'essentiel est de pénétrer la pensée musicale jusqu'en ses profondeurs les plus intimes, tout en suivant les lignes mélodiques et les dessins rythmiques, non sans doute scrupuleusement « à la croche », ce qui serait du pédantisme, — mais de telle façon que les sensations visuelles du spectateur ne soient pas en désharmonie complète avec celles de son appareil auditif. La musique doit être pour les danseurs, non une simple incitation au jeu des mouvements corporels, mais une source sans cesse jaillissante de pensées et d'inspirations. D'inspirations musicales, s'entend, et non littéraires, car il faut abandonner à la pantomime les effets théâtraux d'imitation extérieure et la transmutation des impulsions musicales naturelles en petites histoires sentimentales. La musique doit révéler au danseur des forces intérieures et supérieures que toute analyse intellectuelle et toute recherche de pittoresque ne peuvent qu'affaiblir. Elle lui sert à condition qu'il ne cherche pas à l'exploiter en vue d'extériorisations de nature uniquement rationnelle.

Est-ce à dire qu'il suffirait pour provoquer une renaissance de l'art musico-plastique de faire donner aux danseurs une éducation musicale complète ? Non pas. Il s'agit en outre de leur faire connaître les *rapports* intimes qui existent entre la musique et le mouvement corporel, entre les développements d'un thème et les successifs enchaînements et transformations des attitudes, entre l'intensité sonore et le dynamisme musculaire, entre le silence et l'arrêt, entre la contrapuntique et la contragestique, entre le phrasé mélodique et la respiration, et — pour tout dire en deux mots, — entre l'espace et le temps.

Cette éducation-là ne s'improvise pas, elle nécessite une culture générale. Nous ne la réclamons pas des danseurs qui ne dansent que pour l'amusement des yeux, ou de leurs muscles, — ni de ceux dont la mission consiste à révéler des danses populaires et nationales, à reconstituer les danses de cour des siècles défunts ou même les évolutions capricieuses des danses modernes de salon ou de bar. Mais elle est nécessaire à tout danseur se hasardant à transposer en mouvements corporels des œuvres de musique pure. Il peut exister au théâtre une plastique décorative qui ne fait que dessiner les contours de l'architecture musicale, mais il existe aussi une plastique expressive dont le rôle consiste à extraire de la musique tout ce qu'elle contient d'aspirations idéales et de vie affective. Celle-là ne doit être abordée qu'avec le plus profond respect pour la musique inspiratrice et pour l'organisme humain qui s'en fait l'interprète.

Il ne faut pas oublier que la plastique n'est jamais nécessaire à la musique « pure » qui agit toujours en profondeur et dont les émotions perdent souvent à se révéler en surface. La musique est certainement l'agent le plus puissant qui existe pour révéler à l'homme lui-même toutes les passions qui bouillonnent en les tréfonds obscurs de son inconscient. Ses vibrations suffisent pour éveiller les sentiments puis pour les répandre; ses combinaisons sonores et rythmiques créent un langage spécial qui n'a besoin d'être complété par l'adjonction d'aucun autre agent d'expression. Toute phrase directement issue d'une âme essentiellement musicale se suffit à elle-même, et tout essai de renforcement de l'expression à l'aide de moyens d'un autre ordre ne peut qu'en amoindrir la clarté et même la puissance. A quoi bon la vouloir compléter puisqu'elle est en soi-même complète ? Et, de même, toute directe révélation de sentiments intérieurs à l'aide de la plastique animée n'a que faire de l'aide du langage des sons, si elle en est l'émanation spontanée et se présente d'une façon naturellement émotive, éloquente et claire. Ne peut-elle en ce cas être qualifiée elle-même de musique ? puisque l'art musical n'est pas autre chose, selon la définition de R. Pasmanik, que la « révélation de l'essence intime du monde ».

Mais de même que la musique peut s'allier au verbe dans la forme du drame musical ou du lied, de même peut-elle se combiner avec la plastique pour exprimer dans un langage mixte les émotions élémentaires. Dans un cas comme dans l'autre, la musique devra se restreindre et s'obliger à diminuer les ressources de sa puissance expressive afin de permettre à l'élément avec lequel elle s'associe de s'affirmer non par surcroît mais en collaboration. Qui dit combinaison dit pénétration, et en réalité, ne devraient être mis en musique que des poèmes dont l'auteur a prévu un complément musical, ni plasticisées que des pièces de musique destinées par le compositeur à être complétées par le mouvement humain, ou encore adoptant les formes primitives de la danse. C'est ainsi que, dans un grand nombre de pièces instrumentales des XVIme et XVIIme siècles, la rythmique est d'origine manifestement corporelle. Les mêmes rythmes imprégnaient la musique chorale du XVIIme siècle. La plupart des chœurs d'Albert, de Schein, Hassler, Krieger, etc., constituent de véritables morceaux de danse. C'est sous cette apparence que se présentent également beaucoup d'œuvres françaises, anglaises et italiennes de la même époque. Plus tard les courantes, les passe-pieds, les allemandes et sarabandes de J. S. Bach sont écrits dans le style dansant, ainsi qu'un certain nombre de fugues construites — (telles les Nos 2 en ut min., XI en fa maj., XV en sol maj., etc., du clavecin bien tempéré, 1re partie) — sur des thèmes populaires de danse.

Toutes les inventions et fugues conçues en manière de divertissement, sans souci d'émotion intime, et dont le seul objectif est de dépeindre la poursuite des êtres, peuvent être interprétées par des groupes humains en ligne, se fuyant les uns les autres. L'impression rythmique engendrée par la riche polyphonie, ne peut, selon mon opinion, et celle de fervents spécialistes de la musique de Bach, tels qu'Ad. Prosniz, Fritz Steinbach, R. Buchmayer, Ch. Bordes, etc. — qu'en être considérablement accrue. Toutefois leurs contrepoints sont souvent de nature si strictement digitale que leur interprétation corporelle risque d'être forcée à de fâcheux ralentissements d'allure. C'est pourquoi elle ne peut guère être tentée — ainsi que celle des œuvres de l'époque suivante (Haydn, Mozart), aux développements thématiques abstraits — que dans une intention purement analytique et pédagogique. Le même risque est à signaler dans les transcriptions orchestrales, tentées pour la danse, de pièces pianistiques, romantiques et modernes. Nous nous souvenons avec gêne de l'alourdissement imposé par le ballet russe au Carnaval de Schumann interprété en un style de pantomime. Les danseurs feront donc bien de demander aux compositeurs contemporains d'écrire pour eux des musiques spéciales. Que ceux-ci n'oublient jamais que la collaboration du geste leur impose des restrictions toutes particulières. Elle leur offre aussi de nouvelles et intéressantes possibilités.

Il faudra créer des musiques volontairement non rythmées qui seront complétées par des rythmes de nature corporelle. D'autre part, les attitudes harmonieuses de danseurs uniquement occupés à traduire les apparences de certains états d'âme peuvent avoir recours aux rythmes musicaux pour animer de frissons vitaux leur figuration idéale. Parfois la danse exprimerait le côté dyonisiaque des révélations artistiques et la musique leur côté apollinien. D'autres fois, au contraire, ce sont les sons qui traduiraient en langage sensoriel l'ivresse des passions élémentaires, tandis que la danse dessinerait dans l'espace leurs formes décoratives. Dans l'un et l'autre cas il y aurait spiritualisation de la matière, extériorisation de l'esprit, idéalisation de l'apparence et sentimentalisation des sensations.

Il est toujours dangereux de tenter l'adaptation au tempérament physique d'une musique subjective, de caractère largement humain. L'essence intime d'une œuvre ne nous est jamais entièrement révélée lorsqu'un instrumentiste — ou un chef d'orchestre — cherche avant tout à l'adapter à ses moyens personnels d'expression. En faisant l'œuvre entièrement sienne, il la dépouille de son émotivité générale. Il ne la traduit plus, il la transforme, il la recrée. Le grossissement inévitable d'une pensée ne peut manquer de blesser en leurs fibres les plus sensibles tous ceux qui sont familiarisés avec elle sous sa forme primitive. En toute association musico-plastique, aucun des agents d'expression ne devrait chercher à fusionner entièrement avec l'autre : tous deux doivent essayer de se faire valoir réciproquement. Pour parvenir à ce résultat, il est non seulement nécessaire que le danseur soit complètement initié aux connaissances musicales, mais que le compositeur n'ignore aucune des possibilités de réalisation expressive de l'organisme humain.

Un musicien ne se hasarde pas à écrire un *concerto* de violon sans connaître les ressources de cet instrument. Comment pouvons-nous imaginer qu'il n'hésite point à composer une partition de ballet pour cet instrument complexe qui est le corps humain sans avoir cherché à se familiariser avec les moyens d'interprétation dont il dispose ? S'il les connaissait, il ne se contenterait pas de noter des rythmes musicaux en laissant au maître de ballet le soin de les faire imiter par ses danseurs, il écrirait une partition où la mimique, la gesticulation, les mouvements et attitudes des danseurs seraient aussi scrupuleusement notés que le sont les parties d'instruments à archet, à vent ou à percussion dans une symphonie.

Au lieu de toujours faire marcher parallèlement les mouvements sonores et les plastiques, il semble indiqué de chercher à susciter des mouvements contrastants, soit dans la métrique et la rythmique, soit dans les mélodies et les harmonies. J'entends, par exemple, qu'à des musiques exposées dans des mesures binaires répondraient, comme dans la musique orientale, des motifs plastiquement mesurés d'une façon ternaire. Qu'aux accentuations rythmiques de telle phrase sonore seraient opposées des accentuations corporelles soulignant d'autres fragments de la même phrase. Que la mélodie musicale s'appuierait sur une harmonie de mouvements plastiques de plusieurs membres associés ou de plusieurs individus groupés et qu'au contraire la succession de mouvements corporels monorythmiques serait accompagnée par des harmonies sonores. Il peut certainement être créé un système harmonique de gestes groupés en accords et ayant leurs résolutions fatales comme les agglomérations sonores.

Les effets d'antagonisme et d'entente, de contraste et de fusion, créés par la combinaison de la symphonie orchestrale et de la polyrythmie corporelle seraient d'autant plus riches en combinaisons variées, que la plastique animée requiert, avant tout, le concours des groupements humains. Il faut qu'un danseur possède un génie tout particulier pour danser seul des musiques diverses pendant une soirée entière sans produire une impression de monotonie.

Trop de solistes danseurs nous racontent avec leur corps une série de petites histoires à sujets variés, au cours d'une soirée, sans songer à varier leurs moyens d'expression ! La variété des jeux de physionomie ne suffit pas à assurer celle des mouvements du corps entier. De tous les instruments de musique, il n'en est pas un seul — à part le polyphonique piano — qui puisse se faire entendre, à l'exclusion de tout autre, au cours de deux heures de musique, sans lasser l'auditoire. N'en est-il pas de même avec le soliste danseur ? Tandis qu'au contraire la réunion de plusieurs danseurs permet autant de possibilités de varier les effets expressifs que le jeu en commun de plusieurs instruments. Les associations de timbres présentent des combinaisons analogues à celles que peuvent produire des masses humaines différemment groupées.

Il nous resterait à indiquer dans quelles conditions pourrait être créée — en opposition à la musique pure — une musique spéciale adaptée au geste et qui ne serait pas de la musique de pantomime, une musique dépouillée de tout développement scolastique, très simplement et architecturalement ordonnée, laissant — au prix de constants sacrifices — une large place à la collaboration des mouvements humains. Son rôle consisterait à inspirer le corps et à l'animer, tout en se laissant, elle-même, inspirer et animer par lui, — à être à la fois son maître et son esclave, à s'identifier à lui, tout en gardant sa personnalité.

Tâche difficile et complexe sans doute, mais qui sera certainement réalisée, le jour où le danseur, devenu musicien, méritera que le compositeur renonce pour lui aux procédés de la musique pittoresque, et s'engage avec lui sur les chemins d'un art plus humain et plus vivant. Un style nouveau est à créer, fait de la collaboration de deux arts expressifs entre tous et de la participation d'un public mis à même, grâce à l'éducation, de se solidariser avec l'artiste et d'éprouver devant l'œuvre d'art un sentiment de responsabilité. Il est temps — comme le dit Adolphe Appia — que la dignité de nos instincts dramatiques se réveille ! Car la fiction vivante c'est la porte triomphale qui donne accès à tous les autres arts.... Elle seule pourra nous conférer de nouveau quelque dignité vis-à-vis de l'œuvre d'art et nous diriger vers la conquête du style. L'art transfigurateur, celui qui par le rythme unit notre organisme à l'indubitable expression de notre âme, semble avoir pris la clef des champs; pourtant ce n'est pas lui qui s'est égaré, c'est son ombre ! Au contraire, la musique est tout près de nous. Ne lui résistons pas; nous lui avons abandonné l'expression ardente de notre vie intérieure, cédons à ses sollicitations nouvelles, livrons-lui sans réserves le rythme de notre corps qu'elle veut transfigurer et plonger dans l'espace esthétique des ombres et des lumières, des formes et des couleurs, ordonnées et vivifiées par son souffle créateur.... »

A

JACQUES CHENEVIÈRE

## XIV

# LE RYTHME, LA MESURE ET LE TEMPÉRAMENT

### (1919)

### I

La musique est le reflet direct de la vie sentimentale comme de la vie réelle, et la rythmique musicale n'est que la traduction en sonorité de mouvements et de dynamismes spontanés exprimant les émotions d'une façon fatale. Il semble, par conséquent, que l'évolution de l'art musical doive dépendre des progrès réalisés par l'individu, grâce à une éducation soucieuse d'équilibrer les forces physiques et morales, instinctives et raisonnées. Très peu de gens se doutent, en somme, que si tout progrès artistique est provoqué par une évolution générale des esprits, une régénération de l'éducation musicale n'est possible que par une éducation générale régénérée. Celle-ci, dans toutes nos écoles, cède le pas à l'instruction, s'occupe uniquement du développement intellectuel et néglige la culture du tempérament.

L'équilibre des facultés intégrales de l'individu ne peut jamais être obtenu si, dès le bas âge, l'organisme ne s'habitue à un libre échange de ses forces, à une libre circulation des courants divers de sa pensée et de ses pouvoirs moteurs, à une alternance régulière — mais facilement interrompue au gré des instincts subconscients ou des volontés conscientes — des rythmes physiques et spirituels, dont l'ensemble constitue le tempérament. L'homme de science doit pouvoir devenir l'homme sportif au moment où il le désire. Et, bien mieux, l'éducation idéale, celle dont nous avons besoin après la guerre, est celle qui mettra nos enfants à même de placer les rythmes sportifs au service immédiat de la pensée et de permettre aux rythmes intellectuels de se convertir dès qu'il le faut, en actes physiques du même style. L'homme intellectuel ne doit plus désormais être indépendant de l'homme physique. Il doit y avoir constamment entre les organes du mouvement corporel et les organes de la pensée, une possibilité de libre échange et d'union intime. Il ne faut plus qu'une spécialisation voulue isole nos fonctions diverses. Grâce à l'harmonisation du système nerveux, à l'excitation des centres moteurs paresseux, à l'ordination des actions instinctives et à la spiritualisation des manifestations corporelles, une unité de préparation et de réalisation doit s'établir entre nos organismes. Et cette éducation n'a rien de forcé ni de pénible, au contraire ! Notre liberté d'hommes pensants et agissants, dépend de cette unité des rythmes de la pensée et de la vie. Le temps viendra où notre corps possédera — grâce au sens musculaire entièrement reconquis — une telle indépendance, que nos actes ne feront plus qu'un avec nos vouloirs. C'est là la guérison de la neurasthénie et la constitution d'un « individu intégral » dont les manifestations vitales revêtiront un double caractère d'expression spontanée et complète, de matérialisation de l'idéal et d'idéalisation des possibilités physiques. Les deux pôles de notre être seront intimement reliés par un rythme unique, qui sera l'expression de notre individualité. Et, ce jour-là, l'art cessera d'être métaphysique et constituera une manifestation spontanée de notre être intime, qui lui communiquera directement les rythmes de sa vie.

La caractéristique du rythme est la continuation et la répétition. Toute manifestation motrice isolée dans le temps présente un caractère pathétique, exceptionnel et momentané, qu'elle perd au moment où elle se répète pour devenir partie d'un tout continu évoluant à la fois dans le temps et l'espace. Les deux éléments primordiaux du rythme, l'espace et la durée, ne peuvent être séparés l'un de l'autre. Dans certains arts il peut y avoir un élément principal, appelant irrésistiblement l'autre; dans la musique et dans l'œuvre d'art suprême : la vie, les deux éléments sont indissolubles et de même importance. La vie, en effet, est elle-même un rythme, c'est-à-dire une succession continue de vies multiples, formant un tout indivisible. La personnalité aussi peut être considérée comme un rythme, car l'ensemble de ses facultés même contradictoires constitue une entité. Mais toute vie et toute œuvre d'art qui ne satisfont qu'aux excentricités de l'individualité sont arythmiques, car le rythme de l'art et de la vie suppose une fusion de tous les traits du caractère et du tempérament.

La métrique, créée par l'intellect, règle d'une façon mécanique la succession et l'ordre des éléments vitaux et leurs combinaisons, tandis que la rythmique assure l'intégralité des principes essentiels de la vie. La mesure relève de la réflexion, et le rythme, de l'intuition. Il importe que le fait de régler métriquement les mouvements continus qui constituent le rythme, ne compromette pas la nature et la qualité de ces mouvements.

L'éducation musicale d'aujourd'hui, ainsi que l'éducation générale donnée dans les écoles, est inspirée par une volonté d'ordonner les sons et les harmonies, de fixer théoriquement les connaissances et de régler la vie, qui est de nature métrique. Il est certain que la régularité et la précise ordonnance des mouvements sont l'indice le plus certain de la maîtrise de la volonté. Mais les éducateurs ont le tort de considérer la volonté comme uniquement capable de régler la vie, de créer une œuvre d'art complète, personnelle et bien proportionnée. La création d'un mouvement de vie synthétique dépend directement du tempérament, et l'erreur des pédagogues est d'oublier que les études spéciales peuvent développer la spontanéité des manifestations rythmiques vitales et qu'une éducation mettant le jeune musicien à même de ressentir clairement tous ses mouvements instinctifs, et lui donnant le moyen de vaincre toutes les résistances qui s'opposent à l'épanouissement de ses habitudes motrices — lui permet aussi de ressentir l'existence d'une façon émotive et de voir ses émotions atteindre leur maximum d'intensité. Au lieu d'orienter les études musicales vers le rythme, on les oriente vers la mesure. L'on néglige de favoriser par une culture attentive la floraison des impulsions motrices, pour ne s'occuper que de la création de volitions mesurées. Il en est de même dans les études de danse qui sont, dans nos plus célèbres académies, nettement dirigées dans le sens exclusif de la technique corporelle ; ces études visent la conquête de l'esprit métrique et se contentent de régler des successions arbitraires de gestes et de mouvements au lieu de favoriser, grâce au développement du tempérament, l'épanouissement des rythmes corporels naturels. Musique et danse sont aujourd'hui enseignées d'une façon mécanique.

Une machine merveilleusement réglée n'a pas de rythme, elle est réglée en mesure. Ordonner les mouvements qu'effectue un travailleur dans l'exercice de son métier, n'est pas assurer le rythme de son travail. L'écriture d'un copiste donne une impression de régularité mécanique et impersonnelle. Celle d'un écrivain s'abandonnant à son inspiration, enregistre au contraire le rythme de son tempérament. La versification n'est autre que la métrique du vers. La rythmique du vers dépend de la nature de la pensée, de son élan intérieur, de ses qualités irrationnelles. La danse naturelle peut être métrique sans révéler l'élan primesautier, la fantaisie de la nature physique et morale — c'est-à-dire le rythme — de l'homme qui danse. Le fait de sou-

13

mettre dans la vie courante la respiration à la discipline de la régularité dans le temps, supprimerait tout sentiment instinctif et désordonnerait le rythme vital.

L'exercice volontaire de la mesure assure la régularité — et il est des occasions où cette régularité est indispensable. — Mais cette recherche mécanique constante de l'ordre risque de dénaturer le caractère des manifestations vitales spontanées. La mesure crée pour l'homme, et lui assure un instrument qui, dans bien des cas, finit par devenir son maître, qui influence la dynamique et l'agogique de ses mouvements et fait de sa personnalité l'esclave d'un mécanisme conventionnel. La métrisation des mouvements corporels, qui est un des traits dominant de la plupart des méthodes de gymnastique, a été créée par la constatation que beaucoup d'organismes ont perdu leur forme élémentaire et leurs impulsions naturelles et que celles-ci ont besoin d'être reforgées, grâce à la volonté. Mais dans tout corps sain, le besoin de mouvement s'allie à d'autres besoins que ceux de l'ordre et de la mesure (le lieutenant Hébert l'a fort bien compris), et les manifestations qu'il provoque dépendent de la constitution nerveuse de l'organisme. Si nous considérons l'art des mouvements au théâtre, nous nous rendons compte que dès que l'artiste — le danseur, le comédien — cherche à régler arbitrairement et artificiellement ses gestes et parvient à satisfaire aux lois de la mesure et de la décoration animée, nous voyons son jeu perdre de sa spontanéité rythmique. L'ordination métrique doit savoir respecter les impulsions rythmiques.

Il en est de même en musique où le culte outré des traditions métriques tue tout élan agogique spontané, toute réalisation artistique des émotions à l'aide de nuances temporelles. Le compositeur qui est obligé de plier son inspiration à des lois inflexibles de symétrie dans la durée, s'habitue à modifier ses rythmes instinctifs pour les adapter à l'unité de mesure, et finit par ne plus concevoir que des rythmes conventionnellement mesurés. Dans la chanson populaire, le rythme jaillit spontanément et naturellement de l'émotion inspiratrice et ne tient compte d'aucune règle de métrique. Non seulement les mesures inégales se succèdent en une alternance souple et harmonieuse, mais encore le principe de l'inégalité des temps s'y affirme audacieusement, en dépit des règles consacrées. Toutes les musiques inspirées par la mélodie populaire s'avèrent rythmiques et spontanées, et l'élan irrésistible des œuvres russes et de celles de la nouvelle école française, est dû à un besoin instinctif de retour aux rythmes naturels du Folklore. Mais dès que ce retour est prémédité, les rythmes perdent leur sincérité et leurs qualités vitales, car, il ne faut pas l'oublier, le rythme est un principe irrationnel, qui a sa source dans les émotions vitales élémentaires. Seule, une culture des instincts primitifs, un bouleversement général de l'être, grâce à une rééducation du système nerveux, peuvent rendre à nos organes moteurs, les facultés d'élasticité, de rebondissement et de libre détente, dont le jeu est capable de rythmer les manifestations de notre être sentimental.

Aussi bien cette éducation est-elle la seule qui puisse restaurer la danse. L'enseignement actuel force le danseur à illustrer de pas et de gestes synchroniques une musique dont les rythmes ont été dénaturés par l'éducation métrique. Là aussi, il y a mécanisation des qualités motrices instinctives et intellectualisation des émotions primaires. En effet, l'élan impérieux provoqué par un sentiment ne peut s'exprimer qu'à l'aide d'un geste spontané et inconscient. Dès que le vouloir intervient, le courant est interrompu entre nerfs et muscles. Dans ces conditions, tous les exercices ayant pour but d'automatiser des successions conventionnelles de gestes et attitudes sont contraires au développement des facultés rythmiques. Une renaissance de la danse n'est possible que grâce à la subordination de la métrique animée extérieure, à l'expression libre et continue des rythmes intérieurs. L'esthétique doit naître de l'éthique. De même, la rythmique musicale ne peut désormais être enrichie que grâce à l'apport d'éléments expressifs jaillis directement du fond de l'être et bouleversant toutes les platebandes de la métrique.

D'autre part, le sentiment artistique ne peut être développé que grâce au concours de la musique, seul art dont l'essence première est entièrement vierge de raisonnements. Supprimer, grâce à certains moyens éducatifs, les antagonismes nerveux et intellectuels qui empêchent l'organisme de subir sans résistance l'emprise des rythmes musicaux, apprendre à cet organisme à vibrer à l'unisson des vibrations sonores, c'est rendre la liberté à des impulsions depuis longtemps refoulées par une instruction mécanisée, constamment restrictive des inspirations instinctives de l'homme; c'est idéaliser nos forces physiques, vivifier nos forces spirituelles et favoriser ainsi l'essor d'un art musical à la fois plus émotif et plus vivant.

*  *  *

Le rythme de toute œuvre et de toute action renseigne immédiatement sur la nature ou le degré de personnalité de son auteur, car il est toujours la révélation immédiate des sensations et des sentiments de l'individu. Sans doute peut-il être imité et mécanisé, mais dans ce cas il perd son principe de vie, car il est né de l'émotion, et celle-ci ne peut être exprimée que par des moyens directement inspirés par l'intuition. L'imitation des rythmes élémentaires relève au contraire d'expériences purement intellectuelles, basées sur la déduction. Comme l'a dit excellemment James Schelley en un article sur le Rythme et l'art : « Le rythme est, pour l'intuition, l'émotion, et l'esthétique ce qu'est l'ordre scientifique et logique pour l'intellect. Une des qualités essentielles — sinon la qualité essentielle — du rythme, c'est son pouvoir de nous faire sentir la présence de la vie. L'ordre mécanique, lui, est objectif et impersonnel.... Le temps passe. Il est scientifiquement mesuré par les oscillations mécaniques du pendule. Cependant, pour les uns le temps « va au pas », pour d'autres « au trot et au galop » et pour d'autres encore, il « s'arrête et demeure ».

Il existe des relations immédiates entre les mouvements instinctifs de notre corps, dont la continuité forme et assure le rythme, et les formes de notre vie psychique.

Il semble que le rythme imprime une orientation définie aux spéculations de la pensée, modèle ses formes d'expression et lui dicte le langage propre à révéler les principes originels de la vie sensorielle et à les transplanter dans le domaine sentimental. Et, d'autre part, il semble qu'en vertu de je ne sais quel mécanisme secret non encore défini par les pyscho-physiologues, l'esprit possède le pouvoir de choisir entre toutes les sensations motrices de l'individu, celles qui sont les plus propres à se transfigurer en impressions durables et en images rythmiques définitives.

Plus nous aurons — grâce à l'éducation — dégagé nos mouvements corporels instinctifs de toutes les entraves forgées par les circonstances et les milieux et perpétualisées par l'hérédité, plus nous aurons éliminé de résistances intellectuelles et nerveuses s'opposant aux manifestations motrices spontanées de notre organisme — et plus aussi notre jeu musculaire mettra à la disposition de notre esprit des images rythmiques précises, révélatrices de notre personnalité. Et notre esprit en saura enregistrer certaines séquences de façon à affirmer ses impressions momentanées. Ces séquences varieront selon l'état où se trouve l'esprit à l'instant où il s'appliquera à fixer les images. L'intuition lui indiquera quelles sont celles qu'il faut éliminer pour ne pas compromettre l'expression directe du tempérament tel qu'il est « accordé » à un moment précis de notre existence. Cet accord n'est pas toujours le même, et c'est ce qui nous explique pourquoi nous ressentons différemment les rythmes de certaines œuvres artistiques, selon l'instant de notre vie où elles s'offrent à nous, alors que nos facultés mécaniques de jugement nous les font apprécier, au point de vue intellectuel, constamment de la même manière.

Le propre de notre tempérament devrait être d'adopter spontanément toute manifestation motrice pouvant exprimer l'état particulier de notre organisme à tel moment de l'heure. Parvenir, grâce à une éducation spéciale, à mettre l'enfant à même de ressentir d'une façon claire la nature de ses rythmes corporels instinctifs et la nature diverse de leurs successions, c'est le rendre capable aussi de ressentir la vie d'une façon plus librement émotive. Les émotions ne peuvent atteindre leur maximum d'intensité que si toutes les facultés de l'être s'épanouissent en une seule et même harmonie, et si nerfs et muscles déclanchent les forces émotives d'une façon puissante, syner-

gique et précise. Comment oser espérer que la sensibilité de l'enfant puisse entièrement fleurir si l'on ne cultive pas dès le premier âge et sur les bancs de l'école, ses
manifestations vitales les plus élémentaires ? Lui enseigner les rythmes de la parole
et de la pensée d'autrui avant de l'avoir mis à même de ressentir ceux de son propre
organisme, n'est-ce pas la plus bizarre des anomalies ?

* * *

La question de l'éducation est appelée à jouer dans la préparation à la vie des
générations d'après-guerre, un rôle d'une importance capitale. Toutes les nations
s'en rendent compte et voilà deux ans déjà que l'Angleterre — entre autres pays —
cherche les moyens d'accorder, dans les futurs programmes d'enseignement, une place
plus large aux expérimentations ayant pour but d'apprendre aux enfants à voir clair
en eux-mêmes et à harmoniser leurs concepts intellectuels et moraux avec les moyens
de réalisation les plus simples, inspirés par la connaissance exacte de leurs forces physiques. Le ministre de l'Instruction publique procède lui-même à l'analyse des procédés courants d'instruction et d'éducation scolaires et s'intéresse personnellement à
toutes les recherches susceptibles de développer le tempérament des enfants et leurs
facultés de libre arbitre. Cet exemple sera certainement suivi tôt ou tard par tous les
peuples. C'est un devoir pour les autorités scolaires de ne pas figer l'enseignement
populaire en un commode *statu quo*, et d'évoluer dans le sens d'une éducation nouvelle ayant pour but, à l'école primaire, comme à l'Université, de restreindre le nombre des études uniquement intellectuelles pour chercher à donner à l'esprit des jeunes
gens de demain, ce que l'on pourrait appeler le sentiment de leur tempérammment.
A la possession de facultés impulsives et d'instincts de race puissamment renfor-
cés doit s'ajouter la possibilité de contrôler ces facultés par une intelligence désormais renseignée sur la diversité de ses pouvoirs. Il ne faut plus que les méthodes d'instruction se contentent de renseigner les élèves sur les phénomènes intellectuels et
physiques. Il est indispensable que l'éducation agisse sur la formation du caractère,
qu'elle assure aux enfants la conscience de leurs défauts ou de leurs qualités et la
possibilité de corriger les uns, de renforcer les autres, et qu'elle les mette à même de
s'adapter aux exigences d'une existence sociale nouvelle. Il ne s'agit donc plus d'un
simple développement de l'esprit scientifique et analytique mais bien d'une évolution
entière de l'organisme.
C'est dans l'exercice des actes les plus futiles que se dévoile souvent l'intimité
d'un caractère. Les habitudes motrices le dénoncent aussi nettement que les expressions physiognomoniques. Or les habitudes motrices peuvent être modifiées par l'édu-

cation et transmettre au caractère leurs améliorations. « L'éducation sans but fixe fait le caractère sans force », a dit Legouvé, — mais, par contre, celle qui poursuit constamment la régularisation des fonctions organiques sous le contrôle d'un esprit devenu clair, ordré et énergique avec persistance, ne peut manquer d'aiguiser peu à peu la trempe du caractère. Celui-ci est non seulement l'expression directe du tempérament, mais encore le produit des découvertes de l'esprit, en ce qui concerne les facultés générales des systèmes moteur et nerveux, qu'il appartient de contrôler et d'harmoniser. Or, si Taine a certainement raison de dire que « l'on peut considérer le caractère d'un peuple comme le résumé de toutes ses sensations précédentes », il en résulte forcément que l'acquisition de sensations plus nombreuses et plus fortes, sous l'influence d'une éducation nouvelle, est propre à créer dans les mentalités des réactions irrésistibles modifiant l'essence du caractère.

*　*　*

Il est difficile d'affirmer que telle race soit, plus spécialement qu'une autre, douée du sens du rythme. Mais il est certain que sous l'influence des climats et des habitudes, des circonstances historiques et économiques, il s'est créé dans chaque peuple certaines différences dans le sens rythmique qui ont fini par se reproduire et se perpétuer de façon à imprimer un caractère particulier aux manifestations dynamiques et nerveuses qui servent de base d'extériorisation à tout rythme corporel original. Certains peuples présentent par exemple de grandes différences dans la force musculaire (supérieure chez les Européens — dit Péron — à celle des nations sauvages), et dans les nuances des manifestations d'ordre nerveux. La structure des corps humains varie aussi d'une race à l'autre et doit jouer un rôle dans toutes les réalisations motrices.

Les phénomènes rythmiques corporels sont évidemment impressionnés en leur forme motrice par les tempéraments. Or tels peuples comptent plus de nerveux que de sanguins, plus de lymphatiques que de bilieux, et il n'est pas besoin d'une analyse approfondie ni de nombreuses expériences pour déterminer l'énorme influence des fusions et des associations de tempéraments sur les phénomènes de réaction et d'expression corporelles, sur les variations de dynamisme, d'agogisme (c'est-à-dire de « nuançation » de la durée) et d'appréciation de l'espace, qui créent les différentes aptitudes aux actes rythmés naturels. Les divers degrés d'irritabilité des organes moteurs introduisent des nuances dans la nature spatiale des gestes et de leur dynamisme. Les facultés rythmiques sont certainement moins développées dans certains pays que dans d'autres, mais comme elles dépendent non seulement du sens musculaire et du sens gyratif, mais de l'état général ou particulier du système nerveux, il est permis de supposer qu'elles peuvent être aisément modifiées par l'éducation. Il en est de même en ce qui concerne les dons d'audition et de reconnaissance des sons qui, joints aux qualités rythmiques, constituent l'ensemble des facultés musicales.

*  *  *

L'on peut devenir musicien grâce à des études générales de Rythmique parce que les impressions des rythmes musicaux éveillent toujours en une certaine mesure des images motrices dans l'esprit de l'auditeur, et dans son corps des réactions motrices instinctives. Les sensations musculaires finissent par s'associer aux sensations auditives qui, ainsi renforcées, s'imposent davantage à l'esprit d'appréciation et d'analyse. L'oreille et le larynx s'unissent organiquement et leurs fonctions sont reliées les unes aux autres par des forces synergiques dépendant des centres nerveux associés. Les vibrations perçues par l'oreille peuvent être accrues grâce à l'augmentation de la puissance vibratoire d'autres foyers corporels de résonance. Car les sons sont perçus non seulement par l'oreille mais aussi par d'autres parties de l'organisme humain [1]. C'est grâce à l'association des organes moteurs et auditifs que l'enfant se trouve à même d'imiter vocalement le rythme et la mélodie d'une chanson. Chez celui qui n'en peut imiter que le rythme et en chante faux la mélodie, — et qui s'en rend compte, — il est possible et même souvent facile, de rectifier la justesse de la voix une fois que des exercices pratiques ont affiné son sens musculaire interne.

*  *  *

Le caractère et le tempérament se laissent aisément reconnaître, non seulement à l'allure des gestes et à la forme des attitudes, mais aussi aux nuances de timbre de la voix et aux rythmes de l'articulation. Un enfant lymphatique parle et chante autrement qu'un sanguin ou un nerveux, de même que ses manifestations motrices sont différentes. Pour les voyageurs pénétrant pour la première fois dans un pays, le caractère général du peuple s'affirme d'emblée dans l'accent et la modulation du langage. Quelle différence entre le laisser aller musculaire, la facilité nonchalante, la bonhomie pesante et grasse de la rythmique orale du Vaudois et la monotonie de débit, les hésitations du Genevois, et son timbre guttural dû à de permanentes résistances nerveuses et contractions musculaires ! Que de dureté précise, de mesure hâchée, de

_____

(1) J'ai connu une personne sourde de naissance qui ne manquait d'assister à aucune manifestation musicale et était sensible non seulement au dynamisme mais aussi aux harmonies des morceaux entendus !

heurts cassants et voulus dans l'impératif langage des Prussiens ! Que de fantaisie et aussi de rythmes contradictoires dans l'impulsive volubilité latine, que de concision souple et de pureté dans la modulation anglaise des voyelles, de mélancolie et de déséquilibre dans les contrastes excessifs d'élévation des sons chez les Slaves ?

Chez l'enfant privé du sens du rythme, la façon de scander le chant est identique à celle dont il se meut en marchant et en gesticulant. Mais il existe de notables differences dans les aptitudes rythmiques, et d'innombrables nuances aussi dans les diverses manifestations de la musicalité, en ce qui concerne les facultés d'intonation et d'audition

Nous voyons des enfants complètement dénués de sentiment rythmique et musical, pour lesquels toute sonorité n'est qu'un bruit, et qui — tout en possédant des qualités générales d'intelligence — sont de pauvres idiots musicaux, aux oreilles inaccessibles même aux nuances des sons parlés (douceur, fermeté, ironie, etc.).

D'autres sont doués d'un sens rythmique bien développé, marchent et gesticulent en mesure et avec aisance, mais ne peuvent reconnaître ni chanter aucune mélodie.

D'autres, bons rythmiciens, ne savent, au début de leurs études, reconnaître les mélodies que lorsqu'elles sont rythmisées, et ne reconnaissent pas les simples successions des sons non rythmés. Chez ceux-là, s'ils sont soumis à l'éducation par et pour le rythme, l'on voit naître un jour en leur esprit le désir de reconnaître les mélodies à leur sonorité, et s'affirmer ensuite la possibilité de cette reconnaissance.

D'autres enfin sont nés bons « auditifs » et bons rythmiciens. Mais cette classification peut se subdiviser en d'infinies catégories et sous-catégories :

De bons auditifs, par exemple, peuvent être mauvais lecteurs et mauvais chanteurs, et vice-versa.

De bons auditifs dès qu'il s'agit de la reconnaissance de sons isolés ou de mélodies deviennent mauvais ou médiocres dans la reconnaissance d'accords et d'enchaînements d'harmonies.

De bons auditifs sont incapables de coordonner et d'analyser intellectuellement leurs sensations auditives.

De bons auditifs ne savent apprécier que les sonorités du piano, non celles d'autres instruments ou de la voix humaine, et vice-versa.

De bons auditifs sont sujets à des périodes de mauvaise audition (dépressions ou excitations nerveuses), ou encore n'entendent bien que pendant une partie de la leçon de musique (celle probablement où l'instinct naturel n'est pas contrarié par l'esprit exagéré de réflexion, ou celle au contraire où la fatigue détruit la concentration d'esprit nécessaire à certains individus pour s'assurer de bonnes conditions d'audition.)

Quant aux aptitudes diverses des sujets non arythmiques, elles sont également de natures très différentes. Certains d'entre eux éprouvent :

1º de la facilité à concevoir ou à capter des rythmes musicaux, de la difficulté à les réaliser ;

2º de la facilité à réaliser des rythmes avec certains membres (par exemple les bras) et de la difficulté avec d'autres (par exemple dans la marche mesurée ou la danse) ;

3º de la facilité à réaliser des rythmes avec la voix et de la difficulté à les réaliser avec le corps), ou vice-versa ;

4º de la facilité à réaliser les rythmes avec n'importe quel organe pris isolément, mais non avec des organes associés (bras et jambes, bras et voix, voix et jambes, etc.).

5º de la facilité à réaliser les rythmes connus mais aucune à les reconnaître ou à les mémoriser ;

6º de la difficulté à comprendre, à reconnaître et à réaliser les rythmes, mais de la facilité à continuer leur réalisation, une fois ces rythmes reconnus et assimilés, et les membres assouplis par des exercices particulièrement adaptés à la nature spéciale des rythmes ;

7º de la difficulté à continuer longtemps sans faute l'exécution d'abord impeccable d'un rythme ;

8º de la difficulté à se passer d'un contrôle incessant de l'esprit sur le corps (d'où constant manque d'aisance et inquiétude des mouvements, ou altération inconsciente des rythmes) ;

9º de la difficulté à maintenir la connaissance intellectuelle d'un rythme sans un recours de tous les instants aux sensations physiques ;

10º de la difficulté à habituer les membres à certains automatismes ;

11º de la difficulté à interrompre des automatismes, aisément ou malaisément acquis ;

12º de la facilité à acquérir des automatismes dans de certains membres, de la difficulté à les combiner avec les automatismes d'un autre membre ;

13º de la facilité à concevoir et à réaliser des rythmes dûs à une conception personnelle, et de la difficulté à réaliser des rythmes imposés, — et vice-versa ;

14º de la facilité à reconnaître et à réaliser les rythmes les plus compliqués, de la difficulté à reconnaître la polyrythmie la plus simple ;

15º de la facilité à réaliser les rythmes dans un certain mouvement et de la difficulté à en modifier la vitesse ;

16º de la facilité à réaliser un rythme sans le nuancer dynamiquement, de la difficulté à y introduire n'importe quelle accentuation, ou nuance d'ordre pathétique, sans en modifier la connaissance ;

17° de la facilité à nuancer un rythme, mais aux dépens de l'exactitude métrique, etc., etc.

Toutes ces difficultés proviennent :

De mollesse musculaire, de manque de tonicité nerveuse, — de raideur musculaire, — d'hypersensibilité nerveuse, — de désharmonie nerveuse, — de manque d'équilibre par insuffisance du sens de l'espace, — d'intervention exagérée des facultés d'analyse, créant de continuelles résistances intellectuelles, — de manque de concentration, — de manque de souplesse dans les fonctions analytiques, — de manque de mémoire musculaire, — de manque de mémoire cérébrale, — de manque de volonté générale, — d'énergie générale exagérée, — de manque d'esprit de continuation, — d'excès de confiance en soi-même, — de manque de confiance en soi-même, etc., etc....

* * *

Tous ces défauts et les multiples combinaisons de leurs types principaux, j'ai eu l'occasion de les constater chez les enfants de races les plus diverses au cours d'expériences poursuivies depuis vingt-cinq ans soit dans mes cours de Rythmique et de développement des facultés auditives, soit dans la préparation de l'interprétation de mes chansons animées pour enfants, conçues pour être accompagnées de gestes. Ces rondes enfantines ont été chantées dans tous les pays, et partout j'ai constaté avec stupeur la peine extrême qu'éprouvaient les petits interprètes à se mouvoir avec aisance, selon les rythmes de la musique et à contrepointer de gestes mesurés des mélodies très simples, — et combien de résistances de toutes natures s'opposaient au libre essor de leurs mouvements rythmiques instinctifs. C'est la constatation de cette arythmie trop fréquente qui m'a incité à faire des recherches d'ordre physiologique propres à établir les bases d'une éducation nouvelle. Cette éducation tend à restituer à l'enfant son mécanisme corporel intégral et à libérer son « rythme naturel » (c'est-à-dire l'expansion motrice spontanée de son tempérament), de tous les antagonismes qui en empêchent trop souvent l'épanouissement. Je pense bien avoir créé ainsi — en dépit des appréciations téméraires de personnes ne jugeant ma méthode que par ses côtés extérieurs — un complément indispensable à l'éducation de l'enfance, en tous les pays. Car si les enfants de tel peuple révèlent des tares du système moteur autres que celles que l'on peut constater chez les enfants de tel ou tel autre pays, il existe aussi des exercices de genres divers permettant de lutter contre les mauvaises habitudes motrices, de les transformer et d'en créer de nouvelles, et l'enseignement de la Rythmique doit certainement varier selon les tempéraments et le caractère des enfants de tous pays auxquels il s'adresse. Il serait tout indiqué de demander aux psychologues d'orienter leurs recherches expérimentales vers le domaine des aptitudes rythmiques et des prédispositions motrices et auditives, et de demander aux pédagogues des enquêtes sur ce sujet spécial. Il pourra dores et déjà leur paraître intéressant de connaître certaines remarques d'ordre général que j'ai faites sur les aptitudes rythmiques et musicales des enfants en certains pays que j'ai plus souvent visités que d'autres. Ces remarques sont d'ailleurs dénuées de toutes prétentions scientifiques.

*  *  *

Les petits Genevois ont généralement l'appareil vocal moins souple que les autres enfants romands et que ceux de la Suisse alémannique. Leurs facultés de reconnaissance des sons sont par contre meilleures que dans les cantons allemands, surtout dans les classes bourgeoises. Mais leur sentiment rythmique, tout à fait insuffisant dans les vieilles familles genevoises, est très normalement développé dans la classe populaire où il n'est pas dénaturé par des résistances nerveuses et intellectuelles aussi violentes. En Suisse alémannique le sens métrique est, comme dans l'Allemagne du Sud, supérieur au sentiment rythmique, et la personnalité rythmique apparente y est souvent annihilée par une raideur musculaire extrême, qui s'oppose à toute « nuançation » dynamique et agogique révélatrice des rythmes naturels. Cette raideur est beaucoup moins fréquente dans les provinces du Rhin et n'existe que rarement en Autriche et en Hongrie. En ces deux pays les mouvements sont d'une élasticité et d'une variété extraordinaires, ainsi du reste que dans la classe populaire de certaines provinces russes. Mais cette finesse du sentiment rythmique et du sens des nuances de mouvements est contrebalancée en Autriche par une versatilité d'esprit souvent déconcertante, et en Russie, dans la classe intellectuelle, par une hypersensibilité produisant les mêmes antagonismes que l'excès d'esprit analytique qui dérythmise la société genevoise. Les facultés auditives bien développées en Autriche le sont très peu en Russie où — en outre — les moyens vocaux des enfants sont fréquemment d'une déplorable insuffisance. Je ne parle, bien entendu, que des enfants et adolescents que j'ai eu l'occasion d'instruire ou dont j'ai contrôlé les études et les interprétations.

En Allemagne, l'amour et le culte de la musique sont plus grands que partout ailleurs, mais le sens auditif n'y est certainement pas plus affiné que dans d'autres pays. Une grande lenteur de raisonnement — jointe chez les hommes à un excès de confiance en soi-même — empêche le fonctionnement des facultés immédiates d'analyse ou du moins introduit une énorme « perte de temps » entre les sensations et les déductions. Ce défaut est compensé, surtout chez le sexe faible, — par des qualités de persévérance et d'assimilation que je n'ai qu'occasionnellement rencontrées chez les enfants et étudiants slaves, dont les subits enthousiasmes, les aspirations ardentes, et les nobles désirs de progrès intellectuel, artistique et social sont contre-carrés par le manque de constance dans l'énergie et par de fréquentes crises de dépres-sion morale et défiance de soi-même.

Les enfants suédois sont remarquablement doués pour la Rythmique et possè-dent tout naturellement le sens de l'harmonie corporelle. Je n'ai pas eu suffisamment d'occasions de suivre le développement de leurs facultés auditives pour me permettre de me prononcer sur ce sujet, mais leur sentiment musical et leurs moyens vocaux sont certainement au-dessus de l'ordinaire. Les écoles primaires accordent une grande place à la gymnastique, et, depuis quelque temps, à la musique dont le pouvoir ani-mateur a été pressenti par le grand éducateur Ling. Un mouvement s'est nettement dessiné pour la résurrection des chansons et danses populaires que l'on voit partout et spontanément interpréter à l'école en plein air. En Norvège l'instruction musicale scolaire est en train de progresser; les aptitudes musicales y sont à peu près les mêmes qu'en Suède. Dans la riante ville de Bergen, il y a en été concert public d'orchestre deux fois par jour, et le peuple s'y précipite, — et les écoliers sortent de classe en chantant et en dansant des rondes. Les dons plastiques des enfants de la campagne ne le cèdent en rien à ceux des villes. L'on voit de petits paysans n'ayant eu que quel-ques mois de leçons de technique corporelle, se mouvoir avec une grâce, un équilibre naturels qui tiennent du prodige.

L'on trouve la même aisance de mouvements chez les Danois mais cette qualité n'y est pas — sauf exception — mise au service de conceptions esthétiques aussi éle-vées que chez les Suédois. Le culte suranné de la « grâce pour la grâce » y règne encore, et le public, passionné pour la danse théâtrale, n'admire guère que les effets extérieurs de virtuosité. Quant aux dons purement musicaux, ils m'ont paru presque nuls, et le Danemark a certainement, plus que tout autre pays, besoin d'une réforme dans son enseignement musical scolaire.

Les enfants hollandais par contre sont naturellement bien doués pour le chant, moins bien pour l'audition, et suffisamment pour la Rythmique. Ces facultés sont grandement développées grâce aux efforts individuels incessants de quelques péda-gogues de marque. Mais le sens esthétique et le goût pour la plastique animée sont malheureusement desservis par un fâcheux manque d'élasticité musculaire, un relâ-chement des tissus et une mauvaise structure corporelle. Il est à espérer qu'une cul-ture physique intensive y favorisera, comme elle l'a fait en Suède, l'épanouissement des aptitudes motrices.

Les mouvements des enfants anglais ne sont entravés par aucun des antagonismes que l'on rencontre si fréquemment dans les races slave et latine. Aucune raideur musculaire, aucune lourdeur d'esprit, comme en Germanie, aucune tare nerveuse et intellectuelle. Un mécanisme corporel très souple et des aptitudes toutes spéciales pour les réalisations plastiques et rythmiques. Mais si le développement des enfants russes est entravé par leur hypersensibilité et leur fréquent détraquement nerveux, celui des petits Anglais souffre sérieusement du côté contraire. Leur manque de sensibilité nerveuse les prive de l'accentuation pathétique, et leurs mouvements aisés et gracieux sont dénués d'élasticité et de « nuançation » dynamique. La tension musculaire y atteint du reste rarement un degré qui serait minimum en pays latins. Quant au sens musical proprement dit, il est loin d'être de nature aussi inférieure que l'on est habitué à l'affirmer sur le continent. Le peuple aime certainement la musique, et ses aptitudes auditives et vocales sont normales. Comme en Suède, les vieilles chansons populaires y sont remises en honneur; dans les rues l'on voit souvent les enfants danser en chantant, et leurs chœurs dans les fréquentes représentations populaires de vieux mystères anglais, se font remarquer par leur justesse et leur mesure. Mais la musique est encore trop considérée dans les milieux mondains, comme un simple art d'agrément et elle est cultivée d'une façon trop extérieure et conventionnelle dans les pensionnats et écoles privées de musique. Dès que les efforts des comités de préparation de l'après-guerre auront abouti et que l'enseignement de la musique et de la gymnastique rythmique occupera dans les écoles la place importante qu'il mérite, il ne se passera pas beaucoup de temps avant que le peuple anglais ne redevienne digne des grands compositeurs qui l'ont si noblement représenté aux XVIIme et XVIIIme siècles.

Quant aux enfants français, italiens et espagnols, je n'ai malheureusement pas eu l'occasion de les observer suffisamment pour exprimer sur leurs capacités une opinion aussi certaine. L'éducation musicale est en effet très peu poussée dans les écoles, et, d'autre part, les étudiants en musique sortent très peu de leurs pays respectifs. J'ai cependant pu observer quelques élèves français de mon Institut genevois de Rythmique; j'ai assisté en plusieurs importants lycées de province à des séances de mes chansons d'enfants et, à Paris, à des cours privés et aussi à des classes populaires de Rythmique.... Le sens de l'accentuation énergique m'a paru beaucoup plus développé qu'en Angleterre, mais l'aisance des mouvements est moins accomplie, et la raideur de la marche et des gestes n'est certainement pas en rapport avec la souplesse et la fantaisie de l'esprit. Je ne crois pas que cette raideur soit imputable à la nervosité, ni même aux résistances intellectuelles. Mais elle pourrait bien être occasionnée par cette fâcheuse peur du ridicule qu'engendre dans la famille et à l'école une prévention exagérée contre les manifestations corporelles, trop souvent envisagées, d'autre part, avec des préoccupations d'ordre sexuel. Sans doute les sports sont-ils depuis quelques années, — grâce aux efforts de quelques individualités puissantes, — entrés dans le programme d'éducation des hommes, mais la culture physique ne fait pas encore, en France, partie intégrante de l'éducation des petits. Elle est réservée aux adultes et, dans les écoles, les jeux intellectuels sont plus cultivés que les corporels ou les musicaux. Même dans le peuple, — je parle du peuple parisien qui est le seul que je connaisse bien — les aptitudes pour la danse sont peu développées et, dans les bals publics, ce sont surtout des professionnels qui s'y livrent, souvent avec une grâce toute relative ! Mais dès que les dons naturels individuels sont cultivés, — et ils le sont dès qu'il s'agit du théâtre, — ils témoignent d'un tel sentiment artistique, et d'une telle fantaisie que l'on a tout sujet de croire à la possibilité d'une rythmisation rapide des mouvements corporels dans le peuple, dès que des efforts éducatifs auront été tentés dans ce sens particulier. Les enfants aiment du reste le mouvement et j'ai pu constater dans quelques classes d'écoles primaires de la banlieue avec quelle joie les écoliers faisaient de la Rythmique et — d'autre part — avec quel étonnement quelques inspecteurs scolaires considéraient leur allégresse !

Au point de vue auditif et vocal, les mêmes obstacles s'opposent au développement rationnel des aptitudes naturelles. Dès qu'un Français se manifeste musicien, il révèle des qualités artistiques de premier ordre, une sensibilité très souple, un sens inné des proportions et de l'équilibre et un sentiment raffiné des nuances. Mais il importe que la musique ne demeure pas en ce pays l'apanage d'une aristocratie et qu'elle pénètre — grâce à une pédagogie plus soucieuse de la vie intime de l'enfant — dans ces couches populaires où, actuellement, elle est encore considérée comme une aimable étrangère. Au cours des promenades scolaires l'on n'entend pas les enfants entonner spontanément des chants populaires nationaux, et les étudiants en leurs séances, chantent rarement à plusieurs voix. Il y a cependant à signaler les efforts des créateurs de chorales populaires.

*  *  *

Il résulte de ces brèves observations que la culture de l'instinct rythmique et de l'instinct musical doit varier selon les dispositions naturelles des peuples.

Elle ne sera pas la même en Russie qu'en Angleterre, en France qu'en Suède, en Suisse romande qu'en Suisse alémannique, à Lausanne même qu'à Genève.

Dans certains pays il faudra développer le sens du dynamisme et l'intensité des réactions nerveuses, et provoquer des manifestations motrices plus fréquentes et d'une plus vive spontanéité; dans d'autres, au contraire, il importera de chercher des résultats tout différents, de tempérer les manifestations nerveuses et d'adoucir le jeu dynamique des muscles. Dans telle contrée il faudra insister sur la culture vocale, dans d'autres régions sur le développement des facultés auditives. Dans tous les pays, il faudra inviter les petits Israélites à se livrer à de sérieuses études rythmiques car, si leurs aptitudes musicales et leur intelligence artistique sont en général tout à fait remarquables, leur arythmie et la mauvaise harmonisation de leurs fonctions motrices et nerveuses nuisent à leur développement esthétique et à leur équilibre intellectuel et physique.

Quel que puisse être le décousu de ces remarques, il n'en reste pas moins certain qu'elles sont inspirées par toute une série d'expériences positives, rarement tentées jusqu'à ce jour par les psycho-physiolologues. Chaque peuple est susceptible de voir évoluer sa mentalité d'une façon favorable ou défavorable selon le degré de sérieux avec lequel sont dirigées les premières études de l'enfance. De quelle façon que soient rédigés les programmes scolaires et quelles que soient les méthodes employées, il importe, pour le développement de chaque race, que l'éducation ait, à l'école, pour but principal, la formation du caractère, la culture du tempérament et — en ce qui concerne plus spécialement l'éveil à la musique — le développement des facultés auditives et vocales et l'harmonisation des habitudes motrices.

# SUPPLÉMENT MUSICAL

# SUPPLÉMENT MUSICAL

EXEMPLE Nº 1.

a) *Prolongation d'une note de la moitié de sa valeur :*

(le point après la note)

(le 2e point après le 1er)

(le 3e point après le 2e)

b) *Prolongation d'une note du quart de sa valeur :*

(le 2e point sous le premier)

(un point après les 2 points, l'un sur l'autre)

(les 2 points, l'un sur l'autre après le premier.)

c) *Prolongation d'une note du huitième de sa valeur :*

(trois points, l'un sous l'autre) etc.... etc....

d) **Notation de la durée ¹/₄ de ronde :**    d) Notation de la durée ¹/₈ de ronde :

| » | » | $2/4$ | » | |
| » | » | $3/4$ | » | |
| » | » | $4/4$ | » | |
| » | » | $5/4$ | » | |
| » | » | $6/4$ | » | |
| » | » | $7/4$ | » | |
| » | » | $8/4$ | » | |
| » | » | $9/4$ | » | |
| » | » | $10/4$ | » | |
| » | » | $11/4$ | » | |
| » | » | $12/4$ | » | |
| » | » | $13/4$ | » | |

| » | » | $2/8$ | » | |
| » | » | $3/8$ | » | |
| » | » | $4/8$ | » | |
| » | » | $5/8$ | » | |
| » | » | $6/8$ | » | |
| » | » | $7/8$ | » | |
| » | » | $8/8$ | » | |
| » | » | $9/8$ | » | |
| » | » | $10/8$ | » | |
| » | » | $11/8$ | » | |
| » | » | $12/8$ | » | |
| » | » | $13/8$ | » | |

14

EXEMPLE N° 2.

$$\frac{3}{4} = \frac{3}{\text{♩}} \;\Big|\; \frac{6}{8} = \frac{2}{\text{♩.}} \;\Big|\; \frac{12}{8} = \frac{4}{\text{♩.}} \;\Big|\; \frac{9}{8} = \frac{3}{\text{♩.}} \;\Big|\; \frac{6}{4} = \frac{6}{\text{♩}}$$

$$\text{ou } \frac{3}{\text{♩}} \text{ ou } \frac{2}{\text{♩.}} \;\Big|\; \mathbf{C} = \frac{4}{\text{♩}} \quad \mathbf{¢} \,(\text{alla breve}) = \frac{2}{\text{𝅝}} \quad \text{etc etc.}$$

---

EXEMPLE N° 3.

Thème :

1) Prolongation d'un temps (Point d'orgue réglé et noté : Accent agogique)

2) Adjonction d'un silence (Retard, hésitation, résistances agogiques).

3) Répétition d'un temps, ou d'un élément rythmique.

4) Adjonction d'une appogiature. Extension ou amplification pathétique d'un élément mélodique et rythmique.

5) Adjonction ou prolongation d'une anacrouse ou d'une métacrouse. Élargissement de la ligne mélodique.

6) Extension ou raccourcissement d'un élément rythmique, en double lenteur et double vitesse (hâte, retard).

a) *double lenteur d'un temps :*

b) *double lenteur d'une mesure :*

c) *double vitesse d'un temps :*

Combinaison des divers procédés ci-dessus indiqués :

EXEMPLE Nᵒ 4.

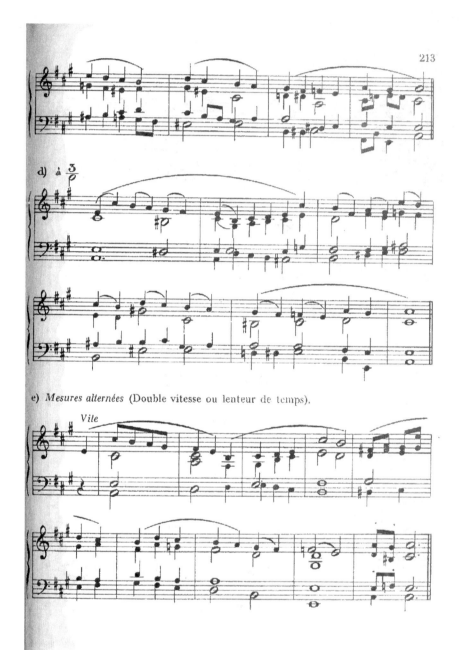

d) à $\frac{3}{2}$

e) *Mesures alternées* (Double vitesse ou lenteur de temps).

Vite

f) *Durées inégales.*

EXEMPLE Nº 5.

ANALYSE ET COMBINAISONS DES ÉLÉMENTS CONSTITUTIFS D'UN RYTHME.

*Thème :* est composé de 3 éléments :

COMBINAISONS DIFFÉRENTES DE CES ÉLÉMENTS :

*Avec anacrouses :*

EXEMPLE N° 6.

ACTIVITÉ ET REPOS. — LES CONTRASTES ET L'ÉQUILIBRE.

A) *Rythme terminé se répétant plusieurs fois, et suivi d'un silence complet de la même durée.*

1)

LE CONTRASTE EST OBTENU PAR UN SILENCE PLUS COURT. *(silence d'un temps).*

2)

LE CONTRASTE EST OBTENU PAR UN RYTHME DIFFÉRENT, MOINS IMPORTANT (PONT, DESSIN QUI RELIE)

3)

B) *Le rythme n'est pas terminé, une mesure incomplète le suit.*

4)

CONTRASTE PAR RÉPÉTITION D'UN ÉLÉMENT DU RYTHME.

5)

C) *Rythme avec anacrouse. Contraste par la suppression de cette anacrouse.*

6)

D) *Contraste créé par une nuance dynamique.*

7)

ou

ou

ou

E) *Contraste créé par un changement d'harmonie ou de mélodie.*

8)

etc.

F) *Contraste créé par une nuance agogique.*

9)

*rallentando.*

G) *Contraste créé par une nuance d'articulation.*

10)

*legato*            *staccato*

H) *Contraste créé par un changement dans la durée de la mesure.*

11)

I) *Contraste créé :* a) *par une double vitesse du rythme.*

*Lento*

12)

b) *par une double lenteur d'un élément du rythme.*

13)

c) *par une triple vitesse du rythme.*

*Lento*

14)

J) **La carrure classique n'est pas nécessaire pour l'équilibre des périodes.**
*Il suffit des contrastes.*

15)

16) (Valse)

K) *Contraste créé par l'alternance d'un autre rythme.*

17)

L) *Deux rythmes alternant et suivis de temps de repos.*

Rythme A ‖ 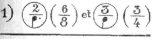 ‖

Rythme B ‖ 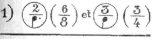 ‖

COMBINAISONS :

    1) A A B $\overset{\text{(repos)}}{\underline{\quad}}$ B B A — A B A B — B B A B A —

    2) A B B — B A B A — A — B — B A A A B

---

EXEMPLE N° 7.

DÉCOMPOSITION DES LONGUES DURÉES EN GROUPEMENTS IRRÉGULIERS.

1) $\left(\dfrac{2}{\text{♪.}}\right)\left(\dfrac{6}{8}\right)$ et $\left(\dfrac{3}{\text{♪}}\right)\left(\dfrac{3}{4}\right)$

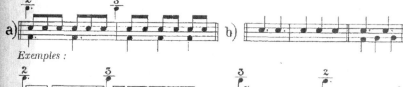

*Exemples :*

2) *Combinaison d'un temps de 3* ♪ *et d'un temps de 2* ♪ *dans la mesure à* $\dfrac{3}{\text{♩}}$

Ainsi l'on peut former des temps inégaux dans tous les autres modèles de mesures, d'après le même principe. Par exemple :

3) La mesure a  $\dfrac{8}{b}$ 

a) *Divisions régulières :*

*Divisions irrégulières : (temps inégaux.)*

b) en 4 temps inègaux :

c) en 3 temps inégaux :

d) en 2 temps inégaux :

f) *Rythmes :*

h) Le même rythme à  $\dfrac{4}{b}$ 

i) Le même rythme à 3 temps inégaux:

4) La mesure a  $\dfrac{9}{b}$ 

a) *Division régulière :*  $\dfrac{9}{b}\left(\dfrac{3}{b\cdot}\right)$ 

b) *Divisions irrégulières* (temps inégaux) :

c) à 4 temps inégaux :     d)

e) *à 2 temps inégaux :*

f) *Rythmes :*

h) *à 3 temps inégaux :*

5) LA MESURE A $\frac{10}{8}$

A) *Divisions régulières :* a) b)

B) *Divisions irrégulières :* c) d)

*Rythmes :* e) f)

6) LA MESURE A $\frac{12}{8}$

A) *Divisions régulières :* a) b) c) d)

B) *Divisions irrégulières* (temps inégaux).

e) f)

g) h)

Rythmes :

i)

k)

l)

7) La mesure a $\frac{15}{8}$

A) *Divisions régulières :*

a)

b)

B) *Rythmes à temps inégaux :*

c)

d)

e)

8) Oppositions de différentes décompositions de longues durées dans la polyphonie.

A) *Divisions régulières :*

a) $\frac{12}{8}$

b)

c) $\frac{15}{8}$

B) *Divisions irrégulières :*

EXEMPLE Nº 8.

1) Mélodie a $\frac{8}{b}$ avec temps inégaux :

222

2) MÉLODIE AVEC MESURES INÉGALES :

3) MÉLODIE AVEC TEMPS INÉGAUX :

223

4) Syncopes d'inégale durée :

EXEMPLE N° 9.

Changements de tempo grace a l'équivalence des durées courtes.

du triolet précédent.

du duolet précédent.

du 5 précédent.

## EXEMPLE N° 10.

**Les silences (exemples).**

a) *Un silence sur un temps fort est plus fort qu'un silence sur un temps faible.*

b) *L'importance d'un silence correspond au rôle que jouerait la durée sonore qu'il remplace dans la phrase musicale. Un silence qui dure une mesure entière a plus d'importance qu'un silence ne durant qu'un temps.*

\* (Remarquez la vie qui remplit ce dernier silence !)

c) *Pendant les silences, les crescendi et diminuendi, les accelerandi et ritardandi continuent.*

acceler — an — do      rite — nu — to

226

d) *Un silence remplace un rythme attendu* (effet dramatique).

e) *La longueur du silence peut varier.* (Elargissement et raccourcissement des périodes métriques).

f) *Des silences, remplaçant peu à peu l'anacrouse d'un rythme :*

g) *La fatigue subite.*

h) *La fatigue progressive.*

i) *La reprise de l'activité.*

(La préparation intérieure varie l'attitude de l'interprète
et la nuance de la reprise d'activité.)

j) *La force peut persister pendant le silence :*

k) *La fatigue peut persister après le silence :*

l) *Lente reprise des forces :*

m) *Détente pendant le silence :*

Exemple : BEETHOVEN, *Sonate pour piano opus 10 numéro 3. — Rondo.*

*Allegro*     *Élan interrompu.*

(Voir aussi : MOZART, Sonate pour piano en do mineur, dernier mouvement (assai allegro).

EXEMPLE N° 11.

a) DOUBLE VITESSE DES DURÉES :

1) *Sans anacrouse :*    *avec anacrouse :*

(Rythme féminin)    (Rythme masculin)

L'on rencontre naturellement souvent cette double vitesse dans les œuvres classiques et modernes, mais *pas* avec anacrouse !

2) *Sans anacrouse :*    *Avec anacrouse :*

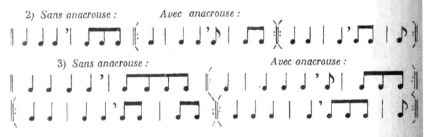

3) *Sans anacrouse :*    *Avec anacrouse :*

b) DOUBLE LENTEUR DES DURÉES :

1) *Sans anacrouse :*    *Avec anacrouse :*

2) *Sans anacrouse :*    *Avec anacrouse :*

c) Successions de doubles vitesses et lenteurs.

*(Circulation irrégulière du sang!)* La répétition identique d'un rythme en double vitesse ou lenteur crée des mesures inégales.

d) Syncopes en double vitesse et lenteur :
(La plupart des rythmes suivants se trouvent dans la musique orientale.)

1) *Sans anacrouse :*

2) *Avec anacrouse :*

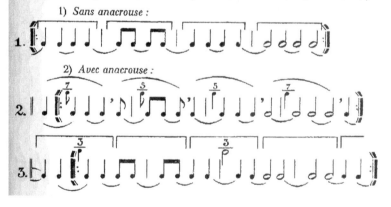

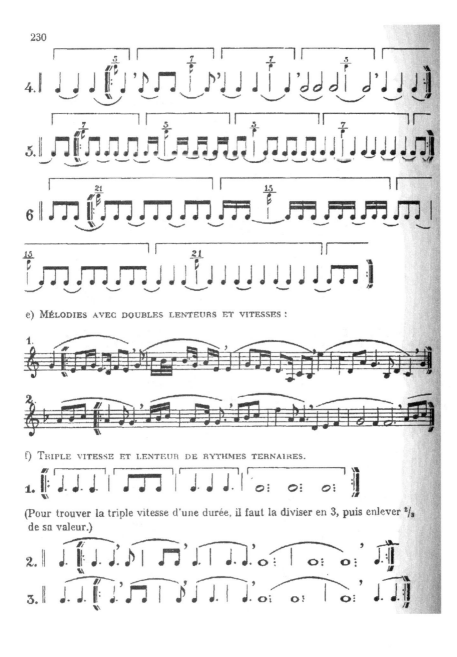

e) Mélodies avec doubles lenteurs et vitesses :

1.

2.

f) Triple vitesse et lenteur de rythmes ternaires.

1.

(Pour trouver la triple vitesse d'une durée, il faut la diviser en 3, puis enlever $^2/_3$ de sa valeur.)

2.

3.

g) Triple vitesse et lenteur de rythmes quaternaires. *(Avec unité de mesure.)*

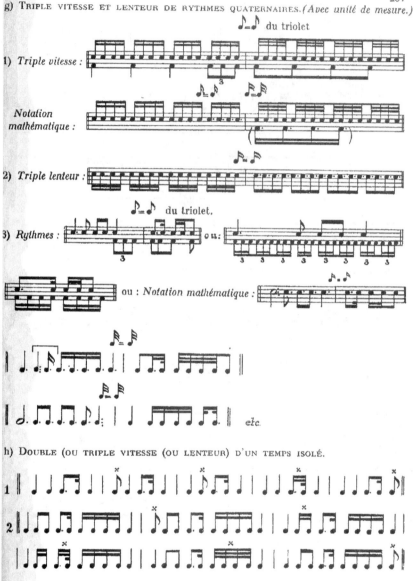

i) Double (ou triple) vitesse et lenteur d'une syncope isolée.

# TABLE DES MATIÈRES

❦

# MÉTHODE JAQUES-DALCROZE

POUR LE DÉVELOPPEMENT DE L'INSTINCT RYTHMIQUE DU SENS
AUDITIF ET DU SENTIMENT TONAL

Première partie

## GYMNASTIQUE RYTHMIQUE

*pour le développement de l'instinct rythmique et métrique musical, du sens de l'harmonie plastique et de l'équilibre des mouvements, et pour la régularisation des habitudes motrices.*

**Un volume :** (Édition originale)

N° 937. Fort de 280 pages, illustré de 80 dessins et de 155 photographies de Boissonnas (épuisé) . . . . . . . . . . . . . . . . . . Fr. 15.—

*En complément de ce premier volume :*

**84 Marches rythmiques** pour chant et piano, qui ont été composées spécialement pour l'enseignement de la gymnastique rythmique.

N° 780. **Marches rythmiques,** chant et piano . . . . . . . . . Fr. 4.—

N° 811. **Marches rythmiques,** chant seul . . . . . . . . . . Fr. 1.—

En composant ces marches rythmiques, l'auteur a tenté de familiariser les petits musiciens avec la gamme complète des formes métriques et rythmiques depuis les simples durées égales jusqu'aux combinaisons de mesures les plus compliquées. Il le fait mais non pas d'une façon purement théorique, il met les élèves à même d'expérimenter les lois du rythme d'une façon *artistique*, en interprétant des phrases musicales dont les rythmes sont évocateurs et réalisateurs d'émotions et de sentiments.

Tout en conservant le même accompagnement, la partie de chant a été transcrite pour violon, une flûte, deux flûtes et violoncelles.

N° 805. **Marches rythmiques,** flûte, solo ou hautbois (transcription par M. René Charrey). . . . . . . . . . . . . . . . . . . . Fr. 3.—

N° 816. **Marches rythmiques,** deux flûtes (transcr. par René Charrey) . . Fr. 3.—

N° 781. **Marches rythmiques,** violon (transcription par Aimé Kling, professeur au Conservatoire de Genève). . . . . . . . . . . . . . . . Fr. 3.—

N° 817. **Marches rythmiques,** violoncelle (transcription par Adolphe Rehberg, professeur au Conservatoire de Genève) . . . . . . . . . . Fr. 3.—

N° 981. **La respiration et l'innervation musculaire.** Les planches anatomiques d'après les dessins originaux de E. Cacheux, contenues dans cette brochure, ont pour but d'appliquer et d'illustrer tout ce qui, dans la méthode de gymnastique rythmique, a trait au développement de la cage thoracique et à la contraction musculaire Fr. 3.—

## LA RYTHMIQUE (Édition définitive)

Nᵒ 1531. **1ᵉʳ volume.** 1ʳᵉ année d'enseignement. Illustré de dessins de Paulet Thévenaz et de photographies de Boissonnas,

**Règles générales.** — Les mesures à 2, 3, 4 et 5 temps. Exercices de métrique, d'indépendance des membres, de développement de la volonté spontanée, d'audition, de direction, de notation, de phrasé et d'improvisation . . . . . . Fr. 4.—

Nᵒ 1534. **2ᵐᵉ volume.** 2ᵐᵉ année d'enseignement. Illustré de dessins de Paulet Thévenaz et de photographies de Boissonnas.

**Les mesures à 6, 7, 8 et 9 temps.** Suite des exercices de 1ʳᵉ année. — Réalisations plastiques. — Changements de mesure. — Temps inégaux. — Double et triple vitesse. Contrepoint, ornements, etc. Exercices collectifs, jeux rythmiques . . Fr. 5.—

À la fin du volume, l'auteur expose ses idées sur l'application de la Rythmique à l'étude des instruments et donne toute une série d'exercices rythmiques destinés aux pianistes.

Nᵒ 1543. **Les deux volumes** réunis en un seul. . . . . . . . . . . Fr. 9.—

Pour paraître en son temps, un **3ᵐᵉ volume** comprenant des exercices plus difficiles destinés à l'enseignement de la 3ᵐᵉ et 4ᵐᵉ année.

*En supplément de la Rythmique:*

Nᵒ. 1551. **La Rythmique** appliquée à l'étude du piano . . . . . . . Fr. 1.50

---

IIᵐᵉ Partie (1 volume)

## ÉTUDE DE LA PORTÉE MUSICALE

Nᵒ 939. **La portée.** — Etude de la notation musicale. L'écriture et la lecture de *toutes* les clefs . . . . . . . . . . . . . . . . . . . . . Fr. 3.—

---

IIIᵐᵉ Partie (3 volumes)

## LES GAMMES ET LES TONALITÉS, LE PHRASÉ ET LES NUANCES

### 1ᵉʳ volume:

Nᵒ 940. La gamme majeure. Les gammes diésées majeures. Règles générales de phrasé (respiration). Les gammes bémolisées. L'anacrouse. Exercices dans tous les tons. Marches mélodiques tonales. Mélodies faciles . . . . . . . Fr. 6.—

Nᵒ 1002. Le même. **Manuel des élèves** . . . . . . . . . . . . Fr. 1.75

### 2ᵐᵉ volume:

Nᵒ 941. Les dicordes. Les tricordes. La gamme chromatique. Les tétracordes. Pentacordes, Hexacordes. Heptacordes. Mélodies à déchiffrer avec nuances et phrasé . . . . . . . . . . . . . . . . . . . . . Fr. 8.—

Nᵒ 1044. Le même. **Manuel des élèves** . . . . . . . . . . . . Fr. 1.75

### 3$^{me}$ volume :

N° 942. Préparation à l'étude de l'harmonie. Classification en 4 espèces des heptacordes et hexacordes ; les renversements. La gamme mineure et ses dicordes, tricordes tétracordes, etc. La modulation. Mélodies mineures et modulantes. . Fr. 10.—

N° 1046. Le même. **Manuel des élèves.** . . . . . . . . . . . . Fr. 2.25

Le système Jaques-Dalcroze consiste à différencier chaque gamme l'une de l'autre en prenant comme point de départ de son exécution non pas la tonique, mais la note *do* ou *do dièse*, ce qui déplace les tons et demi-tons, crée pour l'oreille des points de repère et rend les tonalités facilement reconnaissables les unes des autres. Une fois cette étude de différenciation terminée, chaque gamme se trouve décomposée en fragments de 2, 3, 4 jusqu'à 7 degrés conjoints (dicordes, tricordes, tétra-cordes, pentacordes, hexacordes et heptacordes) qui, selon leurs divisions, subdivisions et accentua-tions, deviennent des schémas des accords fondamentaux et renversés, qui seront étudiés dans la 4$^{me}$ partie sans les notes intermédiaires. Il est absolument certain que l'étude comparée des gammes poussée jusqu'à l'audition « *intérieure* » des divers modes de succession des tons et demi-tons, rend l'étude des intervalles et des accords d'une très grande facilité.

Il est hors de doute qu'indépendamment même de la valeur du système Jaques-Dalcroze, la valeur artistique des mélodies éditées dans ces trois volumes signale cette publication à tous les professeurs de solfège et de théorie. Réunies aux exercices de lecture chiffrée, ces mélodies ont paru dans de petits recueils intitulés **Manuel des Elèves** (N$^{os}$ 1002, 1044, 1046), qui pourront être utilisés avec n'importe quel système d'enseignement et qui constituent un des ouvrages les plus complets de *lecture à vue* qui existent en librairie musicale.

---

### IV$^{me}$ PARTIE (1 volume)

## LES INTERVALLES ET LES ACCORDS (En préparation)

---

### V$^{me}$ PARTIE (1 volume)

## L'IMPROVISATION ET L'ACCOMPAGNEMENT AU PIANO
### (En préparation)

---

### VI$^{me}$ PARTIE

## LA PLASTIQUE ANIMÉE
### PRÉFACE

N° 1532. La Rythmique, la Plastique animée et la Danse . . . . . . . Fr. 1.—

### 1$^{er}$ volume :

N° 1533. Traduction des rythmes musicaux en langage corporel. Étude des nuances dynamiques, de l'évaluation de l'espace et du phrasé dans les mouvements corporels. Avec de nombreux dessins de Paulet Thévenaz, Artus, Angst, et une série de photographies de Boissonnas . . . . . . . . . . . . . . . . Fr. 10.—

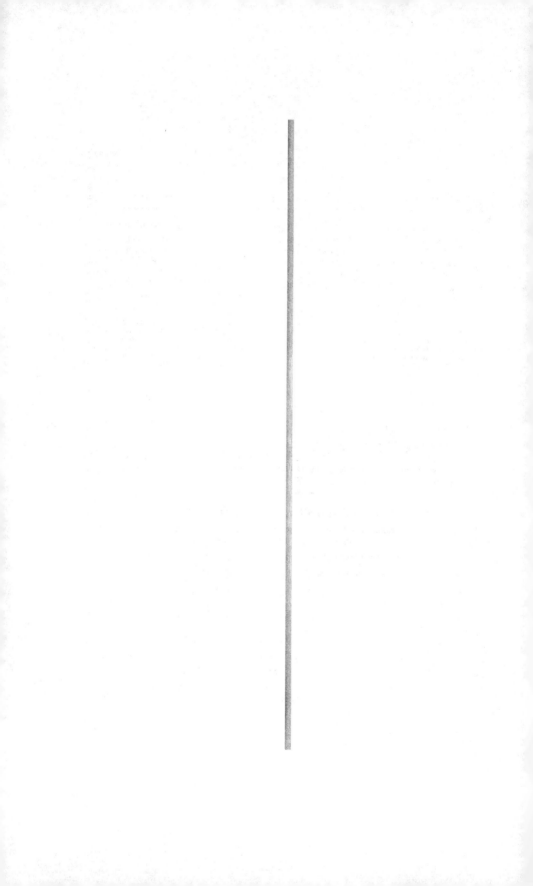

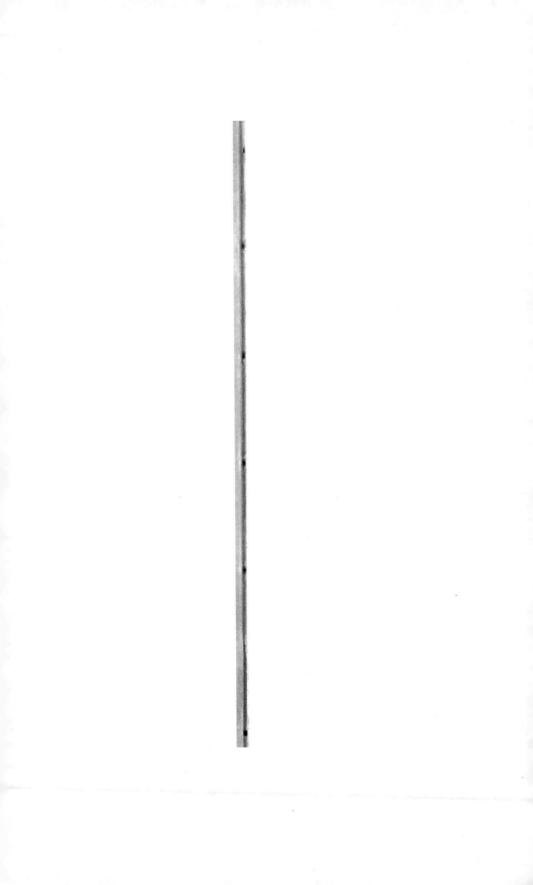

CPSIA information can be obtained
at www.ICGtesting.com
Printed in the USA
BVHW040901030521
606328BV00009B/292